U0541206

国家社会科学基金项目"20世纪50年代前期中国乡村借贷关系研究"(07XJL005)研究成果

贵州财经大学经济学研究文库

# 中国乡村借贷体系研究
# （20世纪50年代前期）

常明明 刘恩云 / 著

中国社会科学出版社

## 图书在版编目（CIP）数据

中国乡村借贷体系研究：20世纪50年代前期/常明明，刘恩云著. —北京：中国社会科学出版社，2018.12
ISBN 978-7-5203-1680-4

Ⅰ.①中… Ⅱ.①常…②刘… Ⅲ.①农村—借贷—研究—中国—20世纪 Ⅳ.①F832.479

中国版本图书馆CIP数据核字（2017）第310738号

| | |
|---|---|
| 出 版 人 | 赵剑英 |
| 责任编辑 | 卢小生 |
| 责任校对 | 周晓东 |
| 责任印制 | 王　超 |
| 出　　版 | 中国社会科学出版社 |
| 社　　址 | 北京鼓楼西大街甲158号 |
| 邮　　编 | 100720 |
| 网　　址 | http://www.csspw.cn |
| 发 行 部 | 010-84083685 |
| 门 市 部 | 010-84029450 |
| 经　　销 | 新华书店及其他书店 |
| 印　　刷 | 北京明恒达印务有限公司 |
| 装　　订 | 廊坊市广阳区广增装订厂 |
| 版　　次 | 2018年12月第1版 |
| 印　　次 | 2018年12月第1次印刷 |
| 开　　本 | 710×1000　1/16 |
| 印　　张 | 18 |
| 插　　页 | 2 |
| 字　　数 | 270千字 |
| 定　　价 | 78.00元 |

凡购买中国社会科学出版社图书，如有质量问题请与本社营销中心联系调换
电话：010-84083683
版权所有　侵权必究

# 内容摘要

20世纪50年代初期，农村私人借贷是农村金融体系的重要组成部分。农村私人借贷发生的主要原因是农村经济落后、家庭经济弱小，以及社会保障体系缺失和现代金融体系不发展。私人借贷主要发生在雇农、贫农和中农之间，主要表现为农户之间带有互助性质的自由借贷，它发生频率高，金额小，用途多样，还款灵活。农村私人借贷的开展，对于解决部分农民资金的"短缺"，恢复发展农村经济发挥了积极作用。与解放前（中华人民共和国成立前）相比，该时期农村私人借贷的形式较为简化，在粮食统购统销之前，农民之间以借贷实物为主；统购统销之后，以借贷货币为主。

随着国家银行业务在农村的延伸和农村信用社等现代金融组织的发展，在农村形成了私人借贷、国家农贷和农村信用社三者并存的乡村借贷体系，在新的借贷体系中，增加了农村资金的供给，在一定程度上满足了农民克服生活困难、发展家庭经济的需要，同时也压缩了民间高息借贷的活动空间，并使私人借贷利率呈下降的趋势。

**关键词**：20世纪50年代前期　乡村借贷　私人借贷　现代农村金融组织

# 目 录

导 论 ································································· 1

## 第一章 解放前后农村私人借贷政策的演变 ················· 8

### 第一节 老区农村私人借贷政策的演变 ················· 9
一 从废除一切债务到只废除农民对地主富农的
高利贷债务 ············································· 9
二 在废除封建债务的基础上提倡借贷自由 ········ 12

### 第二节 新区的私人借贷政策进一步完善 ·············· 14
一 新区土地改革债务政策的进一步调整与完善 ···· 14
二 大力提倡借贷自由，活跃农村金融 ················ 17

### 第三节 批判借贷自由、逐步取代私人借贷 ··········· 19
一 不同地区采取区别对待的私人借贷政策 ········ 19
二 批判自由借贷，取代私人借贷 ····················· 23

## 第二章 土改改革前后农村私人借贷关系变化 ············· 26

### 第一节 解放后到土改改革结束前农村私人借贷
发展状况 ··············································· 26

### 第二节 土改改革后至过渡时期总路线提出前私人借贷
关系发展 ··············································· 32
一 土改改革前农村遗留下来的私人借贷关系 ········ 32
二 土改改革后一两年农村私人借贷关系发展状况 ···· 37

### 第三节 土改改革后农村私人借贷停滞的原因、解决

　　　　　办法及效果 …………………………………………… 57
　　　一　农村民间资金潜在的供给 ………………………………… 58
　　　二　土改改革后农村私人借贷关系停滞的原因 ………………… 60
　　　三　活跃农村私人借贷关系的措施及成效 ……………………… 68

第三章　过渡时期总路线提出后农村私人借贷关系发展状况 …… 81
　第一节　影响农村私人借贷关系的重要因素分析 ………………… 81
　　　一　中国共产党的私人借贷政策的转变及农民的反应 ………… 81
　　　二　农业合作化发展对农村私人借贷关系的影响 ……………… 88
　　　三　农村经济发展水平对农村私人借贷关系的影响 …………… 92
　　　四　政府赈灾济贫措施对农村私人借贷关系的影响 …………… 95
　　　五　国家农贷与农村信用合作社发展对私人借贷
　　　　　关系的影响 ………………………………………………… 102
　第二节　过渡时期总路线提出后农村私人借贷关系
　　　　　发展状况 …………………………………………………… 103
　　　一　1953年年底至1954年农村私人借贷关系
　　　　　发展状况 …………………………………………………… 103
　　　二　各阶层农户借贷数额及户数结构 …………………………… 115
　第三节　农村私人借贷与农村经济增长的关系 …………………… 121
　　　一　土改改革结束至1954年农村经济变化趋势 ……………… 121
　　　二　农村私人借贷与农村经济增长的关系 ……………………… 126

第四章　农村私人借贷形式、利率、借贷信用及借贷用途 ……… 135
　第一节　农村私人借贷形式及借贷利率 …………………………… 135
　　　一　农村私人借贷形式 …………………………………………… 135
　　　二　农村私人借贷利率 …………………………………………… 146
　　　三　农村私人借贷的社会经济性质 ……………………………… 160
　第二节　农村私人借贷的信用、原因及用途 ……………………… 165
　　　一　农村私人借贷关系的信用方式、借贷期限
　　　　　及还款情况 ………………………………………………… 165

二　农民放债的原因 …………………………………………… 171
　　三　农民借债的用途 …………………………………………… 174
　第三节　农村私人借贷的社会经济效果 ………………………… 184

第五章　国家农村信贷 …………………………………………… 194
　第一节　20世纪50年代前期国家农贷政策的演变 …………… 194
　　一　国民经济恢复时期国家的农贷政策 ……………………… 194
　　二　过渡时期总路线提出后国家的农贷政策 ………………… 197
　第二节　农业生产贷款的运作及绩效 …………………………… 198
　　一　农贷规模 …………………………………………………… 199
　　二　农贷对象 …………………………………………………… 201
　　三　农业贷款期限及利率 ……………………………………… 206
　　四　借款手续及农贷用途 ……………………………………… 208
　　五　国家农贷的绩效与不足 …………………………………… 211
　第三节　贫农合作基金贷款的运作及绩效 ……………………… 216
　　一　贫农合作基金贷款的缘由 ………………………………… 216
　　二　贫农合作基金贷款的运作 ………………………………… 218
　　三　贫农合作基金贷款的绩效与不足 ………………………… 223

第六章　农村信用合作组织 ……………………………………… 230
　第一节　20世纪50年代前期农村信用合作组织的
　　　　　发展状况 ……………………………………………… 230
　第二节　农村信用合作组织的运作 ……………………………… 235
　　一　放款对象 …………………………………………………… 235
　　二　放款内容、额度、期限及贷款利率 ……………………… 236
　　三　贷款手续 …………………………………………………… 237
　第三节　农村信用合作组织的绩效与不足 ……………………… 238
　　一　农村信用合作组织的绩效 ………………………………… 238
　　二　农村信用合作组织的不足 ………………………………… 246
　第四节　农民融资结构分析 ……………………………………… 251

一　国家农贷、农村信用社和私人借贷的运作
　　　　特征比较 ………………………………………… 251
　　二　农民融资结构分析 ……………………………… 252

结　语 …………………………………………………… 257

参考文献 ………………………………………………… 262

后　记 …………………………………………………… 281

# 导　论

农村金融在中国农村、农业发展中扮演着重要的角色，它直接关系着农村资金市场乃至资本市场应否形成、能否形成以及如何形成的问题，还间接地影响农村劳动力转移、农村结构调整以及农民增收。在农村金融体系中，不仅包括现代银行、信用合作社等与农民借贷相关的正规金融组织，而且还包括非正规金融，非正规金融也称民间金融。我国民间金融的形式主要包括私人借贷、各种形式的合会、私人钱庄、民间集资等。

从解放前[①]到农业集体化高潮前这段时间里，在乡村借贷体系中，既有传统的私人借贷[②]，也有国家金融在农村的延伸，还有新建立的各种形式的信用合作组织。从学术史来看，以往历史学界、经济史学界对中国古代农村借贷的研究成果较多，近几年，对近代农村借贷的研究也取得了一定的进展。当代经济学者对改革开放以来乡村金融体系的构建做了大量的研究，至于解放初期的农村借贷体系，研究尚不深入。作为经济史学者，我们有必要对中国 20 世纪 50 年代前期的乡村借贷问题进行研究，为当前深化农村金融体制改革提供一些历史借鉴。

## 一　研究对象

本书以 20 世纪 50 年代前期（从解放后至农业合作化高潮前这段

---

[①] 因为本书研究的是 20 世纪 50 年代前期的问题，当时的文献资料使用"解放前""解放后""解放初期"等，表示中华人民共和国成立前、成立后和成立初期，为了保持文献的真实性，本书沿用原文献使用法，在论述时与文献统一使法。特此说明。

[②] 从当时的调查来看，当时的农村民间借贷主要是农村居民之间的一种实物或货币借贷，在此情况下，本书所说的私人借贷和民间借贷是可以互换的概念。

时间）的乡村借贷体系作为研究对象。主要基于以下四点考虑：

首先，从解放后到农业合作化的完成，中国的社会经济形态经历了两次转轨。第一次转轨，是在半殖民地半封建经济形态基础上，在全国建立起新民主主义经济形态。以社会主义国营经济为领导，多种经济成分并存，市场调节和计划调节同时发挥作用的新民主主义经济制度，符合中国的国情，促进了国民经济奇迹般的恢复。第二次转轨是从1953年开始的，通过对生产资料的社会主义改造，到1956年在中国建立起单一的社会主义公有制和计划经济的社会主义体制。在这一阶段，社会经济生活的方方面面充满着转变与摩擦，就中共对农村借贷的政策而言，全国解放后，我们党在新解放区相继实行减租减息，提倡私人借贷自由到批判"四个自由"，限制高利贷，试图以加强国家农贷、发展信用合作社来替代私人借贷的政策，并试图通过迅速实现合作化，从根本上解决农民生产、生活困难，铲除产生高利贷的土壤。

其次，解放后，中国农村经济进入了一个剧烈变动时期，从实现"耕者有其田"的土地改革运动到生产资料集体所有制的农业合作化运动，在这个过程中，旧的制度逐渐被荡涤，新的制度正逐步形成和建设，某些传统的农村借贷及互助项目退出了历史舞台：（1）土地改革通过废除高利贷和农民与地主之间的债务，实际上也在很大程度上削弱了农村长期形成的自由契约形式的借贷关系（尽管这种借贷利息因资金的短缺程度、风险的大小呈现出严重的不合理）。（2）随着土地改革的完成，族田、祠田等公田一般被化整为零，分配到农民手里，这部分土地救助本社区贫困人口的功能也因此而丧失。（3）义仓这一传统的积谷备荒形式随着国家新粮食政策的实施，不再被推行。"在处理义仓上：义仓不再推行，已经是确定了的。在互助合作运动迅速发展、农民防灾备荒力量增强的情况下，更不需要举办义仓。现有的粮食，应该根据国家粮食政策，卖给国家统一掌握。"① （4）在

---

① 湖北省民政厅：《第三次全国民政会议文件》（1954年），湖北省档案馆，SZ67—1—334。

农村具有一定势力的传统金融机构——典当业和传统互助组织——钱会借贷在20世纪30年代即开始衰落,解放后已是微乎其微了。总之,解放后旧中国传统的农村借贷体系瓦解了,与此同时,新型的农村信贷体系还没有建立起来。在农村传统借贷瓦解、新式借贷又远未成型的过渡时期,使土改改革后所形成的高度分散的小农经济与民间借贷之间有机会恢复历史上长期存在的必然联系。

再次,关于20世纪50年代前期的乡村借贷关系在目前中华人民共和国经济史的研究中还较为薄弱。中华人民共和国经济史是一个新兴学科,改革开放以来,尽管学术界对中华人民共和国经济发展史的各个领域进行了深入系统的研究。就20世纪50年代初期中国"三农"问题的研究而言,迄今,在土地改革、土地改革后农村阶层变化情况、农地产权制度的变迁、农业合作化、农业生产、集镇贸易、农民负担、统购统销、工农关系、农村金融等方面,都有一些专题研究成果或系统的档案资料公布。但同时,又有一些问题还没有引起学术界的足够重视,如乡村借贷关系。① 因此,需要我们下大气力来逐渐填补这个空白。

最后,研究该阶段的乡村借贷关系可以为研究当代农村金融提供历史借鉴。当前,无论是农业结构调整,还是农村非农产业的发展都急需金融支持,但是,农民和农村中小企业的金融需求很难得到满足。20世纪90年代后期,中国大力推进银行的商业化改革和对非银行金融机构的整顿,在取得重大进展的同时,一方面商业化的金融机构退出规模不经济、交易成本过高的农业信用领域,导致农业和农村出现资金要素过度短缺,农民从正规金融机构得到贷款的机会减少;另一方面以"农村合作基金""农民互助储金会""金融服务公司"等为名的地方政府和社区金融大面积关闭。这两个方面的作用导致农村民间借贷的规模空前高涨。据统计,农户用

---

① 笔者曾对20世纪50年代前期中南区的农村私人借贷关系做了初步的探讨,见拙著《中国农村私人借贷关系研究——以20世纪50年代前期中南区为中心》,中国经济出版社2007年版。但拙著仅局限于对中南区5省的研究,本书试图在此研究基础上对全国范围的乡村借贷关系做一系统研究。

于发展生产的资金,农业银行只能提供5%—8%,农村信用社只能供应13%—19%,而70%以上的资金要靠民间借贷和私人借款解决。① 2005年12月31日,中共中央、国务院发布的《关于推进社会主义新农村建设的若干意见》指出:"县域内各金融机构在保证资金安全的前提下,将一定比重的新增存款投放当地,支持农业和农村经济发展。……在保证资本金充足,严格金融监管和建立合理有效的退出机制的前提下,鼓励在县域内设立多种所有制的社区金融机构,允许私有资本、外资等参股。大力培养由自然人、企业法人或社团法人发起的小额贷款组织,有关部门要抓紧制定管理办法。引导农户发展资金互助组织。规范民间借贷。"② 党的十七届三中全会进一步提出,要建立现代农村金融制度;党的十八届三中全会指出,要完善金融市场体系。借古鉴今,作为经济史研究者,我们有责任对历史上的借贷问题做一番清理、分析和评价,为当代的农村金融研究提供一些值得借鉴的历史事实和研究结论。

## 二 史料及数据来源

本书所运用的数据主要来源于以下三个方面:

(一)档案资料

1. 地方性档案资料

即当时中央大区农村工作部及所辖各省农村工作部对该辖区农村经济调查资料,这些调查都是采用科学的抽样方法进行的。调查乡村的选择都具有较强的代表性,能反映各省各种农村经济的一般情况,如根据自然地理区分为平原区、丘陵区、山区及湖区,有的靠近集镇,有的远离集镇;各类地区又按其经济特点区分为主要粮产区、一般粮产区和经济作物区;根据土地改革后农村政权的建立情况区分为一类乡、二类乡和三类乡。在调查农户的选择上,有的采取逐户调查的方式,有的是采取科学的机械抽样的方法选取的,调查农户涵盖了

---

① 木佳:《农村金融体制改革应立足为农》,《中华工商时报》2004年3月11日第7版。
② 《关于推进社会主义新农村建设的若干意见》,新华网,2006年2月21日。

农村各个阶层，各阶层农户的比重选择充分反映了当时农村的阶层结构状况。

2. 综合性档案资料

主要是中国人民银行总行的档案资料，以及中国社会科学院、中央档案馆编的《中华人民共和国经济档案资料选编》（含1949—1952年和1953—1957年两个阶段的新中国经济档案资料）等。

（二）报纸、期刊

主要是20世纪50年代前期的《人民日报》、各省出版发行的日报，以及相关期刊等。

（三）相关文集、资料汇编

主要包括文件汇编、经典文献以及史料汇编，如中国社会科学院经济研究所现代经济史组编的《中国土地改革史料选编》（国防大学出版社1988年版）、中华人民共和国农业委员会办公厅编的《农业集体化重要文件汇编（1949—1957）》（中共中央党校出版社1981年版）和中共中央文献研究室编的《建国以来重要文献选编》（中央文献出版社1993年版）等。

### 三 研究方法与理论工具

本书采用历史学方法与经济学方法相结合的研究方法，对20世纪50年代前期中国乡村借贷关系进行了实证研究。同时，对该时期乡村借贷关系发展情况的深层原因做出解释，并在实证分析的基础上，结合当时的国情进行规范性研究。

本书采取的理论解释和分析工具主要是新制度经济学中的相关理论，如产权理论，同时还运用古典及新古典经济学中一些概念、方法如供求理论、机会成本、边际分析等。

（一）产权理论

产权不是指人与物之间的关系，而是指由于物的存在及关于它们的使用所引起的人们之间相互认可的行为关系。产权安排确定了每个人相应于物时的行为规范，每个人都必须遵守他与其他人之间的相互关系，或承担不遵守这种关系的成本。因此，对共同体中通行的产权制度可以描述为：它是一系列用来确定每个人相对于稀缺资源使用时的地位的经济和社会关系。① 产权是权利束，包括以下四个方面的内容：（1）占有权；（2）使用权；（3）收益权；（4）转让权。其中，最后两个方面是私人产权最为根本的组成部分，它们确定了所有者承担资产价值的变化权利。一旦政治体制产生的产权缺乏效率，经济衰退或停滞就会持续存在。

由于私人借贷是各自拥有独立产权的财产所有者之间的一种财产借贷活动，私人借贷实际上是财产或财产权利（产权）问题，因此，要分析20世纪50年代前期中国乡村借贷关系中私人借贷发展的起落，最根本的是要从产权制度上寻找答案。

解放前夕，中国人民政治协商会议通过的《中国人民政治协商会议共同纲领》（以下简称《共同纲领》）第三条规定，"保护工人、农民、小资产阶层和民族资产阶层的经济利益及其私有财产"。1950年6月颁布实施的《中华人民共和国土地改革法》（以下简称《土地改革法》）第六条规定："保护富农所有自耕和雇人耕种的土地和其他财产，不得侵犯。"第七条规定："保护中农（包括富裕中农在内）的土地及其他财产，不得侵犯。"在法律上明确提出了保护农民的私人财产权。根据解放后新颁布的土地改革法，农村土地改革的实质是"实现耕者有其田"的农民土地所有制，主要内容是反封（封建地主）而不反富（富裕农民）。但是，土地改革中不仅地主阶层土地和其他私有财产受到剥夺，而且富农、富裕中农、中农、小土地出租者、债利生活者、农村私人工商业者等的私人财产权也受到不同程度的侵犯。土地改革后，农业集体化运动表面上看似以群众自愿为原则进行，实际上是这种以群众运动的方式迅速推进的集体化，带有浓厚的强制性色彩，农民的私有财产不时遭到侵犯。而信用是各自拥有独立财产权的财产所有者之间的一种财产借贷活动，信用的实质是产权问题。尽管上述法律都提出保护农民的私人财产权，但在政策的执行过程中，农民的私人财产权缺乏有效的保护并经常受到侵犯，不可避

---

① R. 科斯、A. 阿尔钦等：《财产权利与制度变迁》，上海三联书店1994年版，第204页。

免地影响到农村私人借贷关系的发展。

（二）供求理论、机会成本、边际分析等

运用上述概念、分析方法，可以解释乡村借贷的发展状况及借贷利率的形成机制。

# 第一章　解放前后农村私人借贷政策的演变

借贷是一种历史悠久的社会经济现象，早在原始社会末期，随着私有财产的产生，便由原始的互助中产生了最初的无利或有利借贷，因商业的兴衰及货币资本的积累，至少在春秋战国时期高利贷资本得到了较大的发展。以后各代高利贷资本均不同程度地存在着。明清以后，随着商品货币经济的发展及生产方式的变化，高利贷资本得到了更大的发展。① 中国是小农经济的汪洋大海，一家一户的小农生产力低下，近代以来，农民入不敷出，生活贫困已成定论。② 农民为维持生存不得不靠借债度日，据中央农业实验所的调查，1933年，全国负债的农家占农家总户数的比重高达62%③，据研究，20世纪30年代初，长江中下游江苏、浙江、安徽、江西、湖南、湖北6省平均每借债户负债额占家庭收入的78.7%，而且高利贷盛行，抗日战争胜利后到1947年，上述6省3个月、6个月期限的粮食借贷折合年利平均分

---

① 刘秋根：《明清高利贷资本》，社会科学文献出版社2000年版，第28页。
② 关于近代农户收支情况的研究，主要的代表性成果有：章有义：《近代中国农民生活程度的变迁趋势》，载《明清及近代农业史论集》，中国农业出版社1997年版；黄宗智：《长江三角洲的小农家庭与乡村发展》，中华书局1992年版；王国斌：《转变的中国——历史变迁与欧洲经验的局限》，江苏人民出版社1998年版；周中建：《二三十年代苏南农家收支状况》，《中国农史》1999年第4期；李金铮：《近代长江中下游地区农家收支对比及其相关因素——以20世纪20—40年代为中心》，《学海》2002年第4期；郭谦、王克霞：《20世纪二三十年代山东农家收支状况及其影响》，《山东经济》2006年第6期；李学昌、董建波：《1940年代后期常熟农家收入水平及其相关因素》，《史林》2006年第5期。
③ 徐雪寒：《中国农村中的高利贷》（1934年12月），载中国社会科学院、中央档案馆编《1949—1952年中华人民共和国经济档案资料选编》（农村经济体制卷），社会科学文献出版社1992年版，第25页。

别达166%、133%。① 负债已成为长期以来农民生活贫困的重要根源之一，与此同时，处于破产边缘的贫困农民为了维持生活和简单再生产，也不得不靠借贷度日，高利贷如同一把"双刃剑"，所以，在中国共产党领导的历次土地革命中，对农民的债务问题都作为重点来处理，慎之又慎，既要减轻农民的高利贷负担，又要不至于使农村借贷陷入停滞。解放前后，中国政府对农村私人借贷政策经历了一个变化过程。即从废除封建性高利贷，到提倡借贷自由、利率由借贷双方自定；再到制定利率标准、在不同地区实行区别对待的政策；最后是批判借贷自由，加快实现农业集体化以从根本上解决农民生产生活的困难，铲除产生高利贷剥削的土壤。

## 第一节 老区②农村私人借贷政策的演变

### 一 从废除一切债务到只废除农民对地主富农的高利贷债务

在旧中国，广大贫苦农民遭受高利贷的残酷剥削。为了使农民在经济上彻底翻身，中国共产党在领导土地改革时，对债务问题也一并解决。1947年9月，中共中央颁布了《中国土地法大纲》，决定在全国解放区实行普遍的按人口平分土地的政策，彻底消灭封建土地所有制，实现"耕者有其田"，同时第四条规定："废除一切乡村中在土地制度改革以前的债务。"③

实际上，在1947年颁布《中国土地法大纲》之时，各解放区农

---

① 转引自李金铮《民国乡村借贷关系研究》，人民出版社2003年版，第47、157页。关于民国时期的农村借贷关系，李金铮先生做了较为系统的研究，他的相关论著主要有《借贷关系与乡村变动——民国时期华北乡村借贷之研究》，河北大学出版社2000年版；《民国乡村借贷关系研究——以长江中下游地区为中心》，人民出版社2003年版；《近代中国乡村社会经济探微》，人民出版社2004年版。

② "老区"与"新区"的概念在解放战争中是不断变化的。本书所指的老区是指1950年6月前完成土地改革的地区；新区是指1950年秋冬及之后进行土地改革的地区。

③ 中央档案馆编：《中共中央文件选集（1946—1947）》，中共中央党校出版社1992年版，第547页。

村债务情况有很大差别。在抗日战争胜利后新解放的地区,农民在多年的封建剥削下,有不少高利贷问题需要解决。但在许多老解放区,自抗日战争以来,经过减租减息与1946年5月开始的土地改革,封建性高利贷债务实际上早已废除。当时存在的债务,主要是民主政府与合作社贷款、工商业往来账,以及农民之间的债务等。有些地区因经济受到战争破坏引起民间资金短缺、财富的分散以及减息废债多种因素的影响,农村私人借贷关系处于呆死状态。如在晋冀鲁豫地区,1946年1月,冀南银行召开的首届区行经理会议反映:"旧的借贷关系(高利贷的信贷制度)基本已经摧垮","而一般农村的基本群众,仍然苦于农村金融的死滞所给予再生产资本的困难"。①如果在土地改革中,对地主富农的封建性高利贷债务与其他债务不加以区别,笼统地去废除乡村中土地改革之前的一切债务,就会造成民主政府银行和合作社业务工作的困难,正常商业信贷与金融流通的混乱,加剧农村私人借贷的停滞。这有悖于土地改革是消灭封建剥削制度的宗旨,不利于土地改革后农村资金的融通和生产的恢复发展。

因此,各地在土地改革过程中根据当地的农村实际情况对债务政策做了相应的变通,并向中央汇报,党中央也不断地总结各地的经验,对债务政策做出及时调整。如东北行政委员会1947年12月制定的《东北解放区实行土地法大纲补充办法》指出:"大纲第四条废除乡村债务之规定,系指在民国三十六年十一月以前农民对地主、富农等之一切债务而言,其贫农、雇农、中农之间的债务应由农民自己解决。而在民国三十五年七月以后,农村之间与城市之间的买卖关系尚未清理者,不在此例。"②晋冀鲁豫边区政府1947年12月提出,废债"不包括商业买卖的债务关系"③;1948年1月20日又就民主政府、

---

① 胡景沄:《晋冀鲁豫边区1946年上半年冀南银行工作的方针与任务》(1946年4月),《华北解放区财政经济史料选编》第二辑,中国财政经济出版社1996年版,第85页。转引自李金铮《近代中国乡村社会经济探微》,人民出版社2004年版,第648页。
② 《东北解放区实行土地法大纲补充办法》(1947年12月1日),载中国社会科学院经济研究所现代经济史组编《中国土地改革史料选编》,国防大学出版社1988年版,第438页。
③ 《晋冀鲁豫边区实行中国土地法大纲补充办法(草案)》(1947年12月28日),《中国土地改革史料选编》,第441页。

银行、信用社贷款问题的处理意见向中央请示，并建议："银行及生产信用合作社的贷款，均不宣布废除。"① 中共中央同年 2 月 11 日复电："来电所询民主政府贷款，因非封建性质，原则上不应废除，你们的意见是正确的。"并进一步提出："关于农村中各项性质上不同的债务亦应分别处理，你们对这个问题上的经验及意见望告。"② 在收到中央的指示后，中共邯郸局研究了当地农村的债务情况，于 1948 年 2 月 19 日给中央发出《关于借贷问题的请示报告》，其中提出：自抗战以来，"我区封建性高利贷债务实际早已废除，一般农民不是苦于高利贷，而是苦于借不到钱。现在解放区存在的债务，只有民主政府与合作社贷款（包括信用合作社、小型合作社与互助组贷款），工商业往来账、买卖账、工资账。""对于民主政府与合作社贷款（包括信用合作社、小型合作社与互助组贷款），工商业往来账、买卖账、工资账，我们认为这些债务，均不应废除。""至于农民相互间友谊借贷，可由农民自行解除，不在废除之列。"③ 中央同月 29 日回复指示："土地法大纲第四条废除乡村中一切旧债应解释为废除乡村中一切封建的旧债。"④ 在综合各解放区农村债务情况和土地改革与废债经验的基础上，中共中央对《中国土地法大纲》第四条关于废除债务问题的条款做出正式补充说明："本条所称应予废除之债务，系指土地改革前劳动人民所欠地主富农高利贷者的高利贷债务。"⑤

虽然一些地区对农村废债政策做了变通以及中共中央对债务处理问题做了补充说明，但是，由于在 1947 年秋冬开展的土地改革运动中各地普遍地发生了严重的绝对平均主义的错误倾向，以及《中国土

---

① 《晋冀鲁豫局关于"土改"中处理民主政府、银行、信用社贷款问题的请示》（1948 年 1 月 20 日），《中国土地改革史料选编》，第 469 页。
② 《中共中央关于土地改革中民主政府、银行、信用社的贷款债务不应废除给晋冀鲁豫局的复示》，《中国土地改革史料选编》，第 469 页。
③ 《邯郸局关于农村借贷问题的请示报告》（1948 年 2 月 19 日），《中国土地改革史料选编》，第 474 页。
④ 《中共中央关于借贷问题的指示》（1948 年 2 月 29 日），《中国土地改革史料选编》，第 473 页。
⑤ 中央档案馆编：《中共中央文件选集（1946—1947）》，中共中央党校出版社 1992 年版，第 547 页。

地法大纲》开始时笼统地提出废除一切债务，因此，在这场疾风暴雨般的大规模的土地改革中，不仅彻底地废除了封建高利贷债务，而且不可避免地对农村其他债务关系产生了强烈的冲击。如在1947年冬的土地改革中，晋绥解放区有的地区竟把农民间的借贷关系、工商业、小摊贩的商业往来关系，视同地主富农的封建性高利贷剥削也废除了。① 又如山西省，据研究，1934年山西等省农民的现金负债率为51%，粮食负债率为39%②，而到了1948年土地改革结束时，据9个乡的典型调查，私人借出户数只有12户（其中贫农2户，中农9户，富农1户），占总户数的0.45%；借入户数28户，占总户数的0.91%。③ 即农村民间借贷关系基本上废除。

## 二 在废除封建债务的基础上提倡借贷自由

私人借贷是小农经济传统的融资形式。在旧中国，地主、富农、商人的高利贷在农村借贷体系中占主导地位，但农民群众中也广泛地存在着具有互助性质的借贷关系。私人借贷具有二重作用：一是利贷剥削成为贫苦农民的沉重负担；二是农民可以通过借贷暂时维持生产生活，争取到"缓气"的机会。土地改革后，一方面农村中旧的借贷体系瓦解，另一方面政府银行业务在农村的延伸和信用合作社还有待发展，且解放战争尚在进行中，民主政府也无更多的力量来从资金上扶持贫苦农民。因此，在新的社会经济条件下，鼓励私人借贷的开展，帮助农民融通资金，不仅有利于农民克服生产生活困难，恢复发展农村经济，也可以减轻政府的负担。

为此，中共中央在领导进行土地改革、废除封建债务的同时，又制定了废除封建债务后提倡自由借贷的政策。1948年2月底，中共中央发出的《关于借贷问题的指示》明确提出："在封建阶层的债权既已消灭的地区，废债的宣传和行动均应在原则上停止"，"现在的任务

---

① 《晋绥日报》1948年5月3日，转引自李金铮《近代中国乡村社会经济探微》，第655页。

② 李金铮：《近代中国乡村社会经济探微》，第332页。

③ 中共山西省委农村工作部编：《"土改"结束时期，1952年、1954年山西省20个典型乡调查资料》（1956年5月印），山西省档案馆，第6805号。

就是鼓励和保护各种普通借贷，以达贷者敢贷、借者有还之目的"。①为了在完成土地改革的基础上迅速恢复发展解放区的农业生产，1948年7月25日，新华社发表题为"把解放区的农业生产提高一步"的社论，针对土地改革后新情况提出了6项农业生产政策，其中第五项是："明令保护在废除高利贷以后的私人自由借贷。""此项新的债权，不问其所属阶层如何，一律受到法律的承认。"②

提倡开展私人借贷，必然涉及利率问题，即是否要制定一个利息的最高标准，标准多少为宜，超过标准者是否视为高利贷予以限制、打击。在中国共产党历来的农村政策中，都是要打击和消灭高利贷的。但是，考虑到土地改革完成后农村资金缺乏，借贷停滞，广大农民不是苦于高利贷剥削，而是苦于借不到钱用于周转、克服生产生活困难，中共中央对制定利率标准采取了非常慎重的态度。如上述新华社社论就明确指出："利率在政府未统一规定前得由债主债户自由议定。"晋绥分局曾提出，今后农村私人借贷利率"以一分半为原则"的意见，中共中央于1948年8月18日给予了否定答复，指出："今后成立的债务，其息额应依当地社会经济关系，听任人民自行处理。"③

鼓励私人借贷政策的实施促进了农村民间借贷关系的重新发展。如东北地区在全国最早获得全境解放，土地改革也完成得较早，随着农业生产的逐渐恢复，私人借贷逐步活跃起来。据1949年黑龙江省9个村调查，这些地区农村中有18%的农户发生了借贷关系。④

---

① 《中共中央关于借贷问题的指示》（1948年2月29日），《中国土地改革史料选编》，第473页。
② 《把解放区的农业生产提高一步》（1948年7月25日），《中国土地改革史料选编》，第530页。
③ 《中共中央对晋绥分局关于边缘区减租减息的意见的批示》（1948年8月16日），《中国土地改革史料选编》，第534页。
④ 《东北局1950年1月份向中央的综合报告》，载中华人民共和国国家农业委员会办公厅编《农业集体化重要文件汇编（1949—1957）》，中共中央党校出版社1981年版，第8页。

## 第二节　新区的私人借贷政策进一步完善

### 一　新区土地改革债务政策的进一步调整与完善

随着人民解放战争的胜利进展，解放区不断扩大。新解放区环境复杂，干部力量薄弱，农民群众组织程度较低，如与老区不加区别，立即开展土地改革，往往会造成局面的混乱。为此，中共中央于1948年做出决定，新区暂停土地改革，实行减租减息的政策，作为今后进行土地改革的准备阶段。同时，中共中央也在不断总结老区土地改革的经验，并根据形势的发展，特别是革命逐渐取得全国性胜利，中国即将由革命战争时期转变为和平建设时期的新形势，酝酿、准备新区的土地改革政策。

由于受老区土地改革废债的影响，以及即将面临土地改革这一巨大社会经济变革，新区农村的借贷关系在解放后就处于停滞的局面。为了既使农民免除高利贷盘剥，又不致使土地改革后农村借贷关系停顿，在酝酿新区土地改革政策的过程中，如何处理新区农村债务也是反复斟酌的一个问题。1950年3月30日，中共中央发出文件，向各地征询意见："高利贷问题究竟如何处理？能否规定出一个一般性的标准，作为高息和普遍利息的界限，并规定出适当的处理办法，以便使农民既能免除高利贷的盘剥，而今后农村借贷关系又不致搞死；还是在新的土地法中不提高利贷问题，还是只废除地主的债权，而其他一律不废。"① 由于条件不成熟，中央中共在1950年6月颁布的《中华人民共和国土地改革法》中未列入关于农村债务问题的条文，而是继续探讨妥善的处理办法。同年7月，中共中央在《关于"土改"中退押与债务问题的处理给各地指示电》中提出："农民欠地主的旧债废除，从当地解放后欠的新债不废，以后借债自由，利息亦不加限

---

① 《中共中央关于"土改"法大纲中若干问题征询各中央局的意见》（1950年3月30日），《1949—1952年中华人民共和国经济档案资料选编》（农村经济体制卷），第66页。

制。为了准备处理债务纠纷的办法,望华东和中南两中央局各起草一个处理债务纠纷的条例,在一个半月内送交中央审查,经中央决定后,发交各地,但不公布,看什么地方什么时候发生债务纠纷,即将这个条例公布或加某些补助办法公布,以便能够适时当地处理各地所发生的债务纠纷。"①

早在1950年2月中南区军政委员会颁布的《中南区减租减息条例》就规定,对于处理农村债务的基本原则是:(1)在当地县人民政府成立以前,农民向地主、旧式富农、高利贷者所借之旧债,一律以原本按月利分半计息清偿,如过去已付息超过原本一倍者,停息还本;超过原本两倍者,本利停付。(2)中贫农相互之间债务纠纷,由人民政府与农民协会作为农民的内部问题,协议调解之。(3)凡货物买卖及赊欠之账,不在减息清偿之列。由于当时还在贯彻减租减息政策,《中南区减租减息条例》还没有对地主的债务全部废除,但对其他债务的处理,已比1947年《中国土地法大纲》的补充说明更加具体。在接到中央的指示电后,华东军政委员会1950年10月11日颁布了《华东区农村债务纠纷处理暂行办法(草案)》,该《华东区农村债务纠纷处理暂行办法(草案)》中进一步规定了废除解放前农民及其他劳动人民所欠地主的债务,而对其他债务处理原则与中南区的规定大体一致。在综合了各方面的意见后,1950年10月20日,中央人民政府政务院颁布《新区农村债务纠纷处理办法》,其规定:解放前农民所欠地主的债务全部废除;解放前农民及其他劳动人民所欠富农的债务,发生纠纷时,利倍于本者,停利还本,利两倍于本者,本利停付,付利不足本之一倍者,应承认富农的债权继续有效,付利达本之一倍以上不足两倍者,得于付利满两倍后解除债务关系。解放前农民及其他劳动人民所欠利贷生活者和学校的债务,也按所欠富农债务办法处理。所欠祠堂、庙宇及其他社团的债务,一般应予废除。解放前的义仓积谷,无论借给何人,均应依原约定归还本利。凡货物买

---

① 《中央关于"土改"中退押与债务问题的处理给各地指示电》(1950年7月),《中国土地改革史料选编》,第652页。

卖及工商业务往来欠账，仍依双方原约定处理。解放前农民所欠农民的债务及其他一般的借贷关系，均继续有效。① 这个办法总结了《中国土地法大纲》颁布以来处理农村债务的经验，以消灭封建剥削制度为宗旨，充分考虑了新区农村债务关系的状况，着眼于土地改革后农村经济的恢复发展，是较为全面和妥善的办法。

　　新区实行的土地改革，摧毁了长期存在于中国农村的旧的高利贷制度，农民的债务负担因而大大减轻，经济翻身。如江西上高县从1950年11月下旬到12月中旬期间，全县10个乡共废除农民欠地主的旧债谷达26500余担。② 湖北云梦县龙洋乡在土地改革中农民欠地主阶层的债务也废除了，如李来苟欠地主李先祺的稻谷20石，雷家井贫农张厚丰欠地主张高新稻谷30石，贫农张木山欠地主及公祭谷共30石，在土地改革中都取消了，仅雷家井1个村就废除债务达139.5石。③ 同时，农村中其他债务特别是农民群众之间的债务，也有了妥善处理的依据。

　　当然，在约3亿农村人口广大农村地区进行的轰轰烈烈的土地改革中，在对债务问题的处理上，也不可避免地出现了突破政策界限的情况。例如，在解放后土地改革政策中，对"债利生活者"（为避免高利或低利之争执，一般不用高利贷者这一名词）与地主阶层是做了区别的，即"凡长期出放大量债款，并依此为其生活的全部或主要来源者"，其成分应定为债利生活者。在土地改革中，对债利生活者的债务及财产大体按对富农的政策进行处理。但在实际执行政策中，为了提高成分，对债利生活者、富农和富裕中农，不少乡村因为他们放债而错算剥削分量，错划为地主或其他成分进行斗争。如湖北省应城义和乡12户债利生活者，都经过群众斗争，废除全部债务，并没收

---

① 《新区农村债务纠纷处理办法》，《中央关于高利贷者的阶层成分问题复华东局》，载《中国土地改革史料选编》，第677—678页。
② 丁二：《注意充分发动群众上高县展开减租废债》，《长江日报》1951年1月10日第3版。
③ 云梦县委调查组：《云梦县第五区龙洋乡典型农业生产调查报告》（1953年1月11日），湖北省档案馆，SZ18—1—44。

其财产。① 钟祥延年乡甚至将农民之间的旧债强行废除。② 其后果是，农民误认为放债是封建剥削的主要内容，认为放债是"非法"，这必然会对土地改革后农村私人借贷的发展带来负面影响。

## 二 大力提倡借贷自由，活跃农村金融

如前文所述，新区农村的借贷关系在解放后就处于停滞的局面。经过土地改革这场大的社会经济变革，借贷停滞的局面更加严重。其表现形式：一是旧债呆死。虽然依据政策土地改革中保留了除对地主阶层外的一些其他（其中主要是农民群众之间）债权、债务关系，但土地改革后许多借债者并没打算清偿，特别是土地改革后新区即开展了农业合作化运动，借者更是产生了拖拖看的观望态度。二是新的借贷难以开展。农民担心有借无还，担心被说成是剥削，怕以后遭批判、斗争、清算。农村的情况是：一方面有人需要周转资金克服生产生活困难而告贷无门，另一方面社会有余资却很少有人愿意借出。如据湖北省江陵县雨台、公安县中和及鄂城县邓平等乡调查，1952 年，每个乡中汇集在中农手上的资金至少有五六千元，多则 1 万元，但借出的很少。又据襄阳专区 4 个乡的调查，借贷资本仅占农村社会余资的 6.4%③，其他余资大多压在农民手中不肯借出。解放后，人民政府发放了救济粮款，举办了农贷，扶助农民群众克服困难，发展生产。但是，国家各项事业百废待兴，资金有限，因此，在积极兴办信用合作社的同时，提倡开展农村的私人借贷，活跃农村资金的融通，也是中国政府促进农村经济恢复发展的一项重要政策。

1950 年 7 月，中共中央《关于"土改"中退押与债务问题的处理给各地的指示电》中指出：土地改革后借债自由，利息亦不加限制。1950 年 8 月，中国人民银行总行在《人民银行区行行长会议关于几个问题的决定》中指出："大力提倡恢复与发展农村私人借贷关

---

① 湖北省农委：《孝感专区五个乡农村经济调查》（1953 年），湖北省档案馆，SZ18—1—41。
② 《荆州专区农村私人借贷情况》（1953 年 3 月），湖北省档案馆，SZ18—1—42。
③ 湖北省农委：《农村借贷情况与活跃农村借贷问题（草案）》（1953 年），湖北省档案馆，SZ18—1—40。

系，我们应结合当地党政部门宣传借贷自由政策，鼓励私人借贷的恢复与发展。利息数不要限制，债权应予保障。"[1] 1950年10月，中央人民政府政务院颁布的《新区农村债务纠纷处理办法》规定，解放后成立的一切借贷关系，包括地主借出者在内，其由双方自由议定的契约，均继续有效。1951年1月，中国人民银行总行在《第二届全国金融会议关于若干问题的决定》中指出，应宣传并提倡私人借贷自由，利率不加限制，由双方根据自愿两利原则商定。农民自由借贷，实物计算，利息较高，但比没有借贷好，因此应予鼓励。[2]

根据中央的指示精神，各级党委和地方政府针对本地区的情况分别发出指示，制定条例，对解放后农村新发生的借贷关系进行保护，大力提倡恢复与发展农村私人借贷关系。中南局（华中局）、华东局、西北局、西南局所颁布的关于农村债务处理的有关条例，都包括今后借贷自由、利率由双方自由议定的内容。此外，上述几个大区军政委员会在1950年、1951年春耕季节所颁布的《发展春耕生产十大政策》或《发展农业生产十大政策》等，也都公布了保障借贷自由的政策。1950年11月，中共西北局在《对处理农村债务问题的指示》中，还专门对利率问题进行了说明：对私人借贷利率"划一是不可能的，勉强规定，仍是走不通的。因利率高低是和当地经济状况及人民生活水准有关，在某种意义上说，有其自然趋势"。"在人民政府尚无力兴办能够满足农民需要的信用借贷的时候，农村内存在着对于农民的债利剥削，仍得忍耐。"[3]

以上政策的实施，一度促进了农村私人借贷关系的发展。如据对湖北、湖南、江西3省10个乡的调查，1952年有1160户农户发生借贷关系，占全乡总户数的23.34%；1953年有1482户农户发生借贷

---

[1] 《人民银行区行行长会议关于几个问题的决定》（1950年8月），《1949—1952年中华人民共和国经济档案资料选编》（金融卷），中国物资出版社1996年版，第528页。

[2] 《第二届全国金融会议关于若干问题的决定》，《1949—1952年中华人民共和国经济档案资料选编》（农村经济体制卷），第530页。

[3] 西北局：《对处理农村债务问题的指示》（1950年11月28日），《1949—1952年中华人民共和国经济档案资料选编》（农村经济体制卷），第178页。

关系，占全乡总户数的 28.89%，比 1952 年增加了 5.55 个百分点。从借贷用途来看，以生活性借贷为多，也有部分借款用于生产经营，如购买耕畜、经营运输业、副业。从利率来看，既有较高利率的借贷，如 5 分以上，也有相当比重的无利、低利借贷。从放债户的阶层结构来看，1953 年，贫农、中农及其他劳动人民占放债总户数的 89.14%，占放债总数的 78.07%[①]，表明土地改革后农村私人借贷关系主要发生在普通劳动群众之间，许多具有群众间互助互济的性质，与旧中国的债务关系相比，在性质上已经不相同。

## 第三节 批判借贷自由、逐步取代私人借贷

随着农村经济的恢复发展以及农业互助合作运动的开展，特别是随着人们对农村问题关注的重点转向遏制小农经济的自发势力，强调资本主义和社会主义两条道路的斗争，中国政府对农村私人借贷的政策逐渐发生变化。在提出过渡时期总路线后，更是批判借贷自由，并力图用国家银行和信用社业务替代私人借贷，通过迅速实现农业集体化，从根本上解决农民生产生活的困难，铲除产生私人借贷的土壤。

### 一 不同地区采取区别对待的私人借贷政策

在完成土地改革后的新的社会经济条件下，农村私人借贷仍有两重作用：一方面，是弥补了国家银行、信用社的不足，对搞活农村金融，帮助农民渡过暂时困难，活跃农村经济有积极的作用；另一方面，其中的高利借贷加重了农民的负担，导致部分借债的农民陷入更加困难的处境。如何全面认识私人借贷在当时历史条件下的作用以及采取怎样的政策，这不是一个孤立的问题，取决于对农村总形势的判断和农村政策基本取向。由于老区土地改革完成较早，农业集体化先行一步，对私人借贷政策首先在这些地区出现变化。

---

① 中共中央中南局农村工作部编：《中南区 1953 年农村经济调查统计资料》（1954 年 7 月），湖北省档案馆，SZ—J—517。

政策的转变是从制定利率标准、限制私人借贷利率开始的。1950年1月，中共中央东北局在给中央的报告中，虽然也提到允许个体农民发展的农村现行政策，但重点是强调限制自发势力，加强领导，组织起来走集体化道路。关于农村借贷问题，一方面提出了允许借贷，利率太低了借不出来；另一方面也提出了利率太高了是不对的，并提出了私人借贷的最高标准，即借粮春借秋还，借一斗还斗半。1950年7月15日，东北局针对黑龙江农村借贷利率较高（年利有的达到15—22分）的情况，再次提议限制借贷利率，即粮食借贷年利不超过5分，货币借贷年利不超过3分，由县政府布告示之，并电报中央请示意见。7月21日，中共中央在回复东北局电中指出："同意你们对黑龙江某些县的借贷利息试行调整到粮食借贷年利不超过5分，货币借贷年利不超过3分的意见。但在调整后应密切注意是否会因这一限制而使农村借贷关系停滞下来，如此，则是对农民不利的，请将调整经验并结果随时电告。"[①] 从复电可以看出，中央此时对制定私人借贷利率标准的态度仍是很谨慎的，只是同意局部地区而非全面制定利息最高标准，并要求密切注意调整后农村借贷关系的发展情况，以防借贷关系停滞，对农民生产生活产生不利影响。但既然有了标准，其适用范围就有可能扩大，超过这个标准实际上就视为高利贷，既然定性为高利贷就必然要制定政策对其进行限制、打击。因此，中央复电的态度虽然是十分慎重的，但其中反映出对私人借贷政策的倾向性的变化也是显而易见的。

继确定利率最高标准后，1952年1月，中共中央东北局又发出指示，认为农村一部分合理的借贷在活跃农村金融、发展生产上都起了作用，但片面地强调借贷自由，致使农村私人借贷自流发展，高利贷也迅速发展起来。高利贷起着破坏农村经济的作用，促使农村阶层分化，是非法的，应予以打击、取缔，争取在两三年内消灭农村高利贷。与高利贷斗争，一是要加强国家农贷，二是要发展信用合作社，

---

① 《中共中央关于黑龙江省某些县借贷利息调整复东北局电》（1950年7月21日），《1949—1952年中华人民共和国经济档案资料选编》（金融卷），第529页。

三是用行政手段禁止高利贷放账,规定放钱一般月利不得超过3分,放粮春借秋还一般利息不得超过原本40%。利息超过规定者除已经清偿者不再追究外,对现有高利贷关系仍在继续者一律按规定利息偿还,对已经付息达到原本50%以上者停息还本,已经付息达到原本一倍以上者本息停付。①

1952年7月,中共中央华北局也发布了《关于农村借贷利息问题的指示》,内容与东北局指示相仿,即制定了"货币利息以不超过三分为宜",粮食借贷"应采取春借一斗,秋还斗三的原则"。但贯彻利率原则的方法要缓和些:"采取内部指示、公开号召与群众自愿相结合的方针,视具体情况逐步实现。不宜采取政府命令,硬性颁布,强迫执行的方式。因硬性规定、单纯限制,在农村借贷不方便的情况下,往往使领导陷入被动,使高利贷转入秘密状态,并将滞塞农村金融的活跃。对于现在已形成之高利贷,如发生纠纷,应由县人民政府予以调处。"②

在老区对农村私人借贷政策不断趋于严厉的同时,新区的土地改革尚在进行或刚刚完成,虽然对农村中新出现的高息借贷也很关注,但政策的重点还是解决私人借贷停滞问题,仍在提倡借贷自由、利息面议。1952年10月,中国人民银行总行召开的第七次区行行长会议,在研究了不同地区农村私人借贷的情况后,在向中央的报告中提出:在自由借贷刚有萌芽,信用合作尚未开展,农民日常困难还很多的地区,还不宜于过早限制利息,要提倡自由借贷,同时要积极组织各种信用活动,以便有可能从新信用关系的开展中,限制高利贷的发展及其破坏性。而在土地改革早已完成、农民的日常资金需要已有可能自己解决大部或一部,自由借贷已有较多发展、劳动互助合作运动已有相当基础、信用合作社已有初步开展的地区,对自由借贷就不再一般地提倡。应该以政府号召的形式规定利息的最高标准,即货币借贷最

---

① 中共中央东北局:《农村私人借贷调查及开展农村信贷工作限制高利贷问题》,《1949—1952年中华人民共和国经济档案资料选编》(金融卷),第532—537页。
② 中共中央华北局:《关于农村借贷利息问题的指示》,1952年7月8日。

高月息 3 分，实物借贷春借 1 斗，秋还 1 斗 3—1 斗 5。① 根据中国人民银行这份报告的意见，已不再把自由借贷作为处理农村私人借贷关系的基本政策，而是根据不同地区的不同情况，采取区别对待的政策。

应该说，自 1951 年秋召开第一次农业互助合作会议之后，中国政府对农村工作的基本政策倾向已明确，在不同地区（主要是老区与新区），农村工作的政策实际上也有了很大的差别，但把农村私人借贷问题作为一个总政策来宣传，中央还是采取了慎重的态度。1953 年 3 月，中共中央发出《关于春耕生产给各级党委的指示》，只是抽象地提出："允许农民间的自由借贷，发展信用合作以补国家银行农业贷款之不足。"② 既没有提出在不同地区实行区别对待的政策，也没有重申利率自由议定，这又是对借贷自由的极大限制。

对于是否继续提倡借贷自由，能否制定统一的利息标准，用什么样的方法限制农村高利贷，党内认识也不一致。1953 年 4 月，中共中央农村工作部部长邓子恢在《全国第一次农村工作会议上的总结报告》中指出："今天要提倡自由借贷，农民要借钱，国家没有这些钱去帮助农民完全解决困难，他就要借贷，规定几分利是高利贷，几分利不是高利贷，用意是好的。但如没有国家的农业贷款之增加和信用合作事业之发展相配合，则实际效果不大，因为他可以搞黑市，搞地下借贷。我们要搞信贷合作，低利借贷，用经济斗争的办法慢慢战胜高利贷，减少高利贷，甚至最后消灭高利贷。单纯用行政命令，高利贷是禁止不了的。"③

邓子恢的意见是比较符合实际的。从对农村私人借贷政策最为严厉的东北地区看，据中共中央东北局对黑龙江、吉林、热河、辽西 4

---

① 中国人民银行总行：《关于召开第七次区行行长会议的情况向中央的报告》（1952 年 10 月），载卢汉川主编《中国农村金融历史资料（1949—1985）》，湖南省出版事业管理局，1986 年 10 月，第 187 页。

② 中共中央文献研究室编：《建国以来重要文献选编》第四册，中央文献出版社 1993 年版，第 93 页。

③ 邓子恢：《全国第一次农村工作会议上的总结报告》（1953 年 4 月），《农业集体化重要文件汇编（1949—1957）》，第 138 页。

省 26 个村的调查,到 1953 年,农村私人借贷利率比 1951 年、1952 年有所下降,但农村民间借贷的一般情况是"公开的发死、暗中的活跃,低利的停滞、高利的活跃",超过 1952 年 1 月中共中央东北局规定的借钱利 3 分、借粮利 4 分的借贷还占农村借贷的相当比重,且大多转入地下状态。① 原因是国家银行农贷和信用社业务尚不能满足农民对资金的需要,因而高息借贷仍有生存空间,在政治压力越来越大的情况下转入地下。

在农村存在广大个体农民的情况下,国家不可能对农民生产生活中的困难全部包下来,行政手段难以杜绝高息借贷以及土地买卖、土地租佃、雇工等现象,在完成土地改革基础上,重新出现贫富差距也不可避免;但我们在观念上、政策上越来越不能容忍农村中的利贷剥削等现象和出现的贫富差距。这种理念与现实的冲突是导致农业集体化步伐不断加快的一个重要因素。

### 二 批判自由借贷,取代私人借贷

随着过渡时期总路线的酝酿和提出,中国政府加强了对农业集体化的工作部署。实现集体化的目的,就是通过变农民个体经济为农村集体经济,从根本上解决农民的生产生活困难,走上共同富裕道路,这样,也就铲除了生产利贷剥削的土壤。由此,毛泽东开始对"四大自由"(租佃自由、雇工自由、借贷自由和贸易自由)作为互助合作的对立面进行严厉的批判,认为搞"四大自由","都是有利于富农和富裕中农的"。"结果就是发展少数富农,走资本主义的路"。②

提出过渡时期总路线后,邓子恢于 1954 年 3 月 5 日在全国农村信用合作工作座谈会上的讲话中,把当前对农村私人借贷的政策概括为"允许私人借贷"。鉴于当时完成农业集体化的时间表是三个五年计划即 15 年,他还指出:"私人借贷在十年内还不会作法令禁止。过早不利,不仅影响富裕中农,还会影响中农。"关于如何限制高利贷,

---

① 中共中央东北局农村工作部编:《1953 年东北农村调查汇集》第二辑,第 7 页、第 74—76 页。
② 毛泽东:《关于农业互助合作的两次谈话》,载《毛泽东文集》第六卷,人民出版社 1999 年版,第 299、305 页。

邓子恢还是坚持以经济的办法为主。他强调："关于划杠子区分高利贷与自由借贷的界限和限制高利贷就过去的经验来说，是很难收效的。苏维埃时期，就是明文规定利率，结果还是禁止不了高利贷，明的没有了却暗中活动。抗战时期华中曾规定过利息一分五，实际是三分五，东北划了杠子曾规定了利息不得超过三分，结果也未能行得通，问题在于经济基础，农民贫困，需款人多，放款人少。因此光靠行政命令来限制利息是不能解决问题的，必须用经济斗争的方式来解决。放好农贷，结合群众信用合作，吸收游资，才能解决这个问题，现在私人借贷还是不能禁止的。规定最高利率，限制高利贷会使我们的工作处于被动，不宜统一明文规定。如认为必要，可考虑在个别地区通过区乡干部用口头宣布一定利率试行一下（私人借贷可在一分五厘到二分五厘），但杠子不宜划得太多，地区也不要太多。根本解决的办法还是靠银行把农贷放好，积极组织信用合作，开展经济斗争。"① 中共中央批准了这次会议的报告，报告对私人借贷的政策的提法是：劳动人民之间的借贷关系只要利息不过高，允许其存在，但重点是强调私人借贷必然自发地向资本主义和高利贷方面发展，"限制与逐步消灭高利贷的斗争是必须加强的"。②

随着形势的发展，1954年11月，中国人民银行总行召开反高利贷座谈会进一步提出了"代替私人借贷"的方针。会议认为，在农村已开始实行社会主义改造之后，农村私人借贷关系是不应该再予一般提倡了，而应积极发展社会主义性质的信用合作社，配合国家农贷工作，去代替私人借贷。对于国家和信用社贷款还不能满足农民资金要求的地区，暂时利用一下和允许私人借贷存在也还是可以的，但必须注意积极做好农贷和信用社工作，把高利贷活动排挤出去。会议一致认为，今后应以信用合作社利息作为社会借贷利息的合法标准，使私人借贷跟着社会主义借贷走，限制其向资本主义高利贷剥削方面

---

① 《中国农村金融历史资料（1949—1985）》，第164—165页。
② 农村金融管理局：《总行关于私人借贷及高利贷情况的综合材料及各地典型调查》，中国人民银行总行档案，Y1955—长期—5。

发展。

　　代替私人借贷工作的重点是取代农村中高于政府规定利息标准的借贷关系。各地主要采取以下三种办法：（1）对放债户进行说服教育，使其放弃剥削，动员向信用社存款；对已借债的，则给予贷款，让其归还高利贷，以及帮助借债户搞好生产，使之增加收入，摆脱高利贷。（2）主动贷款扶持贫困户，走前一步，堵塞高利贷去路。（3）用"转账"的办法，把高利贷转为放债户的存款和借款户的贷款。[①] 此外，还有一些地方基层干部鼓励借债者对高息债务拒绝偿付。当时，在总结工作经验时，认为第一种办法具有滞后性，第三种做法容易发生强迫命令，也容易被高利贷者钻空子，把呆账转给合作社，特别是对借债户扶植上实际作用不大。推广第二种做法，因为它既避免了高利贷的发生，又使困难农民得到了实际的好处。随着国家农贷的加强和信用合作社的发展，到农业集体化高潮前，农村私人借贷关系发生频率有所下降。

---

　　[①] 农村金融管理局：《总行关于私人借贷及高利贷情况的综合材料及各地典型调查》，中国人民银行总行档案，Y1955—长期—5。

# 第二章　土地改革前后农村私人借贷关系变化

解放后,经过减租减息、土地改革运动,农村私人借贷关系一度处于停滞状态,土地改革后,为活跃农村经济,人民政府在农村提倡"借贷自由,有借有还"政策,使农村民间借贷关系渐趋活跃。

## 第一节　解放后到土地改革结束前农村私人借贷发展状况①

解放初期,由于政府未明确宣布借贷政策,农村私人借贷关系处于停滞状态。如据江苏省苏南区调查,农村的借贷关系表现出极为复杂的情况:(1)有些地主富农成分的债主,加紧催索债务,如吴江浦西乡地主黄元诚(已枪决)等,强行向债主秤稻和拿走债户的猪,溧水县东芦乡富农陈国明解放前借给贫农俞青松一担稻,已付息350斤,解放后更积极向债户催索。有些则怕清算不敢要,有些虽不明目张胆要,但暗中却通过中保人去要。在农民内部的借贷关系方面,债主也表现出极不安心,认为自己所放的利贷是自己劳动得来的,但又怕讨了被人喊剥削。如吴江浦西乡湖明村贫农俞本全,解放后向债户说:"我利钱不要了,你将本钱还我吧!"溧水县东芦乡贫农薛万林,解放后借给半地主式富农陈兴盛5担稻,加5利息,解放后不敢向对方要。(2)地主、富农、工商业家及部分富裕中农,不愿将利贷继续

---

① 由于老区解放较早,在解放前基本完成了土地改革,因此,本节所探讨的地区主要局限于新区。

借出，债户方面，认为老债不清，新债不好意思借。①

又如据对江苏宜兴云溪乡的调查，解放后农村私人借贷关系呈现以下情形：（1）地主富农均不敢向农民索取借款。（2）农民之间原有债主态度和善地来讨债，不要利息，间或农民也加以20%—30%的利息（分水墩村），大部还掉占70%，尚有30%未还掉，湾江村债主中农黄洪益解放前借出米1石，解放后收到本利稻320斤。（3）农民之间过去利息已付很多，甚至有利过本者，债主要换票据，负债人也不说不还，硬拖，待政府规定，票据不肯换。（4）以上还本或加些利息清偿的只限于本村之间的借贷关系，欠地主、富农、商人及外村、外乡的大部未还清。②

在湖北，如大冶专区鄂城樊川乡、怀德乡"解放后农村借贷陷入停顿状态"③，湖南长沙专区"农村借贷关系陷于停顿，有余粮的大多藏起来，或设法换成金银埋入地里"。④ 在广东中山外沙乡，因1950年、1951年两年土地改革尚未结束，农民生产情绪未稳定，一方面，有钱的也不敢借出，存有顾虑，所以借贷的户极少；另一方面，大多数贫雇农家底薄，经不起天灾人祸、疾病的困难，需要借贷解决。⑤ 在广东曲江县共和乡自1949年秋到1952年春以前，私人借贷几乎处于停滞状态，个别的在暗中进行，但多是亲戚好友之间的借贷，三年中共计放债的有10户，占总户数的3.38%。⑥ 在西南区，

---

① 苏南区委员会农村工作委员会：《农村借贷问题调查》（1951年），江苏省档案馆，3006—永—267。

② 苏南农工团三队二部：《宜兴县云溪乡关于农村借贷关系的调查材料》（1951年9月23日），江苏省档案馆，3006—永—267。

③ 大冶地委办公室：《十三项调查材料报告》（1950年4月20日），湖北省档案馆，SZ42—2—14。

④ 黄剑萍：《长沙专区各地农村开展借贷度夏荒》，《长江日报》1950年7月14日第3版。

⑤ 华南分局农村工作部外沙乡调查组：《广东省中山县第二区外沙乡农村经济调查报告（初稿）》（1954年1月31日），广东省档案馆，204—5—12。

⑥ 华南分局农村工作部共和乡调查组：《广东省曲江县共和乡农村经济调查报告（初稿）》（1954年1月），广东省档案馆，204—5—11。

"解放后的情况,主要是借不到债的问题"。① 在西北区,农村的债务问题"重点不是减不减的问题,而是放不放的问题"。② 此外,农村还存在大量的债务纠纷,如1950年1—10月,湖北省各级人民法院受理的15634件民事案件中,债务纠纷占11%。③

　　1951年4月1日,中南军政委员会土地改革委员会在《关于春耕生产工作的指示》中,分析了当时由于农村政治经济改组所带来的困难:"在老'土改'区(河南约1700万人口的地区)1950年遭受了严重的灾荒;在新'土改'地区(约3000万人口)新得地的贫雇农缺乏生产资料,中农、富农对发家致富,雇工借贷带有顾虑,地主仍在或明或暗地进行破坏和生产怠工,也有一些自己不能劳动,又不敢雇工耕种;正在'土改'的地区(约1500万人口)土地所有权尚未确定,未得地的雇贫农英雄无用武之地,原来的佃中农及佃富农怕田地分给别人,不愿意加工施肥,地主仍在分散隐藏财产,雇工借贷几乎全部停滞;在未'土改'的地区(约6000万人口)群众多未充分发动,大多数贫农生产力很低,富有者在彷徨,生产情绪受影响。"④

　　再如安徽省无为县百官乡的调查,1948年该乡解放后,1949年冬至1950年春该乡开展了反霸斗争,百官乡闵村主要就是斗地主闵尚绰的债利剥削,高利贷剥削受到严厉的打击,至此借贷关系开始停顿,农村债务关系已近转入秘密的状况,宋埂村贫农刘有传形容这一阶段时说:"这是贫雇农最苦的日子,灾荒又重,又借不到粮食,人都饿得打晃。"因农民生活贫困,不得不到处寻找借贷的门路,有不少的负债户跑到放债户处,声明自己不会"忘恩负义",并托请可靠

---

① 中共中央西南局:《关于解决债务纠纷的原则和办法的规定》(1950年9月),《1949—1952年中华人民共和国经济档案资料选编》(农村经济体制卷),第176页。
② 中共中央西北局:《对处理农村债务问题的指示》(1950年11月28日),《1949—1952年中华人民共和国经济档案资料选编》(农村经济体制卷),第178页。
③ 《湖北省人民法院1950年工作总结》,载湖北省人民法院编印《湖北司法工作通讯》(第二期),1951年3月。
④ 《关于春耕生产工作中的指示》(1951年4月1日),载中南军政委员会土地改革委员会编《土地改革重要文献与经验汇编》1951年10月,第473页。

## 第二章　土地改革前后农村私人借贷关系变化

的中人作保，采用各种办法，才重新打开借贷之门。群众形容反霸前后放债人的态度时说："过去放债是光明正大的，现在放债是鬼头鬼脑的！"如萧埂自然村中农陈必高每年放债2石，大多是夜晚让借债户用船偷偷运走的。①

在福建农村，解放后封建借贷关系大部分停顿，农民曾自发进行一些借贷运动，虽也解决了些实际困难，但有偏向，是一般群众在思想上产生"放债后成了高利贷者""放债提高成分""借了不还"等顾虑，以致公开的自由借贷完全停止，大多数农民因借不到债，生产生活上感到极大困难。②

解放初期，一方面，农民生产生活条件并没有得到多大改善，仍需借贷来维持生活，而当时农村信用合作组织还没有发展，刚刚解放时，百废待兴，不可能拿出较多的资金来支援农村；另一方面，传统的农村民间关系停滞，农民借不到债，无法维持生产生活。一些地方不可避免地就产生了向富裕农户强借或变相强迫借贷的情形。如江苏省宜兴县玉溪乡的调查，解放后土地改革前一段时期内，尤其在1949年夏征和1950年春荒时，当时政府没有号召沟通借贷关系，但下面乡村干部产生了强迫命令，硬借，手续是通过会议号召，由村干部确定对象，规定数字借，如不借，即可进行查抄，如余圩村干部到上城圩过去放债的2个中农及1个地主家去抄查，抄出数字不多，米麦各几斗，均被干部吃掉；分水墩村，村长王洪生向8户硬借稻种160斤（其中地主1户、职工1户、商人1户、富农1户、小商人1户、中农3户）借给雇农1户、贫农13户、中农3户，至土地改革时未还。农会会长王信清私用夏征名义向7户借草纸335块，稻350斤（内地主1户、富农1户、中农4户、商人1户），村上有50%的户借到充作口粮吃掉；余圩村由政府动员市镇工商业借出，由联村干部择定赤

---

①　安徽省委农村工作部：《无为县百官乡关于债务问题的调查报告》（1953年），安徽省档案馆，J9—1—19。
②　人民银行福建省分行通讯小组：《开展自由借贷的经验》，《中国金融》1951年第12期。

贫户稻某商店去取米，至土地改革时未曾归还。①

又如据对四川省温江县苏坡乡的调查，解放后该地借贷关系出现混乱：(1) 1950年征收公粮时，因社会秩序尚未安定，群众对人民政府的政策弄不清楚，反革命分子又趁机造谣破坏，部分富裕老实农民轻信谣言，怕一切财产"归公"，把家中多余的粮食分散借出，至今仍未收回。此外，村干部和农民代表中有些为了单纯完成征收公粮任务，强迫借贷出来征粮，至土地改革时有未收回的，有的根本来连"对象"也找不到了。(2) 减租退押时，少数村干部和积极分子，强调押金是群众斗争出来的，动员（实际是强迫）领得押金的农民，拿点出来照顾别人，领得押金的农民认为"捡到的娃娃当脚踢"，拿出一部分押金来"交朋结友"，有些没有领到押金的农民，看见了眼红，产生了"揩油"思想，"借"了一些来用。②

由于发生强借现象，引起富户藏粮或不肯借出，造成社会混乱。同时由于强借或变相强借，农民自由借贷基本不通，"村里写票据、出利息的借贷没有了，只有农民私自之间3升、5升的移借，范围不广，纯为互助互济性质。"③

农村民间借贷关系的停滞，导致需要借贷的农民叫苦不迭。政府为了活跃农村金融，恢复发展农村经济，在1950年春耕生产时，颁布"春耕生产十大政策"，提倡"借贷自由、有借有还"。通过广泛宣传自由借贷政策，农村趋于停滞状态的借贷关系逐渐有了些许改善，借贷关系缓慢地开展起来。如湖北浠水县河东村，该村农会在减租结束后抓紧宣传"春耕生产十大政策"，倡导农民间进行自由借贷，中农李玉美自动拿出140斤大米，借给5户贫农。在他的影响下，又有5户中农自动拿出15斤花绒、1石谷，借给7户缺粮的农民，帮他

---

① 苏南农工团三队二部：《宜兴县云溪乡关于农村借贷关系的调查材料》（1951年9月23日），江苏省档案馆，3006—永—267。

② 杜世铮、廖品群、许健如：《温江县苏坡乡开展自由借贷的情况和问题》，《四川日报》1953年4月23日第3版。

③ 苏南农工团三队二部：《宜兴县云溪乡关于农村借贷关系的调查材料》（1951年9月23日），江苏省档案馆，3006—永—267。

们解决生产困难。此外，在减租中得到果实的一些佃中农，也自愿拿出大米1728斤，共解决了370人的春荒困难。① 该县团陂区全区互借大米在1600斤以上。② 河南内乡赤眉区群众实行互助互济、自由借贷，共计借贷粮3000余斤，解决了39户贫苦农民的生产度荒问题。③ 湖南东安县白牙市区八保七八十户缺粮农民中，经过开展自由借贷后，43户农民借到了谷子74担，部分解决了度夏荒困难。④ 江西宜春天台区塘霞村村干李凤秋将自己多余的20桶谷出借给缺粮的农民度荒，并向群众宣传自由借贷政策，在他的带头与宣传下，全村共借出谷120多桶。⑤

总之，在声势浩大的土地改革运动中或即将面临这一强大的政治运动，农民在借贷上还存在很大的思想顾虑，有的农民怕因放贷而提高成分，算剥削账；有的还是勉强借出，以为土地改革时还会作废；有的不敢说利息，怕秋征时把利息征粮。借贷大多局限于乡村干部、积极分子和亲朋好友之间，正常的私人借贷关系远没有开展起来。针对当时的情况，刘少奇指出："现在商人不大借了，地主不能借了，我们新的信贷制度又未建立，农民就借不到钱，这种情形，比商人剥削他们还坏，农民小生产者不能不对这种情形叫苦连天，生产受影响更大。"⑥

---

① 浠水县委办公室：《湖北浠水县河东村农民互助互济解决困难组织起来加紧春耕》，《长江日报》1950年5月3日第3版。

② 徐斌等：《湖北大冶等地农村借贷逐渐开展》，《长江日报》1950年6月25日第3版。

③ 《中南区各地农民自由借贷互助互济解决部分农民生产度荒困难》，《长江日报》1950年5月16日第3版。

④ 杨国庆：《湖南东安农村自由借贷开展》，《长江日报》1950年7月5日第3版。

⑤ 李秉炬：《农民了解自由借贷政策后纷纷借出多余粮食帮助贫苦农民生产》，《长江日报》1950年5月23日第3版。

⑥ 中共中央文献研究室：《刘少奇论新中国经济建设》，中央文献出版社1993年版，第168页。

## 第二节　土地改革后至过渡时期总路线提出前私人借贷关系发展

### 一　土地改革前农村遗留下来的私人借贷关系

在1950年秋新区开始进行的土地改革运动中，根据1950年10月中央人民政府政务院所颁布的《新区农村债务纠纷处理办法》，对解放前农民所欠地主的债务全部废除。但对农村中其他债务关系则分情况作出处理。如上述《新区农村债务纠纷处理办法》及其他相关文件规定：解放前农民及其他劳动人民所欠富农的债务，发生纠纷时，依下列规定处理之：利倍于本者，停利还本；利两倍于本者，本利停付；付利不足本之一倍者，应承认富农的债权继续有效；付利达本之一倍以上而不足两倍者，得于付利满两倍后解除债务关系。解放前农民及其他劳动人民所欠利贷生活者和学校的债务，也按所欠富农债务办法处理。所欠祠堂、庙宇及其他社团的债务，一般应予废除。解放前的义仓积谷，无论借给何人，均应依原约定归还本利。凡货物买卖及工商业务往来欠账，仍依双方原约定处理。解放前农民所欠农民的债务及其他一般借贷关系，均继续有效。因此土地改革后，农村中仍有旧的债务关系保留下来。

据1954年对中南区5省28个乡10647户农户的借贷关系的调查，到1952年年底解放前遗留下来的借贷关系（因河南省私人借贷关系中计价单位与其他省份不同，同时由于河南省黄河以北部分地区属于老区，土地改革中所执行的政策与新区也有所不同，土地改革后所遗留下来的私人借贷关系与其他省份相比存在较大的差异，因此，在研究时把河南省单独列表）如表2-1和表2-2所示。

从表2-1和表2-2可以看出，通过土地改革，废除了农民对地主阶层的债务，而河南省由于部分地区是老区及一部分地区先进行了土地改革，不仅完全废除了地主阶层的债权，还废除了农民所欠其他剥削阶层的全部债务及所欠富农阶层的绝大部分债务，解放前遗留的

表2-1　截至1952年年底河南省9个乡891户解放前
遗留下来的借贷关系　　　　单位：折合小麦市斤

| 阶层 | 放债 | | | 借债 | | | |
|---|---|---|---|---|---|---|---|
| | 户数 | 占放债总户数比重（%） | 数额 | 占放债总额比重（%） | 户数 | 占借债总户数比重（%） | 数额 | 占借债总额比重（%） |
| 地主及其他剥削阶层 | — | — | — | — | — | — | — | — |
| 富农 | 1 | 10.00 | 385 | 4.06 | — | — | — | — |
| 富裕中农 | 4 | 40.00 | 5762 | 60.79 | — | — | — | — |
| 中农 | 3 | 30.00 | 2844 | 30.00 | 8 | 47.06 | 3382 | 59.17 |
| 中农小计 | 7 | 70.00 | 8606 | 90.79 | 8 | 47.06 | 3382 | 59.17 |
| 贫农 | 2 | 20.00 | 487 | 5.15 | 9 | 52.94 | 2334 | 40.83 |
| 其他劳动人民 | — | — | — | — | — | — | — | — |
| 合计 | 10 | 100.00 | 9478 | 100.00 | 17 | 100.00 | 5716 | 100.00 |

注：在上述9个乡中，其中6个乡是在1950年新的土地改革法公布前完成土地改革的，因此，按照上文老区与新区的划分标准，属于老区。原表中数据计算有误，百分比之和有时不等于100%。下同。

资料来源：中共中央中南局农村工作部：《中南区1953年农村经济调查统计资料》（1954年7月），湖北省档案馆，SZ—J—517。

表2-2　截至1952年年底中南区湖北、湖南、江西、广东
19个乡9756户解放前遗留下来的借贷关系

单位：折合稻谷市斤

| 阶层 | 放债 | | | 借债 | | | |
|---|---|---|---|---|---|---|---|
| | 户数 | 占放债总户数比重（%） | 数额 | 占放债总额比重（%） | 户数 | 占借债总户数比重（%） | 数额 | 占借债总额比重（%） |
| 地主及其他剥削阶层 | 19 | 4.53 | 65110 | 13.25 | 22 | 2.20 | 41218 | 5.10 |
| 富农 | 38 | 9.07 | 47740 | 9.71 | 14 | 1.40 | 11643 | 1.44 |
| 富裕中农 | 99 | 23.63 | 101237 | 20.60 | 71 | 7.11 | 108964 | 13.47 |
| 中农 | 160 | 38.19 | 213196 | 43.38 | 364 | 36.47 | 238174 | 29.45 |
| 中农小计 | 259 | 61.82 | 314433 | 63.98 | 434 | 43.49 | 347138 | 42.92 |
| 贫农 | 94 | 22.43 | 52831 | 10.75 | 526 | 52.71 | 402856 | 49.81 |
| 其他劳动人民 | 9 | 2.15 | 11365 | 2.31 | 12 | 1.20 | 5934 | 0.73 |
| 合计 | 419 | 100.00 | 491479 | 100.00 | 998 | 100.00 | 808789 | 100.00 |

注：在土地改革中，解放前农民阶层所欠地主的债务实际上已完全废除，其他剥削阶层包括债利生活者、小土地出租者、小土地经营者、旧官吏、宗教迷信职业者等。表中4省19个乡包括湖北、湖南、江西共10个乡，广东9个乡。

资料来源：《中南区1953年农村经济调查统计资料》（1954年7月），湖北省档案馆，SZ—J—517。

农民债务负担大大减轻了。当然，根据当时中国政府的政策，主要是农民之间的债务保留了下来。如表2-1和表2-2所示，土地改革后解放前遗留下来的债务关系的面很广，5省28个乡私人借贷之借贷率为13.57%，其中负债率为9.54%，放债农户占调查总户数的比重为4.03%。在河南省，贫农、中农（包括富裕中农）两个阶层的放债户占放债总户数的90%，放债额占放债总额的95.94%，借债全部发生在这两个阶层。从其他4省情况来看，解放前遗留下来的放债与借债户数占总户数的14.53%。其中，农民阶层的放债户占放债总户数的86.4%，放债额占放债总数的77.04%，借债户占借债总户数的97.40%，借债额占借债总额的93.46%。

  在湖北，据浠水县南岳乡调查，南岳乡6个选区的222户农民中，到1953年年初，解放前发生借贷关系尚未了结的有70户，借贷率为31.53%。解放前未了的旧债中，主要是农民相互之间的借贷，还有小部分是富农、利贷生活者和工商业者放的债。借债者主要是贫农和游民，占借入总额的86.77%。对于富农、利贷生活者、工商业者的债务（占旧债总额的28.2%），农民认为，他们的利贷资本是剥削来的，一般都不愿偿还。关于农民之间解放前的旧债偿付情况是：付利不及本钱一倍者，占借债户数38.5%，付利一倍而不及二倍者占11.8%，付利两倍以上者占4.7%，本利至今完全未付者占45%。旧债务中，欠债不多而又有清偿能力借债户已清偿了债务。部分比较困难的贫雇农，主动与债主协商，取得对方同意，决定分期或缓期偿还。部分农民没有还债是因为经济困难，无能力偿还。还有一些人认为，反正清偿不了，不如暂时不还，有的有赖债思想。有的还对债主态度恶劣，如农民尚伯臣解放前欠下龚广见15斤棉花，1952年龚向尚要债，尚向龚吐口水，把他推出门外。债主则无奈而感到不满："政府放债也有息，有借有还；为什么人们借了我的钱，不仅利不给，本也不还？"那些付利已两倍于本者，大多数借债户采取两种方法，或双方自动解除债务，或干脆不再还了。①

在湖南，据1954年对4个乡调查，解放前发生的债务，土地改革后仍存在的共有471户，占总户数的18.95%，其中，以贫雇农最多，占46.5%，中农占44.8%，富农占2.55%，地主及其他剥削者占2.76%；借债额折合稻谷450833斤，也以贫雇农占最多，为52.44%，中农占35.29%，富农占3.49%，地主及其他剥削阶层占4.59%。放债的共有207户，占总户数的8.33%，以中农最多，占65.70%，贫农占17.39%，富农占8.21%，其他剥削阶层占3.38%；放债数量折合稻谷共312216斤，以中农为最多，占63.7%，贫农占13.23%，富农占8.44%，其他剥削阶层占4.03%。从旧债务的清偿情况来看，据对其中两个乡的调查，确实无偿还能力的欠债户占40%以上，已还本或还息超过本而不愿还的占15%，能还而不愿还的只占12%。②据对常德县檀树坪乡的调查，解放以前的债务，土地改革后仍保持借贷关系的借债户有30户，其中，贫农21户，借谷16534斤；中农8户，借谷3632斤；富农1户，借谷510斤。放债户13户，贫农4户，放谷3434斤；中农6户，放谷1860斤；富农3户，放谷1666斤。据调查，占借户75.28%的户因生活困难，无偿还能力；有14.28%的户，有偿还能力而不愿还，等政府解决。这些债务绝大部分的利息都超过本的一倍到两倍。③另据对长沙县云泉乡调查，该乡存在的旧债关系，放债户88户，其中，贫农15户，占放债总户数的17.05%；中农32户，占36.36%；富裕中农22户，占25%；富农4户，占4.55%；地主及其他剥削者4户，占4.55%，共放债谷177046斤。借债户213户，其中，贫农99户，占借债户的46.48%；中农79户，占37.08%；富裕中农10户，占4.69%；富农5户，占

---

① 王学晋：《浠水县南岳乡农村私人借贷关系调查》，《人民日报》1953年8月8日第3版。
② 中共湖南省委农村工作部办公室调统科：《湖南省四个乡农村调查报告》（1954年3月24日），湖南省档案馆，146—1—27。说明：本书引用的数据均为所引文献数据，各分项百分比之和有时不等100%。下同。
③ 中共常德县委会办公室调研组：《常德县檀树坪乡农村经济调查报告（初稿）》（1954年），湖南省档案馆，146—1—62。

2.35%；地主及其他剥削者 4 户，占 1.88%。就现在的旧债关系来看，一般在土地改革后已经停止付息。放债户怕说"剥削"讨得不紧，他们索债的方式是见机而动，如扣除牛工谷、零工谷、猪谷等。欠债户是"还是要还，还不起，拖拖势，搞了钱再说。"①

  在广东，据中山县榄边乡的调查，经过土地改革复查后，地主放出的债已经废除，富农的债也进行了清理，但其他阶层及农民内部的旧有债务仍不少，旧有债务关系的面很广，欠债与放债的户数占总户数的 14.52%，而其中剥削阶层的户数只占总户数的 1.5% 左右。由旧债引起的纠纷很少，一般债主宣布要本不要利，抱着等待的态度，抓住时机，追还多少要多少。如大车村小贩林康润解放前借给林金清 100 多元港币，解放后对他宣布只要本不要利。但有个别的解放前本已还清，还追利的。如中农（原贫农）林岳桥欠债利贷生活者陈金杏的钱，本已清还，利也还了大部分，1953 年 7 月陈金杏仍向他追利。原国民政府军官林帝满，1949 年将解放时借给贫农林肇灯 1200 斤谷，年利 50%，共还了 1980 斤，当时用屋给他作押，1953 年要林肇灯拆屋还债给他。在欠债户方面，一般采取可拖则拖、希望将来不用还、追得多则还一些的态度。如富裕中农林顺材，解放前借林荷新的钱，土地改革时提出要废债，经农会判处要还，一直没还，直到 1952 年林荷新的父亲死去，林荷新追他还钱买棺材，才还了 80 元人民币，后又追他还来吃饭，1953 年才又还了 40 元，另 50 斤谷。贫农林学云解放前欠了贫民玉坤嫂港币 100 元，她是个寡妇，1949 年还了 40 元港币，解放后欠 60 元未还，后来追得紧，说没办法维持生活，才在 1951 年还了一担谷，到 1952 年又还了一担谷，其余所欠的小部分则没有还。②

  上述情况反映出土地改革后农村中遗留下来的旧债处于呆滞状态，借债户不想还或想还但不知怎样还，放债户怕说剥削，想要而又

---

① 长沙县委调查组：《长沙县云泉乡农村经济调查报告》（1954 年），湖南省档案馆，164—1—520。

② 华南分局农村工作部榄边乡调查组：《广东省中山县榄边乡（大车、西江里两村）农村经济调查报告》（1953 年 12 月 25 日），广东省档案馆，204—5—12。

不敢要，双方等待观望。由于解放前遗留下来的旧债主要发生在劳动群众之间，旧债不能得以正确处理，导致新的私人借贷关系不能正常开展，农村借贷陷入僵局。

## 二 土地改革后一两年农村私人借贷关系发展状况

### （一）土地改革后农村各阶层的借贷需求

维持小农经济的连续性必须满足两个基本条件：其一，现有劳动力的生产及其再生产，这就要求小农的日常生活开支必须有保障；其二，生产资料必须能得到及时的补充，如果种子、耕畜、农具的缺乏，小农的再生产过程将不得不中断。土地改革后，由于农业生产力水平落后，农民收入水平低下，农业剩余少，大部分农民的生活和生产需要靠自身的积累得不到满足。因此，借贷在满足农民生活和生产两个方面起到了不可或缺的作用，具体来说，土地改革后农民的借贷需求产生的原因及借贷需求表现在以下五个方面：

1. 土地改革后农村各阶层的生产资料普遍缺乏

土地改革后，农村消灭了封建土地制度，农民在政治上和经济上翻了身，但是，由于中国农村经济发展落后，广大农民家庭经济总体上还处在一个很低的水平上。据抽样调查，土地改革结束时，全国农民的生产资料占有情况如表2-3所示。

表2-3　　　土地改革结束时23个省和自治区15286户
农户户均占有生产资料情况

| | 耕地（亩） | 牛（头） | 马（匹） | 驴（匹） | 犁（只） | 水车（架） | 大车（辆） | 房屋（间） |
|---|---|---|---|---|---|---|---|---|
| 贫农 | 15.84 | 0.32 | 0.05 | 0.09 | 0.41 | 0.07 | 0.04 | 3.29 |
| 中农 | 24.09 | 0.60 | 0.07 | 0.20 | 1.27 | 0.13 | 0.11 | 5.36 |
| 富农 | 33.51 | 0.73 | 0.14 | 0.22 | 0.87 | 0.22 | 0.15 | 6.64 |
| 过去地主 | 16.77 | 0.14 | 0.04 | 0.05 | 0.23 | 0.04 | 0.02 | 3.77 |
| 总计 | 19.48 | 0.43 | 0.06 | 0.13 | 0.73 | 0.10 | 0.07 | 4.17 |

资料来源：根据中华人民共和国统计局《1954年全国农家收支调查资料》（1956年5月，广东省档案馆）MA07—61—222整理。

土地改革结束后，农村经济几乎变成了清一色的小农家庭经营，在以传统农业为主体的农村，土地是农家生命赖以生存和循环的最主要的生产资料，是整个农村经济与家庭生活的基础。人地矛盾一直是困扰近代以来的中国农村社会经济发展的重要问题之一，如表2-3所示，土地改革结束时农户户均占有的土地不足20亩，从人均占有耕地面积来看，据国家统计局的抽样调查，土地改革结束时河南、湖北、湖南、江西、广东各省农民人均占有的土地面积分别为3.21亩、2.53亩、1.94亩、2.58亩、1.94亩。[①] 同时，由于所处的地理环境的不同，同一省份中不同地区的农民的人均占有耕地面积，也存在一定程度的差异，如据湖北省1953年的调查，在滨湖地区人均耕地2.17亩，丘陵区人均2.06亩，山区为1.9亩弱。[②] 作为农家收入主要来源的耕地不足，必然导致农家物质生活水平的下降与恶化，整个家庭生活贫困化的程度就越高。同时，由于当时中国刚刚结束了百余年的战乱，农村的财产已经消耗殆尽，经营传统农业的生产资料，诸如牲畜、手工工具、肥料、种子等也非常缺乏，如表2-3所示，生产耕畜和主要农具户占有均不足一头（件），生产工具极其缺乏和粗陋，大多数农户从事独立的家庭经营尚感困难。

土地改革结束时，占农户60%左右的贫雇农阶层生产生活状况较其他阶层更差。根据中南5省31个乡的调查，1952年贫农、中农、富农3个阶层的人口规模（人/户）分别为3.82人/户、4.77人/户、5.40人/户，由于土地改革是按照人口来分配土地和其他生产资料，贫农阶层人口规模相对较小，在土地改革中所获生产资料必然就少，如表2-3所示。从人口负担来看，1952年，贫农、中农、富农3个阶层的人口负担分别为1.95人/劳动力、1.85人/劳动力、1.99人/

---

[①]《1954年全国农家收支调查资料》（1956年5月），广东省档案馆，MA07—61—222。

[②] 湖北省民政厅：《湖北省历年来的救灾工作和今后意见》（1953年），湖北省档案馆，SZ67—1—180。

劳动力。① 一方面贫农阶层由于人口规模较小，户均占有生产资料总数少；另一方面由于贫农阶层家庭单位劳动者负担的人口数量较多，在农业收入作为主要收入来源的情况下，这样，在很大程度上影响了贫农家庭收入的增长。

在革命老区，如湖北省有 4174349 人口的革命老区，在长期的革命斗争中贡献最大，因此受到敌人的摧残与破坏也最惨重，其中最主要的就是严重的人口损失。如红安县七里坪区开垦乡损失达到 90%，一般地区损失达到 50%，而且损失的都是青壮年优秀分子，因而造成劳动力极端缺乏。其次是生产工具与房屋破坏殆尽，生活陷入异常贫困。如红安县七里坪区，全区缺牛 8000 头，缺水车 6000 具，仅鄂东老根据地共缺牛约 5 万头，水车 3.5 万具。大悟宣化店区郑河乡原有房屋 1852 间，1951 年仅 500 多间，其中新修的有 345 间。② 解放以后，老根据地区经济虽逐渐好转，但因受摧残过重，尤其是偏远的山区，劳动力少，农具少，塘渠失修，使农业生产恢复不易。

土地改革后，有着历史传统的"插犋""换工"等互助形式，在党和各级政府的倡导下，很快发展起来，这从一个侧面反映了当时农民的贫困状况。

由于近代以来中国社会生产技术极其落后，劳动生产力水平不高，有限的经济增长无法满足日益增长的人口的物质需要。土地改革结束时，在人均耕地过少、整个农业生产力水平无根本改变的情况下，给大多数农家生活形成压力，农村家庭特别是占农户总数近 60% 的贫雇农，仅凭农副业收入无法满足家庭成员的基本需求，而要维持生存，便需要借贷或出卖生产资料解决。

2. 农产品产量低下

由于农业生产力极其低下，农产品亩均产量低。根据有关统计资料，将主要农作物的单位面积产量制成表 2-4。

---

① 中共中央中南局农村工作部：《中南区 1953 年农村经济调查统计资料》（1954 年 7 月），湖北省档案馆，SZ—J—517。

② 湖北省民政厅：《湖北省历年来的救灾工作和今后意见》（1953 年），湖北省档案馆，SZ67—1—180。

表2-4　　　　　1954年全国主要农作物单位面积亩产量　单位：市斤/市亩

| 粮食作物 | | | | | | 技术作物 | | | | | | |
|---|---|---|---|---|---|---|---|---|---|---|---|---|
| 水稻 | 小麦 | 大豆 | 杂粮 | 薯类 | 总计 | 棉花 | 烤烟 | 花生 | 油菜籽 | 芝麻 | 甘蔗 | 甜菜 |
| 309 | 163 | 83 | 122 | 209 | 159 | 70 | 138 | 170 | 71 | 26 | 5494 | 1971 |

注：杂粮包括粟、玉米和高粱。表中的市斤、市亩和正文的文中使用市斤和市亩是按照原文献引用。

资料来源：根据《1954年全国农家收支调查资料》（1956年5月，广东省档案馆）MA07—61—222整理。

从表2-4可知，1954年全国主要农作物的亩产量情况是：水稻亩产仅300斤左右，小麦的亩产在160斤上下波动，而大豆的亩产甚至不足百斤，杂粮的产量也在100斤左右，可以说是非常之低的。而且这些亩产量反映的是土地改革两三年后的农业生产有了一定程度发展的农作物的情况，土地改革刚刚结束时农作物的亩产量还要低于这一水平。由于农业生产主要是靠投入密集的劳动力所取得的，这也反映了劳动生产率是极其低下的。如果将此时的农作物亩产量与现今做一比较，恐怕就更容易理解这一问题了。农作物单位面积产量低下，再加上土地总量不充裕，人均耕地匮乏，导致农户收入水平低下。

3. 农户家庭经济剩余少

农户家庭经济剩余，即农户家庭收支对比是衡量农村经济发展水平和农民生活水平的重要指标。如果收入高，收支有余，说明经济发展水平和生活水平高，否则，必然是经济落后，生活水平低下。土地改革结束时的农村，农民是非常贫困的，农民收支节余甚少，甚至入不敷出，农民负债与此紧密相连。如据山西省1953年20个乡粮食余缺的调查，具体情况如表2-5所示。

又根据对中南区五省典型农户的调查，1952年中南区5省典型农户人均收支情况如表2-6所示。

如表2-5和表2-6所示，各省典型调查各阶层农户的收支或多或少均有盈余，但是，这种农业剩余是建立在农民极力压低食物消费的基础之上的。

表 2–5　　1953 年山西省 20 个乡交公粮后粮食盈亏情况

| | 户数（户） | 比重（%） | 粮食收入（斤） | 人均（斤） | "四扣"（斤） | 余缺粮数（斤） |
|---|---|---|---|---|---|---|
| 余粮户 | 3096 | 66.50 | 12254737 | 782 | 7603602 | 4651134 |
| 不余不缺户 | 324 | 5.41 | 595320 | 421 | 615669 | -20349 |
| 缺粮户 | 1684 | 28.09 | 2041113 | 304 | 3047717 | -1006604 |

注："四扣"指扣除"口粮、饲料、种子、公粮"。

资料来源：《山西省农村调查》，载中共中央农村工作部办公室《八个省土地改革结束后至 1954 年的农村典型调查》（1958 年 2 月），山西省档案馆，21—8—1—2。

表 2–6　　1952 年中南区 5 省典型农户人均收支情况

单位：折合小麦（稻谷）市斤

| | | 富农 | 富裕中农 | 中农 | 中农小计 | 贫农 | 合计 |
|---|---|---|---|---|---|---|---|
| 河南 9 个乡 220 户 | 人均收入 | 648 | 1060 | 838 | 923 | 723 | 876 |
| | 人均支出 | 636 (326.43) | 956 (421.24) | 769 (379.86) | 841 (395.73) | 702 (373.89) | 807 (387.74) |
| 湖北、湖南、江西 3 省 10 个乡 266 户 | 人均收入 | 1839 | 2103 | 1766 | 1878 | 1328 | 1669 |
| | 人均支出 | 1743 (860.23) | 1824 (864.55) | 1655 (852.72) | 1711 (856.66) | 1325 (718.78) | 1568 (805.30) |
| 广东 7 个乡 164 户 | 人均收入 | 1463 | 2443 | 1747 | 2000 | 1204 | 1741 |
| | 人均支出 | 1428 (739.47) | 2349 (931.51) | 1720 (831.94) | 1949 (868.24) | 1193 (662.75) | 1702 (801.70) |

注："人均支出"一行中括号内的数据是调查农民的人均食物消费支出（包括主食和副食）。河南省的计量单位是折合小麦市斤，其他 4 省是折合稻谷市斤。

资料来源：根据《中南区 1953 年农村经济调查统计资料》（1954 年 7 月，湖北省档案馆）SZ—J—517 整理。

据研究，民国时期，按粮食消费量计算，男女老幼平均每口需原粮 1000 市斤。[①] 与民国时期相比，解放初期农民的消费结构变化不

---

① 彭南生：《也论近代农民离村原因》，《历史研究》1999 年第 6 期。

大，所需粮食消费量基本相同。若以人均消费原粮1000市斤为标准，则上述调查农户均会出现亏欠情形，因此，当时农户的盈余是一种"勒紧裤腰带"的盈余。同时，这种盈余也是一种不稳定的节余，不是建立在物质产品极大丰富的基础之上，若农民稍不精打细算，或偶遇天灾人祸，就很容易出现亏欠。

又如据江西省委农村工作部对该省1953年9个乡3620农户的调查，交纳公粮后余粮农户有2000户，占总户数的55.25%；不余不缺225户，占6.22%；缺粮1395户，占38.54%，人均缺粮296市斤。而该调查中各阶层农户人均口粮消费也仅在550斤（稻谷）左右。①

由于各地的地理环境千差万别，农户间的生产条件存在很大的差异，如在湖北，山区与丘陵区和滨湖区相较，农户所占耕地面积较少，生产条件也相对较差，山区群众收入少，生活水平低，一般均较其他地区低50%左右。根据1951年恩施板桥乡的调查，平均每人常年农产收入只有189斤苞谷，常年缺粮184天。高山区情况更为贫苦，恩施、陨阳高山地区，贫雇农普遍穿不上衣服，即使冬天男女老幼也是衣不遮体，靠烤火取暖，长期不能出门生产，终年吃不饱，油盐更是吃不到，遇有灾荒，以吃代食品为主，甚至有吃观音土的，可以说山区群众终年在死亡线上挣扎。除农业生产外，山区农民生活很大程度上靠土特产的推销，如湖北省一般县份副业及土特产收入约占农业总收入的12%，山区土产收入占农业收入的28%—57%，平均占42%，由此可见，土特产收入是山区群众生活的主要来源，但是，山区土特产最丰饶的地区，正是交通不便、运输困难的地区。同时，土特产的销路受市场影响很大，如据1951年3月中南土产考察团在鄂西、鄂北考察409种土产的报告，滞销产品占36.58%，由于土特产占山区农民收入比重大，土特产的滞销造成山区农户生活更加困难。②

---

① 省委调查组：《关于全省（9个典型乡）经济调查综合表》（1956年），江西省档案馆，X006—2—13。
② 湖北省民政厅：《湖北省历年来的救灾工作和今后意见》（1953年），湖北省档案馆，SZ67—1—180。

农户家庭经济剩余甚少，甚至入不敷出，加之农村社会保障体系和现代金融体系缺失，农民还需通过私人借贷来周转以渡过困难。

4. 天灾人祸的袭击

在解放初期，全国灾荒频繁。在国民政府时期，各地江湖河堤长年失修，河底淤泥充塞，防汛组织、设备诸多废弛，国民政府军队溃逃时，又沿江挖壕，大肆破坏，堤身千孔百穿，支离破碎。如1949年仅湖北境内沔阳、汉川等7县即有70多处堤身快要崩塌漏水及单薄等，加之该年水位之高为数年罕见，故入夏至秋，洪水破堤，泛滥成灾。据不完全统计，湖北被灾人口近300万，其中灾情最严重的黄梅一县即有60%的土地被淹，监利淹地57%。江西全境受灾土地500余万亩。湖南沿湖灾区面积占1/3。河南入秋后阴雨连绵，地势低洼，加之部分地区遭虫、雹等灾，全省有2100万亩田禾受灾，全省秋禾平均仅达六成收获。由于国民政府统治时期对农民的残酷压榨，加之国民党军队撤退时的破坏掠夺，农民早已陷入饥寒交迫之中，毫无抵抗灾害能力。① 1950年，中南区6省农村遭受各种灾害的成灾人口达12532418人，占农业总人口的8.66%；成灾耕地亩数4220万亩，占总耕地面积的13.80%，减产粮食8000万担，占全年粮食总产量的12.17%。② 由于农民家庭经济规模小，生产和抵御自然灾害能力低下，收入少，缺乏积累，灾荒对处于根底浅薄状态下的农家打击，无疑是沉重的，加之没有健全的社会保障制度，它已成为农家不得不走上负债之路的一种重要压迫力量。如湖南省安乡县蹇家渡乡，1952年由于发生水灾，借债户由1951年的168户增加到299户，增加了近80%；1952年负债户借入稻谷124529市斤，比1951年增加12.38%。③

---

① 《在党和人民政府领导下各省农民积极开展生产救灾》，《长江日报》1949年11月29日第3版。

② 中共中央中南局农村工作部：《中南区农村统计资料》（1954年8月），湖北省档案馆，SZ—J—519。

③ 湖南省委农村工作部：《安乡县蹇家渡乡农村经济情况调查》（1954年1月），湖南省档案馆，146—1—53。

解放初期，中国经济落后，卫生状况差，医疗事业落后，人民健康水平低下，人口死亡率在30‰以上，婴儿死亡率高达200‰，产妇死亡率在150‰，平均预期寿命仅为35岁左右。① 而当时的卫生机构、设施基本上集中在城镇，广大农村地区则传染病流行猖獗，寄生虫病传播广泛，缺医少药。如上文所述，农民农业剩余少且部分农户入不敷出，加之解放初期农村医疗保障体系的缺失，往往引起农民因病而负债、致贫、返贫的现象。如据河南省14个乡的调查，1954年，原有2688户中农中因疾病和天灾人祸而下降为贫农者106户，占原中农总户数的3.94%。② 该省南阳县李河乡农民苗学彦（贫农）1个人，因1952年生病，借麦1石多，秋后还债后，家内只剩下1升8合粮食，到1953年已出雇维持生活。③ 湖北省孝感县太子乡贫农李传高，1952年手脚肿胀，为了治病，卖房子2间，卖田1.45亩，还把分进的0.25头牛也卖了。④ 又如广东省龙川县富围乡，在1952年疟疾流行期间，甚至有的全家无一人幸免，和围村贫农骆井泉一家6口人4人发疟疾，医药费用去250斤，占全年收谷总数的12%；虎口村贫农李水姐一家7口人都发疟疾，共支付医药费用320斤谷，占其全年收谷总数的14.5%。⑤ 该省顺德县海尾村何鸿生夫妇二人，土地3.3亩，主要农具仅有艇1只，1953年甘蔗、鱼塘等收入有280多元，人均收入折谷2000多斤，本来生活不错，但因其妻卧病，已不能劳动，且医病用了一大笔钱，因此生产上有困难，并负债30元（折谷390多斤）。⑥ 更重要的是，患病期间，劳动力不能劳动而影响

---

① 苏少之：《中国经济通史》第十卷上册，湖南人民出版社2002年版，第1142页。
② 河南省农村工作部：《1954年农村经济调查总结（初稿）》（1954年），河南省档案馆，J11—1—55。
③ 省委农村工作部：《南阳县李河乡农村经济调查总结（初稿）》（1953年12月），河南省档案馆，J11—1—61。
④ 中共湖北省委农村工作部：《湖北省12个典型乡调查报告》（1956年4月），湖北省档案馆，SZ—J—526。
⑤ 华南财委：《龙川县第八区富围乡农村信用调查》（1952年12月28日），广东省档案馆，206—2—108。
⑥ 中共中央华南分局农村工作部编：《广东省农村经济调查》（1954年4月），广东省档案馆，204—5—68。

生产，其损失无法计算。

5. 婚丧陋习的影响

日常生活的节约与婚丧及迷信活动的铺张浪费，是农民生活中的一大矛盾，正如费孝通先生所说，"在农村社区中，由于生产可能受到自然灾害的威胁，因此知足和节俭具有实际价值"，"节俭是受到鼓励的。人们认为，随意丢掉未用尽的任何东西会触犯天老爷"，但"在婚丧礼仪的场合，节俭思想就烟消云散了"①，以致婚丧铺张的陋习成为农民的沉重负担，并经常导致负债甚至破产。如河南省安阳专区巩县盐土村贫农张智贤父亲死了，埋葬花费而欠债数十元。② 1952年，湖北省宜昌专区当阳县关陵乡贫农黄厚凯死一妻接一妻，借债1400斤；③ 沔阳县杨步乡贫农陈培才，1952年儿子完婚，手里空了，借债1011斤谷子。④ 光化县白莲寺乡贫农付守绪因为结婚而当地1亩。⑤ 在广东，如曲江县共和乡中农张万贤在1953年娶媳妇时，向亲戚借110元办理喜事，照当时市价折合稻谷1600斤；中农夏贱发（原贫农），1953年6月娶媳妇用谷1400斤，因此向别人借猪利谷300斤以补足生活。⑥ 新会县北洋乡贫农林鸣操丧母请喃唔作"七""打醮"，不敢向信贷社借款，却向中农谢月蓉借360斤谷。⑦ 如上文所述，在农户的私人借贷中用于婚丧者占有相当比重，这与婚丧的铺张浪费是相互吻合的。

在中国的传统农业社会中，大部分小农是"不轻言债"的，具有

---

① 费孝通：《江村经济》，江苏人民出版社1986年版，第84—85页。
② 中国人民银行安阳支行：《安阳专区巩县盐土村高利贷调查报告》（1954年11月10日），河南省档案馆，J137—14—1081。
③ 湖北省农委：《宜昌专区私人借贷情况及今后意见》（1953年3月），湖北省档案馆，SZ18—1—41。
④ 中共沔阳县委会调研组：《沔阳县杨步乡"土改"后农村经济基本情况调查》（1953年4月2日），湖北省档案馆，SZ18—1—42。
⑤ 光化县委调研组：《光化县白莲寺乡"土改"后农村经济调查报告》（1953年1月），湖北省档案馆，SZ18—1—47。
⑥ 华南分局农村工作部共和乡调查组：《广东省曲江县共和乡农村经济调查报告（初稿）》（1954年1月），广东省档案馆，204—5—11。
⑦ 中共中央华南分局农村工作部编：《广东省农村经济调查》，广东省档案馆，204—5—68。

内源融资的偏好,所谓内源融资,即经济单位的投资由其内部积累的储蓄提供资金。就传统的小农经济来说,农户家庭的收入一般由两部分组成,即"农业收入+非农收入"(主要是副业生产收入),即当农业收入不足以满足家庭周转时,农民最初的反应大都是谋求非农收入。因此,农户的融资次序一般是先进行内源融资,当内源融资方式仍满足不了自身的需求时,再寻求外源融资。如上所述,由于土地改革后农户生产资料的普遍缺乏,农业生产力水平低下,农产品产量少,农业剩余少而缺乏积累,再加上天灾频袭及突发性或意外事故的发生,家庭积累远远满足不了需求,农民迫切需要外资援助。同时,农业生产季节性的特点和农户生产规模小也与农村民间金融市场借贷手续简便、供应及时等特点相适应。从历史上看,农户间的借贷在中国一直存在着,有其牢固的群众基础。因此,土地改革后农村的私人借贷关系继续有所发展。

(二) 土地改革后一二年私人借贷关系的发展

首先,我们来观察土地改革后发生的新的借贷关系,并与土地改革前遗留下来的旧的债务进行比较。在解放及土地改革完成较早的东北地区,土地改革后几年,"绝大多数农民,目前的经济生活已经超过了他们刚刚实行土地改革后的情况……开始借贷(如龙江9村调查18%的户口,均有借贷关系)"。① 又如黑龙江克山县同安村,是一个比较富裕的村,1949年已经恢复到1943年的生产水平,随着经济的发展,农民之间的借贷关系逐年扩大,如1949年放债的有26户,占总户数的17.3%;借债的有51户,占34%。1951年,放债的有36户,占24%;借债的63户,占42%。1952年,放债的有23户,占15.3%;借债的有34户,占23.6%。② 又据对黑龙江省海伦县第十六区永安村调查,具体情况如表2-7所示。

---

① 《东北局1950年1月份向中央的报告》,《农业集体化重要文献汇编(1949—1957)》,第8页。

② 新华社东北分社:《东北一个村借贷关系调查》(1952年9月29日),《1949—1952年中华人民共和国经济档案资料选编》(金融卷),第496页。

表 2-7　　1948—1951 年黑龙江省海伦县第十六区
　　　　　永安村民间借贷关系情况　　　　　单位：石

|  | 1948 年 | | 1949 年 | | 1950 年 | | 1951 年 | |
|---|---|---|---|---|---|---|---|---|
|  | 户数 | 粮数 | 户数 | 粮数 | 户数 | 粮数 | 户数 | 粮数 |
| 借出 | 38 | 68.82 | 38 | 108.79 | 81 | 227.18 | 108 | 359.71 |
| 借入 | 14 | 6.2 | 14 | 6.2 | 37 | 108.05 | 68 | 220.73 |

注：借入户，粮数较确实，借出户因有顾虑未报与少报，与实际情况相差很远，实际借出数将大于此数 1 倍，另借出户有的同时又是借入户。

资料来源：《黑龙江省海伦县第十六区永安村、西安村经济调查》（1951 年），载中共中央东北局农村工作部编《1950—1952 年东北农村调查选集》，东北人民出版社 1954 年版。

从东北几个村的调查情况来看，土地改革后当地农村的自由借贷关系是逐年发展的，但是，由于缺乏更大规模的调查材料，以及缺乏土地改革前后的对比材料，因此，对该地区土地改革前后农村民间借贷关系缺乏一个纵向比较。下面我们来看看其他地区当时的农村民间借贷发展情况。

据中南区 5 省 28 个乡 10642 户的调查，1952 年发生的借贷情况如表 2-8 所示。

表 2-8　　1952 年中南区 5 省 28 个乡 10642 户私人借贷情况
　　　　　　　　　　　　　　　　　单位：折合稻谷（小麦）市斤

|  | 放出户数 | 占调查总户数比重（%） | 放出斤数 | 户均放出斤数 | 借入户数 | 占调查总户数比重（%） | 借入斤数 | 户均借入斤数 |
|---|---|---|---|---|---|---|---|---|
| 河南 9 乡 | 50 | 5.61 | 34612 | 692.24 | 148 | 16.61 | 40139 | 271.21 |
| 湖北、湖南、江西 10 乡 | 351 | 7.07 | 174211 | 496.33 | 809 | 16.29 | 337993 | 417.79 |
| 广东 9 乡 | 112 | 2.34 | 50102 | 447.34 | 891 | 18.62 | 373641 | 419.35 |

注：河南省私人借贷关系中借贷数量的计价物是小麦，其他 4 个省的计价物是稻谷。

资料来源：根据《中南区 1953 年农村经济调查统计资料》（1954 年 7 月，湖北省档案馆）SZ—J—517 整理。

表 2-8 的资料表明,在调查的 10642 户中,有 2361 户农户发生借贷关系,占调查总农户户数的 22.19%,其中,放出户 513 户,占总户数的 4.82%,河南省放债户户均放债折合小麦 692.24 斤,其他 4 个省农户户均放债折合稻谷 484.48 斤;借入户 1848 户,负债率为 17.37%,河南省借债户户均负债折合小麦 271.21 斤,其他 4 省负债农户户均负债折合稻谷 418.61 斤。

与土地改革前遗留下来的旧的借贷关系(见表 2-1 和表 2-2)相比,土地改革后新发生的借贷关系的借贷率要比旧的借贷关系的借贷率高出 8.33 个百分点。但是,从农户户均借贷粮食数量来看,情况恰恰相反。首先,从放债户户均放出数量看,河南省新贷户户均放出 692.24 斤,比旧贷户户均 947.80 斤减少 36.92%;其他 4 个省新贷户户均放出 484.48 斤,仅相当于旧贷户户均 1172.98 斤的 41.30%。其次,从借债户户均借入数量看,河南省新债户户均借入 271.21 斤,比旧债户户均 336.24 斤减少 23.98%;其他 4 省新债户户均借入 418.61 斤,仅相当于户均旧债 810.41 斤的 51.65%。上述情况表明,与旧的借贷关系相比,虽然新发生的借贷关系的面要广一些,但是,户均借贷数量大大减少。

另据 1953 年年初荆州专区 5 乡、当阳县 1 个乡、光化县 1 个乡 3419 户调查,1952 年年底农村土地改革后新发生的借贷关系及与旧债情况比较如表 2-9 所示。

**表 2-9　　1952 年年底湖北省农村 7 个乡私人新旧借贷关系**

单位:折合稻谷市斤

| | 借入户数 | 占调查总户数比重(%) | 借入谷数量 | 户均借入 | 放出户数 | 占调查总户数比重(%) | 放出谷数量 | 户均放出 |
|---|---|---|---|---|---|---|---|---|
| 旧债 | 548 | 16.03 | 571716 | 1043 | 232 | 6.79 | 218755 | 943 |
| 新债 | 484 | 14.16 | 261561 | 540 | 297 | 8.69 | 41526 | 140 |

资料来源:根据《荆州专区农村私人借贷情况》(1953 年 3 月,湖北省档案馆)SZ18—1—42、当阳县委调研组《当阳县关陵乡经济调查》(1953 年 3 月,湖北省档案馆)SZ18—1—48、光化县委调研组《光化县白莲寺乡"土改"后农村经济调查报告》(1953 年 1 月,湖北省档案馆)SZ18—1—47 整理。

表2-9的资料表明，在调查的3419户农户中，有781户农户发生了新的借贷关系，占总户数的22.84%。其中，借入户484户，负债率为14.16%，户均借入折合成谷549斤；放出户297户，占总户数8.69%，户均放出140斤。

与土地改革前遗留下来的旧的借贷关系相比，新旧借贷率大体相当，只是借入率略低，借出率略高。但是，从借贷折合成谷的数量来看，情况就大不相同了。从借放谷的数量看，新旧借入总额为833277斤，其中，旧债借入额占68.61%，新债借入仅占31.39%；新旧放出谷260281斤，其中，旧债放出占84.05%，新债放出仅占15.95%。从户均借放谷的数量看，新债户均借入540斤，相当于旧债户均1043斤的51.77%；新债户均放谷140斤，只相当于旧债户均放谷943斤的14.85%。即新旧债务的借贷户数基本相同，但新债的借贷折合成谷数量要大大小于旧债。

又据对湖北11个乡调查，解放前除地主之外，每乡平均放债者户数约占总户数的10%，放债粮约8万斤；而土地改革后新放债户虽然仍占9.8%，但是，放债数较解放前大为减少，每乡平均放债不到2.5万斤，并且其中有40%是强借性质的，农民自由借出的不到1.5万斤。[①] 即排除了地主、富农之间的借贷，农民群众之间的放贷规模也在大大减少。

另据江苏省调查，土地改革后，农村私人借贷已较土地改革前减少，从负债户占总户数的比重来看，土地改革前，根据8个乡和9个村的典型调查，平均比重是38.99%，最高有达80%—90%的；土地改革后，江阴刘桥乡老藏村为10%，盐城刘朋乡为6.96%，沭阳14个区为3.87%；从放债户占总户口的比重来看，土地改革前，根据8个乡和2个村的典型调查，平均比重是6.04%，最高为11.85%；土地改革后，在盐城刘朋乡为3.66%，沭阳14个区仅为0.9%。另外，从6个典型村调查的借入数量来看，也是逐年减少的。1952年借入数

---

① 湖北省农委：《农村借贷情况与活跃农村借贷问题（草案）》（1953年），湖北省档案馆，SZ18—1—40。

量折合稻谷为46901斤，为1951年的90%，为1950年的59%。① 又如，据江苏宜兴县云溪乡的调查反映："原来放高利贷者及富农等发现继续放债的很少，富农仍有顾虑（个别户私下借出）。"② 在苏南其他地区也是如此，如据对苏南12个村的调查反映："'土改'以后，借贷关系较为秘密，不愿公开，借贷双方多为亲邻至好，借贷数量不多，时间也较短，利息一般在2—3分。"③ 常熟县南丰区扶渔乡"'土改'前后，农村借贷关系已成停滞状况，有少数暗地里建立借贷关系，利息不变化。"④ 丹徒县的调查也是如此。"在'土改'前后的借贷是封锁的（除少数感情借贷外），有一些是干部替贫雇农借的。"⑤

其次，我们来观察土地改革后新发生的农村私人借贷关系的阶层分布及各阶层的借贷数量。

在东北地区，据对黑龙江省海伦县第十六区永安村经济调查，1951年，该村已有73.4%户数发生了借贷关系，其中，大部分是中农之间的借贷关系：借入户中农为65户，占借入总户数的63%；贷出户中农为42户，占贷出总户数的61.7%。西安村今年的借贷情形相同，在75户借入户当中，中农57户，占76%；借出户61户，其中中农49户，占80.3%。其次是贫农。再次是新富农仅有贷出粮，没有借入粮。⑥ 又如对辽南4个村1951年的调查，管饭寺、驼龙寨、王二官屯合计246户，占总户数的31.9%，其中，借出122户（占

---

① 江苏省农村工作部：《江苏农村经济概况》（1953年3月18日），江苏省档案馆，3062—永—3。
② 苏南农工团三队二部：《宜兴县云溪乡关于农村借贷关系的调查材料》（1951年9月23日），江苏省档案馆，3006—永—267。
③ 苏南区委员会农村工作委员会：《12个典型村"土改"后农村经济调查》（1951年12月30日），江苏省档案馆，3006—永—148。
④ 苏南农村工作团13调研组：《常熟县南丰区扶渔乡"土改"后农村阶层经济情况变化调查》（1951年10月20日），江苏省档案馆，3006—短—331。
⑤ 苏南农村工作团13调研组：《丹徒县里墅区里墅村情况调查报告》（1951年10月20日），江苏省档案馆，3006—短—331。
⑥《黑龙江省海伦县第十六区永安村、西安村经济调查》（1951年），载中共中央东北局农村工作部编《1950—1952年东北农村调查选集》。

46.3%），借入 142 户（占 53.7%），其中，借出户中，雇农 23 户，占 19.7%；贫农 56 户，占 45.9%；中农 41 户，占 32.6%；富农 1 户，地主 1 户。借入户中，雇农 35 户，占 24.4%；贫农 69 户，占 48.9%；中农 38 户，占 26.7%。管饭寺的借出户中，大洋、金器、粮谷共折合高粱 28079 斤中，中农占 27.83%（平均每户 967.7 斤），贫农占 59.94%（平均每户 731.8 斤），雇农占 10.75%（平均每户 604 斤）。借入 40821 斤中，贫农占 52.01%（平均每户 663 斤），中农占 37.98%（平均每户 1160.8 斤），雇农占 10.01%（平均每户 511 斤）。① 表明土地改革后农村民间借贷关系主要发生在劳动群众之间。

根据对中南区 5 省 28 个乡 10647 户农户的调查，1952 年各阶层新发生的私人借贷关系情况如表 2－10 和表 2－11 所示。

表 2－10　　1952 年河南省 9 个乡（891 户）各阶层借贷关系

单位：折合小麦市斤

| | 放债 | | | | 借债 | | | |
|---|---|---|---|---|---|---|---|---|
| | 户数 | 占本阶层总户数比重（%） | 各阶层占合计比重（%） | 数量 | 各阶层占合计比重（%） | 户数 | 占本阶层总户数比重（%） | 各阶层占合计比重（%） | 数量 | 各阶层占合计比重（%） |
| 地主及其他剥削阶层 | — | — | — | — | — | 10 | 20.41 | 6.76 | 1199 | 2.99 |
| 富农 | — | — | — | — | — | — | — | — | — | — |
| 富裕中农 | 17 | 9.23 | 34.00 | 23716 | 68.52 | 16 | 8.69 | 10.81 | 7040 | 17.45 |
| 中农 | 23 | 4.79 | 46.00 | 7036 | 20.53 | 86 | 17.92 | 58.11 | 19414 | 48.37 |
| 中农小计 | 40 | 6.02 | 80.00 | 30752 | 88.85 | 102 | 15.36 | 68.92 | 26454 | 65.91 |
| 贫农 | 10 | 6.49 | 20.00 | 3860 | 11.15 | 36 | 23.37 | 24.32 | 12486 | 31.10 |
| 其他劳动人民 | | | | | | | | | | |
| 合计 | 50 | 5.61 | 100 | 34612 | 100 | 148 | 16.61 | 100 | 40139 | 100 |

资料来源：《中南区 1953 年农村经济调查统计资料》（1954 年 7 月），湖北省档案馆，SZ—J—517。

---

① 《辽南四个村阶层关系变化的调查》（1951 年），载中共中央东北局农村工作部编《1950—1952 年东北农村调查选集》。

表 2–11　　1952 年湖北、湖南、江西、广东 4 省 19 个乡（9756 户）各阶层借贷关系

单位：折合稻谷市斤

| | 放债 | | | | | 借债 | | | | |
|---|---|---|---|---|---|---|---|---|---|---|
| | 户数 | 占本阶层总户数比重（%） | 各阶层占放债总户数比重（%） | 数量 | 各阶层占合计比重（%） | 户数 | 占本阶层总户数比重（%） | 各阶层占借债总户数比重（%） | 数量 | 各阶层占合计比重（%） |
| 地主及其他剥削阶层 | 27 | 3.86 | 5.83 | 21349 | 9.52 | 55 | 7.86 | 3.24 | 31660 | 4.45 |
| 富农 | 27 | 10.34 | 5.83 | 13346 | 5.95 | 23 | 8.81 | 1.35 | 13322 | 1.87 |
| 富裕中农 | 112 | 12.13 | 24.19 | 74716 | 33.31 | 82 | 8.88 | 5.18 | 51497 | 7.24 |
| 中农 | 192 | 6.02 | 41.47 | 78798 | 35.13 | 630 | 19.74 | 37.06 | 284408 | 39.97 |
| 中农小计 | 304 | 6.59 | 65.66 | 153514 | 68.43 | 712 | 15.43 | 41.88 | 335905 | 47.20 |
| 贫农 | 96 | 2.55 | 20.73 | 33274 | 14.83 | 886 | 23.00 | 52.12 | 317886 | 44.67 |
| 其他劳动人民 | 9 | 2.17 | 1.94 | 2830 | 1.26 | 24 | 5.80 | 1.41 | 12861 | 1.81 |
| 合计 | 463 | 4.75 | 100 | 224313 | 100 | 1700 | 17.43 | 100 | 711634 | 100 |

资料来源：《中南区 1953 年农村经济调查统计资料》（1954 年 7 月），湖北省档案馆，SZ—J—517。

表 2–10 和表 2–11 的资料表明，土地改革后的 1952 年中南区 5 省 28 个乡 10647 户农户中有 2361 户发生了借贷关系，占总户数的 22.18%，其中，借出户 513 户，占总户数的 4.82%，河南省放债户户均借出额折合小麦 692.24 市斤，其他 4 省放债农户户均借出额折合稻谷 484.48 市斤；借入户 1848 户，占总户数的 17.36%，河南省借债户户均负债额折合小麦 271.21 市斤，其他 4 省负债农户户均负债 418.61 市斤。

从各阶层的负债情况来看，贫农阶层负债户占本阶层总户数的比重最大，5 省合计为 23.52%，比平均水平的 17.36% 高出 6.16 个百分点。河南省贫农阶层户均借入额折合小麦 346.83 市斤，比该省平

均水平高出 27.88%，其他 4 省贫农阶层户均负债额折合稻谷 358.79 市斤，比平均负债水平低 14.29 个百分点。与旧中国农村借贷结构发生重要变化的是，贫农阶层在借出户中已占了相当的比重，5 省合计占借出总户数的 20.66%，借出额占总借出额的比重，河南省为 11.15%，其他 4 省为 14.83%。但是，贫农阶层借出户占本阶层的 2.70%，低于平均水平，河南省的贫农阶层户均借出额折合小麦 386 市斤，比该省的平均水平低 44.24 个百分点，其他 4 省贫农户均借出额折合稻谷 346.60 市斤，比平均水平低 28.46 个百分点。这说明与旧中国相比，贫农的经济地位有了一定程度的提高，但仍然处于一种贫困状态。

总体来看，这一时期发生的借贷关系主要是中农和贫农两个阶层之间，5 省合计，这两个阶层的借出户数占总出借户数的 87.72%，负债户占总负债户数的 93.94%；从借贷额来看，河南省贫农和中农两个阶层的借出额占借出总额的 100%，负债额占负债总额的 97.01%，其他 4 省贫农和中农两个阶层的借出额占借出总数的 86.39%，负债额占负债总额的 91.87%。说明农村新的借贷关系主要发生在劳动群众之间。

又如对安徽省 1952 年 10 个乡私人借贷关系调查，如表 2-12 所示。

表 2-12　　1952 年安徽省 10 个乡（2790 户）各阶层借贷关系情况　　单位：元

| | 放债 | | | | 借债 | | | |
| --- | --- | --- | --- | --- | --- | --- | --- | --- |
| | 户数 | 占放债总户数比重（%） | 数额 | 占放债总额比重（%） | 户数 | 占借债总户数比重（%） | 数额 | 占借债总额比重（%） |
| 贫雇农 | 39 | 19.50 | 817.36 | 9.89 | 296 | 45.12 | 6908.63 | 45.91 |
| 中农 | 132 | 66.00 | 5071.95 | 61.37 | 328 | 50.00 | 7445.87 | 49.49 |
| 其中富裕中农 | 71 | 35.50 | 3514.88 | 42.53 | 78 | 11.89 | 1396.49 | 9.28 |
| 其他劳动人民 | — | — | — | — | 4 | 0.61 | 98.68 | 0.66 |

续表

|  | 放债 | | | 借债 | | | |
|---|---|---|---|---|---|---|---|
|  | 户数 | 占放债总户数比重(%) | 数额 | 占放债总额比重(%) | 户数 | 占借债总户数比重(%) | 数额 | 占借债总额比重(%) |
| 富农 | 23 | 11.50 | 2170.42 | 26.26 | 10 | 1.52 | 136.40 | 0.91 |
| 其中新富农 | 6 | 3.00 | 617.20 | 7.47 | 1 | 0.15 | 15.80 | 0.11 |
| 地主 | 2 | 1.00 | 112 | 1.36 | 17 | 2.59 | 446.87 | 2.97 |
| 其他剥削阶层 | 4 | 2.00 | 93.33 | 1.13 | 1 | 0.15 | 10.00 | 0.07 |
| 合计 | 200 | 100 | 8265.06 | 100 | 656 | 100 | 15046.45 | 100 |

资料来源：中共安徽省委农村工作部：《安徽农村典型调查》（土地改革结束后至1954年）（1956年），内部资料。

如表2-12所示，1952年，安徽省调查乡农村居民发生的借贷关系，也是以贫雇农和中农占据主导地位。

另据湖北省7个乡3165户农户（其中，雇贫农1583户，中农1125户，其他各阶层457户）的调查，从土地改革后到1952年年底有701户农户发生了借贷关系，占总户数3165户的22.15%。其中，借入户426户，占总户数的13.46%，借入户户均借入403斤；借出户275户，占总户数的8.69%，借出户户均借出385.3斤。从发生的负债数量上看，主要是雇贫农，借入户占总借入户数的63.62%，借入折合谷数占借入总数的62.9%。但负债户却只占本阶层总户数的17.1%，略高于平均水平，户均借入谷389斤，还低于平均水平。在借出户中雇贫农已经占了很大的比重，占借出户占总户数的55.64%，借出折合谷也占总借出数的53.81%。[①] 当然，这并不表明贫雇农的剩余资金的水平已高于其他阶层许多，只是因为当时贫雇农占农户总数的比重高，达到50%以上。但贫雇农借出户占本阶层的9.65%，

---

[①] 根据《荆州专区农村私人借贷情况》（1953年3月湖北省档案馆）SZ18—1—42、当阳县委调研组《当阳县关陵乡经济调查》（1953年3月湖北省档案馆）SZ18—1—48、光化县委调研组《光化县白莲寺乡"土改"后农村经济调查报告》（1953年1月，湖北省档案馆）SZ18—1—47整理。

略高于平均水平，户均借出 373 斤，略低于平均水平。因此，无论从借入的情况还是从借出的情况看，都说明与旧中国相比，贫雇农的经济地位已得到提高。如果把贫雇农、中农和其他劳动人民合并计算，这三个阶层借入户占总借入户的 93.9%，借入折合谷数占总借入数的 97.45%，借出户占总借出户的 94.19%，借出谷数占借出总数的 94.27%，这也表明农村新的借贷关系主要发生在劳动群众之间。

再如江苏省调查，放债户多数是中农、富农，经济较好的鳏寡孤独放债的也不少，个别地主也还放债；借债户以贫农最多，中农和手工业者、小摊贩借的次之，有的地主也借债。据 14 个区 2 个乡 12 村的调查，放债户中，中农占 33.97%，富农占 7.5%，贫农占 3.29%，鳏寡孤独占 20.99%，商人占 0.48%，地主占 0.05%，其他占 33.84%；借债户中，贫农占 46.91%，摊贩手工业者占 17.03%，中农占 10.88%，富农占 9.44%，地主占 1.73%，其他占 14.37%。①

最后，我们来观察各阶层户均私人借贷的负债额占户均总收入的比重情况。根据中共中央中南局农村工作部对中南区 31 个乡及湖北省农村工作部对该省 5 个乡的调查资料，1952 年各阶层的户均负债额占户均总收入比重整理成表 2-13。

如表 2-13 所示，从整体上看，1952 年中南区各省各阶层农户户均负债额占总收入的比重在 1% 左右，债务负担并不严重，其中，贫农阶层的债务负担要高于其他各个阶层。表 2-13 所反映的仅是一般情况，实际上，有些贫困农民的债务负担要远远高于该水平。例如，河南省商城县白龙岗乡贫农郑长宣，7 口人，1952 年收入粮食 5086 斤，仅还债一项，就用去 1250 斤，占总收入的 24.58%，所以，粮食不够吃，全年生活上有困难。②借贷对农户产生两方面的作用，一方面农户负债经营维持了生存和再生产过程；另一方面农户负债过多，超过其偿还能力，则可能加剧其生存和生产状况的恶化。如开封县双

---

① 江苏省农村工作部：《江苏农村经济概况》（1953 年 3 月 18 日），江苏省档案馆，3062—永—3。

② 河南省经济调查组：《商城县白龙岗乡经济调查初步总结（初稿）》（1953 年 11 月），河南省档案馆，J11—1—61。

表 2-13　　　1952 年各阶层户均负债额占户均总收入比重　　　单位:%

| | 贫农 | 中农 | 其他劳动人民 | 富农 | 地主及其他剥削阶层 | 合计 |
|---|---|---|---|---|---|---|
| 河南 9 乡 | 2.83 | 0.86 | — | — | 0.77 | 1.05 |
| 湖北、湖南、江西 10 乡 | 2.10 | 0.94 | 0.64 | 0.44 | 1.65 | 1.31 |
| 湖北 5 乡 | 1.66 | 0.78 | 1.47 | 0.10 | 1.00 | 1.03 |
| 广东 9 乡 | 2.30 | 1.26 | 0.76 | 1.37 | 0.65 | 1.45 |

注：广东省户均总收入是 12 个乡的数据，户均负债额是 9 个乡的数据。
资料来源：根据《中南区 1953 年农村经济调查统计资料》（1954 年 7 月湖北省档案馆）SZ—J—517、中共湖北省委农村工作部《湖北农村经济调查（五个典型乡综合材料）》（1954 年 6 月湖北省档案馆）SZ18—1—285 整理。

庙乡，中农阮廷泉，解放前欠很多旧债，因还债付息，1949 年当地 8 亩，1952 年卖地 4.8 亩，1953 年又卖地 1.13 亩，至今还有陈账 450 斤小麦，新账 180 斤黄豆未还，因而由中农下降为贫农。贫农张大成，也因借新账还陈账，债务不断，现在还欠 145 万元，生活仍然困难。① 又如广东省中山县榄边乡西江里村贫农严重困难户林元勇（雇农），全家 4 口人，2 个劳动力，占有土地 4.89 亩，没有农具，只有一把锄头，全年总收入折粮 3118 斤，人均 780 斤，生活很困难，每年都要借陈金杏高利 120 斤度荒，年底借，次年 6 月还，还了又不够，又借来预备明年，每年纳利 168 斤，这样生活更穷，平时也要卖薯藤之类的东西，以及出雇来维持生活。又如黄二妹是贫农下降户，全家 2 口人，没有劳力，占有田地 2.68 亩，全年总收入粮食 1174.68 斤，还要雇工支出工资，1952 年借债要给 106 市斤利息，这样，1953 年又不得不借债。②

---

① 开封县双庙乡经济调查组：《开封县双庙乡经济调查总结（草稿）》（1954 年 1 月），河南省档案馆，J11—1—62。
② 华南分局农村工作部榄边乡调查组：《广东省中山县榄边乡（大车、西江里两村）农村经济调查报告》（1953 年 12 月 25 日），广东省档案馆，204—5—12。

如上文所述，土地改革后农民的借贷也大多是源于生活性需求，部分贫困农户负债额占收入的比重大，超过了其偿还能力，这也从一个侧面反映了贫困农户的生活性借贷是不计成本的。土地改革后农民虽分了土地，但大部分农民因家底空，上下不接气，遇着灾害或青黄不接时，就得借债或出卖青苗，维持其生产生活。但是，若负债过多，超过了自身的偿还能力，更会加剧农民的贫困。在农村普遍贫困及社会保障体系缺位的情况下，农户尤其是严重困难农户负债必然使其陷入"贫困—高息借债—更加贫困"的恶性循环中。显然，要解决农民的贫困，尤其是一部分老弱孤寡病残、缺乏劳力及没有生产经营能力的严重困难农户，仅仅依靠提倡自由借贷或增加正规金融供给的作用是有限的，并不是解决问题的根本手段，重要的是建立一套有利于农民收入持续增长的长效机制。

综上所述，土地改革后一两年，农村的民间借贷关系，虽然较解放初期有所发展，但总的来看，还不活跃，或者说基本上是处于停滞状态。这不仅表现为废除了对地主阶层债务后遗留下旧的债务关系处于呆死状态，还表现为新发生的债务数量很少。

## 第三节　土地改革后农村私人借贷停滞的原因、解决办法及效果

如上文所述，土地改革后农村民间借贷关系处于停滞状态，但是，要正确判断农村民间借贷关系是否停滞，还要分析当时农村经济生活中借贷的实际供求关系状况。从土地改革后农民家庭经济的弱小特别是50%以上的农户还处于贫农的地位，生产生活还面临困难的总体状况来看，农村中对私人借贷的需求还是很大的。在国民经济百废待兴的情况下，国家银行仍要挤出一部分资金发放农贷，如1950—1952年，国家农贷累计总额为259883万元，其中，1950年放出20868万元（缺东北区、内蒙古、新疆、川东数字），1951年放出35489万元（内缺东北区数字），1952年放出107550万元，1953年

上半年放出95976万元。① 同时，政府还积极倡导、组织农村信用合作社，动员农户手中的闲置资金，这从另一个侧面说明农村资金的紧缺和农民对资金的迫切需求。农村中屡屡发生贫困农民向较富裕农民强借的现象，也说明国家银行、信用社和农村自由借贷的情况还不能满足农村资金的需求，需要进一步发展民间借贷来解决。

### 一　农村民间资金潜在的供给

虽然土地改革之后财富分散化了，但农村仍有可以利用的闲散资金来发展私人借贷。如上文所述，农户通过压低生活费用支出，能达到收支有余，这部分盈余可能成为潜在的供给。

在全国解放后的土地改革中，执行的"中间不动，两头平"的原则，即对中农阶层的土地和其他财产保留不动，因此，中农在土地改革前后的生产条件基本没有发生变化。同时，土地改革后国家所制定的各项农村政策，也有利于中农阶层的经济发展，在此情况下，农村私人借贷关系理应处于发展状态。但是，从解放前遗留下来的和1952年中农阶层放债户的出借额来看，情况并非如此，据对河南、湖北、湖南、江西、广东5省28个乡中农农户的调查，如表2-14所示。

如表2-14所示，与解放前遗留下来的放债额相比，土地改革后中南区5省中农阶层的户均借出额都有较大幅度的下降，其中，广东的下降幅度最大，土地改革后户均借出额仅为解放前的18.86%。不仅中农阶层的户均出借额下降了，而且湖北、湖南、江西、广东4省整个中农阶层的绝对借出额土地改革后比解放前遗留下来的也有一定程度的减少，其中广东减少了74.66%。与解放前相比，土地改革后中农阶层的生产条件及收入水平都有了一定程度的提高，而当时农村刚获得土地和部分其他生产资料的贫困农户对资金的需求又非常迫切。与此同时，中农阶层的借出额却有较大幅度的下降，这确实是不正常的经济现象。

---

① 中国人民银行总行：《三年来农贷发放情况》（1953年9月29日），《1949—1952年中华人民共和国经济档案资料选编》（金融卷），第637页。

表 2-14　　　　解放前遗留下来的和 1952 年中南区 5 省
　　　　　　　　中农阶层的借出额比较情况

单位：折合小麦（稻谷）市斤

|  | 解放前遗留 | | | 1952 年 | | | 1952 年户均借出额占解放前比重（%） |
|---|---|---|---|---|---|---|---|
|  | 户数 | 借出额 | 户均借出额 | 户数 | 借出额 | 户均借出额 | |
| 河南 | 7 | 8606 | 1229.43 | 40 | 30752 | 768.80 | 62.53 |
| 湖北、湖南、江西 | 195 | 155717 | 798.55 | 218 | 113294 | 519.70 | 65.08 |
| 广东 | 64 | 158716 | 2479.94 | 86 | 40220 | 467.67 | 18.86 |

资料来源：根据《中南区 1953 年农村经济调查统计资料》（1954 年 7 月），湖北省档案馆，SZ—J—517 整理。

另据调查，湖北省荆州专区中农在解放前户均放粮 1000 斤，土地改革后每户仅放 450 斤[①]，原因是中农有粮不敢放是怕"露富"、怕"冒尖"、怕"提高成分"、怕说"放高利贷"，顾虑重重。如江陵县雨台乡中农陆妈妈，解放前放 30 石谷，解放后一粒不放，把粮收回囤积，并说："放出倒不要紧，就是怕将来收集我的材料，划我为地主。"此时，借贷还是亲朋邻居或其他间接关系，均在暗中进行，借放双方，深恐第三者知晓。甚至有的中农为了装穷，而假欠债，富农更不敢放。[②] 在湖北省光化县白莲寺乡，土地改革后农民普遍存在怕"露富"，怕算剥削账，以穷为荣，不是亲朋四友和家族就借不出来，就是亲朋四友能借也变为秘密的借贷方式，如贫农杨金保放账外乡，不让群众知晓，贫农陈共璋放给聂少华小麦 2 斗，是在夜深人静时偷偷放的。另外，该乡现在放债的多半是贫农，而真正有余粮的中

---

① 荆州地委政策研究室调研组：《荆州专区农村私人借贷情况》（1953 年 3 月），湖北省档案馆，SZ18—1—42。
② 同上。

农放债却很少。① 又如据江陵雨台、公安中和、鄂城邓平等乡 275 户农户逐户调查，余粮 265000 斤，平均每户 964 斤，一般乡汇集在中农手上的资金至少有五六千元，多则一万元，但借出的很少。据襄阳专区 4 个乡的调查，借贷资本约占农村社会余资的 6.4%，借贷开展较好的乡，也不过 10%。② 在江苏苏南，因为债主怕人说有钱，因此，在与债户建立借贷关系时，贷方言明，不公开向外声张，如无锡张镇乡陈仁兴借得富裕中农 3 石米，利息 2 分，人家问他向谁借的，他始终不说，只说是借家里人的；吴江浦西乡有 1 户以运草为名将米藏在船舱里借给别人。③

土地改革后大部分贫雇农摆脱了贫困，生活逐渐富裕，但仍有部分贫农在生产、生活上还存有困难，虽有国家银行及信用合作社贷款，对扶助农民也确实起了一定的作用，但是，银行贷款数量尚不能满足农民需要。同时，信用合作社还未普遍建立，农民大部分困难还不能得到解决。当时民间借贷的用途主要是农民为了维持生活，应付一年一度的饥荒，或其他生活费用的临时支出。农村私人借贷的停滞使农民很难渡过难关，埋怨"四门紧闭，借不到钱"。

## 二 土地改革后农村私人借贷关系停滞的原因

从经济层面来讲，土地改革后农村私人借贷关系的停滞固然与土地改革后地主等封建剥削阶层被消灭，农村财富趋于平均，农户之间的贫富差距缩小有关。但是，土地改革后农村私人财产权在政策实践中缺乏有力的保障是造成当时农村私人借贷关系停滞的深层次原因。具体来看，主要有以下五个方面的原因：

### （一）土地改革后农民的私人财产权缺乏有效的保护

解放前夕，中国人民政治协商会议通过的《共同纲领》第三条规

---

① 光化县委调研组：《光化县白莲寺乡"土改"后农村经济调查报告》（1953 年 1 月），湖北省档案馆，SZ18—1—47。
② 湖北省农委：《农村借贷情况与活跃农村借贷问题（草案）》（1953 年），湖北省档案馆，SZ18—1—40。
③ 苏南区委员会农村工作委员会：《农村借贷问题调查》（1951 年），江苏省档案馆，3006—永—267。

定,"保护工人、农民、小资产阶层和民族资产阶层的经济利益及其私有财产"。1950年6月颁布实施的《中华人民共和国土地改革法》第六条也规定:"保护富农所有自耕和雇人耕种的土地及其他财产,不得侵犯。"第七条规定:"保护中农(包括富裕中农在内)的土地及其他财产,不得侵犯。"在法律上明确提出了保护农民的私人财产权。根据解放后新颁布的《中华人民共和国土地改革法》,农村土地改革的实质是"实现耕者有其田"的农民土地所有制,主要内容是反封(封建地主)而不是反富(富裕农民)。但是,由于一些地方政府(尤其是乡村政权)对农村阶层的划分带有很大的随意性,导致土地改革中不仅地主阶层的土地和其他私有财产受到剥夺,而且富农、富裕中农、中农、小土地出租者、债利生活者、农村私人工商业者等的私人财产权也受到不同程度的侵犯。如河南省郾城县不完全统计,土地改革中以匪霸为名斗争的中农者有190户;中南区个别地方还造成中农恐慌,大吃大喝,献田地,献金银。① 在解放后土地改革政策中对"利贷生活者"(为避免高利或低利之争执,一般不用"高利贷者"这一名词)与地主阶层是做了区别的,即:"凡长期出放大量债款,并依此为其生活的全部或主要来源者其成分应定为债利生活者。在土地改革中,不动债利生活者的财产,但解放前农民及其他劳动人民所欠利贷生活者的债务,应按处理解放前农民所欠富农债务的办法处理之。即利倍于本者停息还本,利两倍于本者本息停付。"② 但是,在政策实际执行中,为了提高成分,对债利生活者、富农和富裕中农,不少乡村因为他们放债而错算剥削分量,错划为地主或其他成分进行斗争。如湖北应城义和乡12户利贷生活者,都经过群众斗争,废除全部债务,并没收其财产。③ 湖北宜都县姚家店区枫相乡富农刘

---

① 《关于团结中农的指示》(1951年3月18日),载中南军政委员会土地改革委员会编《土地改革重要文献与经验汇编》,1951年10月,第471页。
② 《中央关于高利贷者的阶层成分问题复华东局》,《中国土地改革史料选编》,第678页。
③ 湖北省农委:《孝感专区五个乡农村经济调查》(1953年),湖北省档案馆,SZ18—1—41。

永甲因为放债 60 多斤，被划成地主，并进行斗争，没收其财产。① 广东中山外沙乡 5 户富农中有 4 户在土地改革中被农民斗争过，废了债，也征收了多余的土地。②

土地改革后，农业集体化运动表面上看似是以群众自愿、互利为原则进行的，实际上，这种以群众运动的方式迅速推进的集体化，由于"采取急躁冒进的态度，上级计划过大，要求过高，必使下面发生强迫命令现象"。③ 从而带有浓厚的强制性色彩，农民入社时，土地、耕畜等私有财产没有得到合理的处置，私人财产权经常遭到侵犯。而信用是各自拥有独立财产权的财产所有者之间的一种财产借贷活动，信用的实质是产权问题。尽管上述法律都提出保护农民的私人财产权，但在政策的执行过程中，农民的私人财产权缺乏有效的保护并经常受到侵犯，不可避免地影响到农村私人借贷关系的发展。农民在借贷方面存在极大的思想矛盾。一方面，解放后人民政府为了活跃农村金融提倡借贷自由，有剩余的农户想把余粮余款出借生息。另一方面，由于农民的私人财产权缺乏有效的保护，又把放债取息视为畏途，思想顾虑较多，一怕"露富""冒尖"，即怕把放债说成"剥削"，而"提高成分"，怕"再来二次'土改'时挨批斗"；二怕提前"实行社会主义"，即怕"归大堆""大合伙"，吃"大锅饭"，在一部分农民中流行着"生产不节约，劳动不致富"和"穷光荣"的思想，宁愿粮食霉烂，大吃喝，也不外借。如湖北宜城龙兴乡中农胡吉安 1952 年春沤了两石小麦，不能吃，煮了喂猪，他说："倒到地上我心里是安的，借出去，别人知道算我剥削账，怎得了。"中农胡天礼看调研组进村，吓得把借出去的 10 斤花条子跑去向被借户胡荣三说："我的花不要，你把条子撕掉，可不让人知道。"中农反映："有钱多

---

① 湖北宜都县委调查组：《宜都县姚家店区枫相乡农村经济情况的调查》（1953 年 3 月），湖北省档案馆，SZ18—1—48。

② 华南分局农村工作部外沙乡调查组：《广东省中山县第二区外沙乡农村经济调查报告（初稿）》（1954 年 1 月 31 日），广东省档案馆，204—5—12。

③ 《中央同意中南局关于纠正试办农业生产合作社中急躁倾向的报告》（1953 年 3 月），中华人民共和国农业委员会编：《农业集体化重要文件汇编（1949—1957）》（上册），第 144 页。

吃多喝点，把房子修好住暖和点，也不借出找麻烦。"①

民法主要是调整平等主体之间的财产关系，农村居民之间的借贷关系属于民法所调整的范围。但从解放后民法的立法过程来看，第一次民事立法是在1955—1956年进行的。在土地改革后，对于农村私人借贷关系主要是通过政策进行调整的。尽管在土地改革中对旧债务进行了区别对待，宣布"今后借贷自由，利息由双方议定"，规定农村中的债务纠纷，一般由当地区乡村人民政府同农民协会处理，区乡村不能解决的，由县司法机关裁判，但却没有明确的司法依据。从借贷关系调整的实践来看，主要做法是乡村政权和农会主持协商调解，在我们掌握的材料中，只有在基层政权的赞许甚至直接组织下强借的事例，还鲜见强制私人借贷负债户还贷的事例。

（二）土地改革前所遗留下来的债务未能很好处理

大多数的债务长期拖延，放债户想要要不到或不敢要，借债户等待观望，形成僵局。具体来说，主要有以下五种情况：（1）放债者尽量收回，认为收一颗算一颗，总比不收的强。（2）观望政府如何处理。放债户反映说，政府要就把这个债务废除了，这样放着又不解决，也是有其名无其实。（3）借债户有的尽量还，但有的还不完，只得少量应酬，慢慢还清。（4）有的借债户拖着，看政策怎么办，等待政策解决。（5）有的欠得太多，或年代太久，根本不打算还了。如湖北襄阳专区部分乡村，由于旧债未能很好地处理，富农放的旧债多数自行消除了，有些富裕中农放的债也是如此。② 又如江苏溧水芦东乡小毛园村富农陈国明等，1949年由干部负责借出的950斤稻，连债户是谁都不知道，高塘村中农秦德勤，解放前借给雇农仇普海4担稻，本利都没有还，目前在看政府的态度，以便见风使舵。吴江浦西乡1949年干部负责借的米，到现在提也不提，干部反映："旧有债务还

---

① 宜城县委调研组：《宜城县龙兴乡农村经济调查几个材料的整理》（1953年），湖北省档案馆，SZ18—1—5。

② 湖北省农委：《襄阳专区四个乡借贷租佃典当买卖关系的调查》（1953年3月10日），湖北省档案馆，SZ18—1—41。

要还吗？这是大家都还不起的。"① 溧阳县竹箐区王渚乡潘家村中农潘如法说："我就怕别人说我家的粮食很多，再评阶层时评为地主阶层和富农，我家的米并不多，除自己吃外，还能借出2担，假如将这2担米借完了，别人要来借，没有了得罪人，现在讲民主，找我一点小差，就要斗争，不如不向外借，另外买了很多木材，准备盖房子，也不准备盖了，怕升为富农。"贫农杜勒基说："天下农民是一家，谁家里多就应该多向外借一点大家吃，才叫互助互让，才叫团结。"② 反映出农村社会主义思想。由此，导致有余粮的中农不敢放债，怕放出了收不回。

同时，还有少数地区对农民的旧债处理不当，如湖北松滋县官渡乡对农民之间的旧债处理办法是：基本采取协商面议方式，放债户一般都不要利，只希望借主把本归还，也没有分高利贷与一般债务的不同处理，借主马上能还即停息付本，不能还者即转为新债，按二分付息；③ 湖北钟祥县延年乡农民之间的旧债则强行自行废除。④ 又如江苏宜兴县云溪乡分水墩村贫农王伯高，解放前欠贫农王明大2石米，解放后王明大去讨，双方争吵起来，拉到乡政府去调解，结果评到只1担稻（5斗米）。⑤

（三）在借贷中违反自由借贷政策

一些区乡干部对自由借贷政策认识模糊，片面强调"团结友爱""互助互借"，采取开有余粮户的会，以"借出光荣，不借不光荣"为由，以变相强迫借贷的方式代替自由借贷，由此出现了乡村干部、群众甚至好吃懒做的懒汉二流子找借口到有粮户强借的情况。如湖北

---

① 苏南区委员会农村工作委员会：《农村借贷问题调查》，(1951年)，江苏省档案馆，3006—永—267。

② 中共溧阳县委员会：《竹箐区王渚乡打通借贷关系的情况介绍》(1951年4月25日)，江苏省档案馆，3006—永—267。

③ 松滋县委调研组：《松滋官渡乡调查材料》（1952年12月），湖北省档案馆，SZ18—1—7。

④ 湖北省农委：《荆州专区农村私人借贷情况》（1953年3月），湖北省档案馆，SZ18—1—42。

⑤ 苏南农工团三队二部：《宜兴县云溪乡关于农村借贷关系的调查材料》(1951年9月23日)，江苏省档案馆，3006—永—267。

省恩施县高桥乡3户富农借出的610斤谷就是群众集体喊着"自由借贷"的口号到富农家里强迫借出的。① 1952年春,湖北省宜昌专区当阳县关陵乡在农会号召下,一次就有26户被迫借出粮3386斤,这种借贷都无利息,借粮户认为是救济,不准备还,而借出户也不敢要。② 农民反映:"自由借,不自由还""这种借贷名也没有,利也没有,人情叫乡干部做了。"③ 同时,少数雇贫农及懒汉有赖债思想,借了不想还,农民反映:"借时笑面罗汉,还时鼓明将军。"④ 如湖北江陵县雨台乡贫农小组长张祖元借中农张祖贵人民币5元,大米2斗,张祖贵向张祖元要了两次,他不但不还反说张祖贵放高利贷。⑤ 因此,加深了余粮户的思想顾虑,造成了农民怕招风惹祸的错觉。

又如广东省恩平县在开展自由借贷工作中存在严重的违反自由借贷政策,其表现在以下四个方面:

(1) 强迫党、团员及乡村干部带头借贷。如五区负责同志为了打开借贷之"门",强迫农干搞"运动",号召党、团员干部一定要"带头"借贷。一些党、团员干部为了带头借贷,借钱来转贷,有的将山草也借出,有的带头借出后自己已无食。因号召党、团员干部带头的影响,一些贫雇农更加倚赖农干,甚至威迫农干来借贷。有的贫雇农见到党、团员便说:"你是党、团员,为什么不带头借贷。"

(2) 大小会议个别动员,典型突破,带动一般。一些乡为了突破"典型",打开借贷之"门",便号召党、团员支部会、干部会、农协会、群众会、青年会、民兵会、华侨会等一系列的会议进行动员号召。并有党、团员干部分户进行个别动员,有的反复动员达五六次之

---

① 恩施县委调研组:《恩施高桥乡农村经济调查》(1953年3月),湖北省档案馆,SZ18—1—47。
② 湖北省农委:《宜昌专区5个乡农村私人借贷情况与今后意见》(1953年3月),湖北省档案馆,SZ18—1—41。
③ 湖北省当阳县委调研组:《当阳县关陵乡经济调查》(1953年3月),湖北省档案馆,SZ18—1—48。
④ 同上。
⑤ 湖北省农委:《荆州专区农村私人借贷情况》(1953年3月),湖北省档案馆,SZ18—1—42。

多，借出者即予表扬，不通者甚至要大会批评。四区龙湾乡在大会上指名批评有猪户说："你的猪这么大，为什么不卖了借贷。"在此动员号召带动下，一些乡便开展了所谓"借贷运动"。

（3）干部分片、分户，摸底算账，串联发动。太平乡团支部开会摸出太平村有18头大猪，团员就说，"明天一定都要把这些大猪都搞出来"，随后即分工进行动员。二区白庙乡吉堂村全体干部与一华侨中农"算账"追问其收入开支，动员借贷。

（4）干部包办，农会担保。六区箕簧乡一中农，因怕有借无还，经动员仍不敢借贷，农协副主席说，"农会担保，你敢借不敢"，该中农不敢再说不借，只好勉强借出60元。一些乡还成立了"借贷度荒小组"，实行统借统贷、统一利息的办法。四区南平乡一农民因怕借贷，将100元藏起来被白蚁咬坏。中南乡一华侨听说贫雇农要打开他的借贷之"门"，吓得闭门三天。一些中农和华侨顾虑说："第二年不可养猪太大，种禾太好"，"有钱不可留，吃了为上计，过两年又是共产，划到水平齐"。有的不满说："勤的难过，懒的好过，不如大吃几餐"，甚至把借贷比作"土改"说："以前是'土改'，以后又复查，现在又借贷。"其次，中农、贫农、雇农关系因此更趋紧张，一些中农和华侨说："宁愿借给地主，也不借给贫雇农，借给地主有的还，借给贫雇农不还无办法。"还有的说："宁丢下大河，也不借给贫雇。"甚至骂贫农说："现在贫雇恶极了。"同时，更加助长了"依赖""揩油"与"以穷为荣"的平均主义思想。如龙塘乡一贫雇农借了8元，给小孩买饼干就用了不少，他说："政府不会饿死一个人，怕什么！"一区一贫雇农借钱后大吃大喝，稻禾又不好，计算其早造收成还不够还债。①强迫借贷严重地侵犯了农民的私有财产权，富裕农民诚惶诚恐，其结果不仅堵塞了借贷之门，更严重地造成了农村生产关系的更加混乱与动荡，直接地打击了个体农民的生产积极性。

（四）新的债务利息未明确规定，高利贷与一般借贷没有明确界限

一般群众只有一个"放债非法"的笼统概念。有些人虽然知道

---

① 中共中央华南分局农村工作部：《关于恩平县贯彻自由借贷政策中发生严重强迫借贷现象的通报》（1953年7月18日），《华南农村》第5期，广东省档案馆，204—5—30。

"允许借贷自由,利息双方面议",但不知道到底多少利息才算合法?对高利贷的界限不明确,怕戴高利贷的帽子。如江苏宜兴县云溪乡湾港村贫农吴保华说:"利息照官利(政府银行利息)太少了,不如放在银行里保险一些,利收大了一些又要犯法。"① 湖北咸宁周严乡一个中农说:"放债呗,利少了划不来,多了,你要他的利,他要你的本。"② 这句话可以代表一般中农的思想,想放不敢放,踌躇不前。据调查,1952年湖北农村借贷中,无息借贷占放债数量40%。③ 以上情况严重影响了自由借贷的开展。

（五）一些乡村干部不敢大胆宣传贯彻借贷政策

（1）乡村干部本身欠债严重,不敢大胆宣传自由借贷政策,如四川什邡县禾丰乡,宣传政策开展自由借贷中,发现村干部负债问题相当严重。全乡共有17个村,负债10元以上的村干部共49人,其中,正、副村长19人,村农会主席8人,妇女主任4人,武装队长4人,村委员7人,村文书3人,小组长3人,共负债人民币1812.6元,大米10石5斗5升,菜籽2石2斗5升,稻谷2990斤,花生498斤,玉米4石5斗,烟叶12担半,小麦3石2斗1升,以上各项折合人民币共3035.62元。因为一般村干部多少都负有债务,工作消极,不敢宣传政策。如三村村长王开炳说:"我都借了那么多钱没有还,不好意思去宣传政策。"九村村长叶廷高以前工作积极,因借钱未还,宣传政策后怕群众质问,工作便消极了,有的村干部因负债未还,产生了退坡思想。④ 又如四川温江县苏坡乡在宣传十大政策时,有些村干部由于欠债较多,牵涉面广,不敢认真宣传"保护私有"和"自由借贷"政策。太平村13个村干部中,欠债的旧有11个,总数是大米45石8斗3升,人民币109元,有部分是解放前的,欠债较多的村干部,宣传政策时,思想抵

---

① 苏南农工团三队二部:《宜兴县云溪乡关于农村借贷关系的调查材料》(1951年9月23日),江苏省档案馆,3006—永—267。

② 湖北省农委:《农村借贷情况与活跃农村借贷问题(草案)》(1953年),湖北省档案馆,SZ18—1—40。

③ 同上。

④ 中共什邡县委会:《什邡禾丰乡村干部负债情况及处理意见》,《四川日报》1953年7月7日第3版。

触更大；培风村村长江国阳欠了全村近半数户的债。因此，宣传政策时，躲在屋角里不敢开腔。由此可知，解决村干部的欠债问题，是解决问题的关键。①

（2）有部分手头比较富裕的村干部，不敢大胆宣传自由借贷政策，怕别人说："你在宣传，带头借点出来。"另外，有个别村干部怕讨账麻烦，怕因债务纠纷牵扯自己，不愿多管闲事，有"免得找些虱子在身上爬"的态度。

总之，土地改革后农村私人借贷的停滞，并不是因借贷来源枯竭，农民借贷无门，从调查情况来看，农村的确存在或多或少的闲放资金而不供借贷。由于"土改"废债的影响、土地改革后没有建立合理的产权制度及执行借贷政策上的偏差，农民感到私人财产权没有保障，是农村私人借贷停滞的深层次原因。因此，必须坚决贯彻现行的自由借贷政策，宣传保障私有，适当地处理旧债，规定新的债务利息，以便活跃农村私人借贷，发展农村经济。

### 三 活跃农村私人借贷关系的措施及成效

（一）活跃农村私人借贷关系的措施

如前文所述，农村的借贷关系在解放后就处于停滞的局面。在经过土地改革这场大的社会经济变革，借贷停滞的局面更是加重。解放后，人民政府为了扶助农民群众克服困难，发展生产，发放了救济粮款，举办了农贷。但是，国家各项事业百废待兴，资金有限，因此，在积极兴办信用合作社的同时，提倡开展农村的自由借贷，活跃农村资金的融通，也是中国政府促进农村经济恢复发展的一项重要政策。

1951年1月，中国人民银行总行在《第二届全国金融会议关于若干问题的决定》中指出，应宣传并提倡私人借贷自由，利率不加限制，由双方根据自愿两利原则商定；农民自由借贷，实物计算，利息较高，但比没有借贷好，因此应予鼓励。② 1952年10月，中国人民

---

① 杜世铮、廖品群、许健如：《温江县苏坡乡开展自由借贷的情况和问题》，《四川日报》1953年4月23日第3版。

② 《第二届全国金融会议关于若干问题的决定》，《1949—1952年中华人民共和国经济档案资料选编》（农村经济体制卷），第530页。

银行总行召开的第七次区行行长会议，在研究了不同地区农村私人借贷的情况后，在向中央的报告中提出：在自由借贷刚有萌芽，信用合作尚未开展，农民日常困难还很多的地区，还不宜于过早限制利息，要提倡自由借贷。同时要积极组织各种信用活动，以便有可能从新信用关系的开展中，限制高利贷的发展及其破坏性。在土地改革早已完成、农民的日常资金需要已有可能自己解决大部或一部、自由借贷已有较多发展、劳动互助合作运动已有相当基础、信用合作社已有初步开展的地区，对自由借贷就不再一般地提倡。应该以政府号召的形式规定利息的最高标准，即货币借贷最高月息3分，实物借贷春借1斗，秋还1斗3分—1斗5分。①

根据中央的指示精神，各级党委和地方政府，针对本地区的情况，分别发出指示，制定条例，对解放后农村新发生的借贷关系进行保护，大力提倡恢复与发展农村私人借贷关系。中南局、华东局、西北局、西南局所颁布的关于农村债务处理的有关条例，都包括今后借贷自由、利率由双方自由议定的内容。此外，各大区军政委员会还分别于1950年、1951年春耕生产之际，适时发布"春耕生产十大政策"的布告，提倡农村借贷自由。各地政府提出了具体的解决措施，概括起来，主要有以下三个方面：

其一，确保土地改革前遗留下来的债权继续有效，并给予适当的处理是活跃农村私人借贷的关键。如上文所述，旧债占农村现存债务的比重很大，如表2-9所示，在湖北省旧债占农村现存债务放债总额84.05%。放债者主要是雇贫农、中农及其他劳动人民，因此，处理旧债必须慎重，不能草率从事。既要承认其私有权，又要指出旧债中有高利盘剥的性质，因有的旧债利息数倍或数十倍于本。为照顾债权人的利益及欠债者的偿付能力，各地提出的处理意见主要有以下六个方面：

（1）解放前农民彼此及其他劳动人民之间的借贷关系，应承认债

---

① 中国人民银行总行：《关于召开第七次区行行长会议的情况向中央的报告》（1952年10月），《中国农村金融历史资料（1949—1985）》，第187页。

权继续有效，但利两倍于本者，停利还本；付利一倍以上不足两倍者，其本转为新的债务关系，利息面议；付利不足一倍，得于停付时起，按新议利息付利。

（2）解放前农民及其他劳动人民所欠富农及债利生活者的债，依1950年10月政务院通过的《新区农村债务纠纷处理办法》第二条规定处理之。

（3）农村债务凡是经过区乡人民政府调解和自行面议处理过的，一律不再处理。

（4）对农民间解放前之旧债，已废除者，不再处理；未废除者，如农民有要求，或已发生纠纷者，应在承认债权和"有借有还"的前提下，根据情况，或还或缓，分别处理；未提出者，不应去找，亦不作扩大宣传，更不得发动清理旧债，应防止"清债"运动偏向的发生。

（5）解放初期，由农会以"清仓""捐富户"等方式进行的集体借贷，不应做债务问题处理；提出要求者，由政府做一解释检讨，今后不再发生。

（6）解放后发生的债务，一律有效。

除上述一般性的处理原则之外，还针对农村一些疑难债权债务关系纠纷，提出了具体的解决办法：①对于年代较久远的债务关系的处理，提出只要债权人不是地主，且有可靠的证据能证明此项债权关系的成立，仍有债权的效力，依法可请求偿还，关于欠息部分，以不超过原本为合理；②解放前的债务若系伪法币或银圆，可以按借贷时之食米折价或以折实单位折成人民币归还；③继承人一般应继承被继承人之债务，新区农村除解放前农民及其他劳动人民所欠地主的债务一律废除外，其他债务继续有效，无时效限制。

如山西省人民政府1952年发布的《农村借贷及调整借贷关系的暂行办法》规定如下："甲、借贷利息规定：（一）自由借贷月息不得超过三分。（二）信用合作借贷月息最高不得超过二分五厘。乙、对过去借贷关系调整原则：（一）双方自愿形成之借贷关系，过去较本规定稍高者（如三分至四分），除过去仍按原约执行外，今后自本年五月一日起，按本规定调整，另订新约。（二）因特殊困难急于用款，被迫借贷之款额，虽为双方自愿形成之借贷关系，但利息高出四分以上已付息者不再变更。尚未付息者，应按原息酌情协商清理结算，今后应另订新约，按本规定执行。（三）因借贷利息过高发生纠纷时，可由政府调解处理，但过去已经政府调解者，不再变动。（四）五月一日以前之借贷关系，本利已归还者，不再变动。"①

其二，今后的借贷严格执行"保证借贷自由，利息多少，由双方面议，各级政府和农会不得加以干涉"的措施。为了解除农民的顾虑，各地根据当地的情况，提出了适当的利息标准，即"月息三分到五分"，各地提出这样的利息标准，主要基于以下三点：

（1）适当规定新债利息使放债人有利可图，但必须禁止高利贷的流行，以免农民受到高利盘剥，重陷贫困破产。

（2）制定私人借贷利率标准。为了解除农民的顾虑，制定合理的利息标准，即春借秋还，月息3—5分。其依据是：

第一，农副产品一般保持着5%—20%的地区差价和12%—50%的季节差价，如1952年湖北蒲圻县新店镇收购新谷牌价每市斤0.045元，与之相隔仅1千米的湖南临乡县摊头镇新谷牌价0.048元，地区差价6.67%，湖北黄梅县小池口镇新谷牌价0.050元，与之一江相隔的江西九江牌价为0.0575元，黄梅土桥铺新谷牌价为0.0415元，与之相隔10千米的安徽省宿松牌价为0.048元，地差均在15%以上。1953年，湖北省粮食价格指数1—3月上升2.2%—5.9%（以1952年12月为基期），4月上升达13.2%。② 另据湖北襄阳专区调查，1952年，小麦下地时卖16.2元/石，到种麦时卖21.6元/石，计算利息是33.3分，香油10月0.40元/斤，3月0.60元/斤，计算利息50分。③ 湖北孝感

---

① 山西省人民政府：《农村借贷及调整借贷关系的暂行办法》，《山西日报》1952年6月4日第2版。

② 湖北省商业厅政策研究室编：《1949—1957年湖北省商业厅历史资料》（1959年12月），第61—62页。

③ 湖北省农委：《襄阳专区四个乡借贷租佃典当买卖关系的调查》（1953年3月10日），湖北省档案馆，SZ18—1—41。

专区的新谷与陈谷在春秋两季的差价为25%。① 农村虽有大批闲放的谷物，但它是零星地分散在小生产者手上，他们有完全的囤积贷放的自由。如果利息的比重不高于差价的百分比，闲放的谷物就会作为商品囤积，直接阻碍借贷关系的发展。

第二，利息的高低一般决定于生息资本的供求关系。鉴于农村私人借贷仍处于停滞的局面，要借的人埋怨"借贷无门"，利息不能过低。农民反映："太高了不像话，还同过去一样，太低了人家拿粮食给你为啥子，想同政府借贷款二分的利息到好，就是借不到。"借债户内心埋怨："借贷好救急，就是不容易。"② 因之，利息不能过低。

第三，旧中国有一个习惯传下来的一般利息率，即所谓"谷加5，钱加3"，沿江经济发达地区，则为"谷加3，钱加5"。③ 在国民政府时期，由于恶性通货膨胀，利息率涨了很多，解放后随着物价的稳定，从各地调查情况来看，利率又恢复到该水平。如江苏省，"借贷利息，在抗战前一般是2分、3分，最高是5分左右，抗战后一般是5分，最高是1倍多，'土改'后各地利息大致和'土改'前相同。"④

（3）提倡货币、月利借贷。春借秋还是农民的习惯，仍可实行，但提倡货币和月利借贷，因货币与短期借贷，资金周转较快，又能解决农民临时困难，不致演变成背债现象。

其三，除上述措施外，各地还提出了以下意见：

（1）打通乡村干部和贫雇农的思想，反复耐心地予以说服教育，使其认识到强迫借贷侵犯私有财产权，对借贷本身及与生产的危害性，由其自觉自愿地主动予以纠正。属于集体借贷者，可改为私人借

---

① 湖北省农委：《湖北孝感专区五个乡农村经济调查》（1953年），湖北省档案馆，SZ18—1—41。
② 宜城县委调研组：《宜城县龙兴乡农村经济调查几个材料的整理》（1953年），湖北省档案馆，SZ18—1—5。
③ 湖北省农委：《农村借贷情况与活跃农村借贷问题（草案）》（1953年），湖北省档案馆，SZ18—1—40。
④ 江苏省农村工作部：《江苏农村经济概况》（1953年3月18日），江苏省档案馆，3062—永—3。

贷关系，重新面议立约，讲明期限和利息（利息过高者，可经双方协议适当降低），借贷双方无意见者，即不应再予追究。

（2）巩固新的生产关系，颁发土地证，大力宣传以后不再改革，稳定各阶层的情绪，消除不敢大力发展生产的思想顾虑。

（3）组织信用合作社，以此掌握农民手中的部分余资，一方面可以解决农民自己各方面的困难和需要，另一方面也可限制高利贷的暗中活动。

（4）大力组织农业生产互助合作组织。

（5）提倡精简节约、爱国发家、勤劳致富，反对铺张浪费，使农村资金走上正道。

各级政府虽对农村中新出现的高息借贷也很关注，提出了借贷利率标准，但政策的重点还是解决民间借贷停滞问题，对提出的利率标准并没有强制推行，仍然提倡借贷自由、利息面议，以满足群众的生产生活需求。

（二）活跃农村私人借贷政策的成效

以上政策既考虑了活跃农村私人借贷，又考虑了部分欠债多的农户的偿债能力，既让放债者有利可图，又不至于使借债者演变成长期背债现象，同时还力图打消群众的思想顾虑，提倡农户间的资金和劳动互助。这些政策的实施，一度促进了农村民间借贷关系的发展。如溧阳县竹箦区王渚乡富农李真尧以前顾虑最大，向外借粮一方面怕借出不还，另一方面怕得罪人，说是高利贷剥削，划为地主成分，通过座谈打通思想后，当即借出大米300斤，并且推动5户富农向外借米，贫农谢三子说："借了人家不还没良心，天下没有白吃人东西的道理，何况政府又不允许。"① 另如福建省通过执行"发挥群众的经济潜力，开展自由借贷、互助互济，解决困难"的方针，各地结合农贷，把自由借贷当作一项运动，逐渐发展起来。据莆田等37个县、825个乡的不完全统计，共贷出人民币51万元，占全省农贷额的

---

① 中共溧阳县委员会：《竹箦区王渚乡打通借贷关系的情况介绍》（1951年4月25日），江苏省档案馆，3006—永—267。

20%左右,其中,晋江专区9个县共贷出19.6万余元,超过该区春季农贷总额。① 下面我们具体来看各地的农村私人借贷关系发展状况。

首先,我们来观察1953年农村私人借贷发展情况。据调查,湖北、湖南、江西、广东4省19个乡1953年发生的私人借贷关系情况如表2-15所示。

表2-15　　1953年湖北、湖南、江西、广东4省19个乡私人借贷关系

单位:折合稻谷市斤

|  | 放债 | | | | 借债 | | | |
|---|---|---|---|---|---|---|---|---|
|  | 户数 | 占本阶层总户数比重(%) | 各阶层占合计比重(%) | 数量 | 各阶层占合计比重(%) | 户数 | 占本阶层总户数比重(%) | 各阶层占合计比重(%) | 数量 | 各阶层占合计比重(%) |
| 地主及其他剥削阶层 | 46 | 6.54 | 5.38 | 43184 | 11.45 | 82 | 11.66 | 3.67 | 25283 | 2.38 |
| 富农 | 36 | 13.53 | 4.21 | 25085 | 6.65 | 35 | 13.16 | 1.57 | 19160 | 1.80 |
| 富裕中农 | 237 | 21.07 | 27.72 | 131059 | 34.76 | 123 | 10.93 | 5.50 | 61897 | 5.82 |
| 中农 | 360 | 9.15 | 42.11 | 115091 | 30.53 | 805 | 20.47 | 36.00 | 365758 | 34.51 |
| 中农小计 | 597 | 11.80 | 69.82 | 246150 | 65.29 | 928 | 18.35 | 41.50 | 427655 | 40.23 |
| 贫农 | 141 | 4.08 | 16.49 | 41619 | 11.04 | 1154 | 33.43 | 51.61 | 569049 | 53.53 |
| 其他劳动人民 | 35 | 8.29 | 4.09 | 20952 | 5.56 | 37 | 8.77 | 1.65 | 21948 | 2.06 |
| 合计 | 855 | 8.64 | 100 | 376990 | 100 | 2236 | 22.58 | 100 | 1063095 | 100 |

资料来源:根据《中南区1953年农村经济调查统计资料》(1954年7月)(湖北省档案馆)SZ—J—517整理。

综合表2-2、表2-11和表2-15反映的情况可以看出,1953年,湖北、湖南、江西、广东4省的私人借贷关系有了一定程度的发展。首先,从借贷率来看,1953年的私人借贷率为31.22%,分别比

---

① 人民银行福建省分行通讯小组:《开展自由借贷的经验》,《中国金融》1951年第12期。

解放前遗留下来的及 1952 年的私人借贷关系的借贷率增加 16.7 个百分点、9.04 个百分点。其次，在借贷额方面，1953 年的私人借出总额折合稻谷 376990 市斤，分别比解放前遗留下来的及 1952 年的私人出借总额 491479 市斤、224313 市斤增加 23.29%、68.06%；1953 年的私人负债总额折合稻谷 1063095 市斤，分别比前两个时期的负债总额增加 31.44%、49.39%。另据湖南省农村工作部对该省 8 个乡的调查，1952 年私人借贷率为 32.33%，1953 年借贷率上升到 36%，比 1952 年增加了 3.67 个百分点；借出总额 1953 年比 1952 年增加 24.52 个百分点，负债总额 1953 年比 1952 年增加 26.89 个百分点。

另据湖北省 5 个乡的调查，1953 年私人借贷率为 23.97%，比 1952 年的 18.89% 上升了 5.08 个百分点，其中借出率增加 3.61 个百分点，负债率上升了 1.47 个百分点；1953 年借出户借出额折合稻谷共计 80704 市斤，比 1952 年的 47315 市斤增加 70.57%；负债户负债额折合稻谷共计 148234 市斤，比 1952 年的 125637 市斤增加 17.99 个百分点。①

与 1952 年相比，1953 年上述 4 省各阶层的放债户数都有所增加，放债户占本阶层户数的比重只有贫农阶层有所减少，而且贫农阶层的出借户占借出总户数的比重也下降了。其原因是，1953 年农村的阶层结构发生了一定程度的变化，农户经济地位普遍上升，农村出现中农化趋势，贫农户数在农村阶层结构中所占比重逐渐减少，现存的贫农经济状况相对变得更差。据调查，"土改"结束时，湖北、湖南、江西 3 省 10 个乡贫农、中农所占总农户的比重分别为 57.23%、30.38%，广东省 12 个乡（调查农村经济变化情况时是 12 个乡的数据，而关于私人借贷关系的数据只有 9 乡）贫农、中农所占比重分别为 62.82%、18.73%；到了 1953 年，湖北、湖南、江西 3 省 10 个乡贫农、中农所占总农户的比重变为 33.37%、54.42%，广东省 12 个乡贫农、中农比重变为 38.87%、47.27%。1952 年湖北、湖南、江

---

① 中共湖北省委农村工作部：《湖北农村经济调查》（五个典型乡综合材料）（1954 年 6 月），湖北省档案馆，SZ18—1—285。

西3省10个乡贫农阶层人均收入折合稻谷为1077市斤，1953年下降为1048市斤，与中农阶层的人均收入差距由1952年的28.51%扩大到1953年的33.02%；广东省12个乡贫农与中农的人均收入差距由1952年的51.21%扩大到1953年的62.67%，贫农阶层盈余甚少或入不敷出。因此，从贫农阶层的整体来看，借债需求增加，出借能力下降，1953年贫农负债户占本阶层的比重比1952年上升了10.43个百分点，负债额占各阶层负债总额的比重上升了8.86个百分点。1953年私人借贷的供给方面，中农阶层仍扮演着主要角色，中农阶层放债户占放债总户数的69.82%，放债额占全部借出额的65.29%。

若我们把贫农、中农和其他劳动人民合并计算，这3个阶层借出户占总借出户的比重为90.4%，借出额占总借出额的81.89%；借入户占总借入户数的比重为94.76%，负债折合稻谷斤数占各阶层负债总额的95.82%，说明此时的私人借贷关系仍主要发生在劳动群众之间。

其次，我们再来观察负债农户户均借贷额情况。湖北、湖南、江西、广东4省19个乡1952年与1953年私人借贷关系中户均借贷数情况比较如表2–16所示。

表2–16　湖北、湖南、江西、广东4省19个乡1952—1953年
借贷农户户均借贷数比较　　单位：折合稻谷市斤

| | 1952年户均借贷数 | | | | 1953年户均借贷数 | | | |
| --- | --- | --- | --- | --- | --- | --- | --- | --- |
| | 户均借出数 | | 户均借入数 | | 户均借出数 | | 户均借入数 | |
| | 总平均 | 中农 | 总平均 | 贫农 | 总平均 | 中农 | 总平均 | 贫农 |
| 湖北、湖南、江西3省10个乡 | 496.33 | 519.70 | 417.79 | 360.84 | 466.78 | 431.07 | 609.56 | 747.19 |
| 湖北5个乡 | 369.65 | 354.65 | 386.58 | 321.41 | 370.37 | 356.21 | 405.01 | 378.18 |
| 广东9个乡 | 447.34 | 467.67 | 419.35 | 356.37 | 396.38 | 383.82 | 383.23 | 310.87 |

资料来源：根据《中南区1953年农村经济调查统计资料》（1954年7月，湖北省档案馆）SZ—J—517、中共湖北省委农村工作部编《湖北农村经济调查（五个典型乡综合材料）》（1954年6月，湖北省档案馆）SZ18—1—285整理。

如表 2-16 所示，与表 2-15 所反映的 1953 年借贷总数比 1952 年增加的情况相反，1953 年上述 4 省私人借贷关系中出借户的户均放贷数除湖北省略有增加外，其他各省均有所减少。这反映了通过在农村执行一系列的自由借贷政策，农村借贷停滞的局面有一定程度的好转，私人借贷面确实有所增加，但是，农户在出借过程中，思想顾虑并没有完全消除，并不敢大胆出借。特别是在放债户中占最大比重的中农阶层，从调查所反映的情况来看，与 1952 年相比，1953 年的户均出借数或维持不变或有一定程度的下降，如湖北、湖南、江西 3 省 10 个乡中农的出借数下降 17.05 个百分点，广东下降 17.93 个百分点；另如湖北 5 个乡，中农阶层 1952 年、1953 年的户均借出数折合稻谷分别为 354.65 市斤、356.21 市斤，1953 年比 1952 年略有增加。

与 1952 年相比，1953 年湖北、湖南、江西 3 省 10 个乡私人借贷关系中户均借入数增加 45.90%，其中，贫农阶层的户均借入数增加 1.07 倍。与此相反，广东省 1953 年负债户户均借入数比 1952 年减少了 8.61 个百分点，其中，贫农阶层户均借入数下降 12.77 个百分点。

从各地调查资料所反映的情况来看，目前的放债户中，以新富裕中农及新中农为多。一部分老中农尤其是老富裕中农，个别受了算剥削账的影响，仍不大敢借出。他们怕捞不回本，怕得罪人（收债时），怕算剥削，而拿盈余扩大生活消费。如广东省临高县南茶乡头佑村中农刘不要在夏收开始时借 3 笔谷给人家吃，村干部向调查组汇报时，碰巧他坐在旁边，他连忙要求："会志，3 笔谷子算啥，不要登记吧。"说明他们对借贷取利还是疑虑重。① 广东省曲江县共和乡老富裕中农沈乙发有余谷 1400 斤不肯放出，自己则乘火车到韶关看戏，进茶楼酒馆，1953 年 9 月去了 2 次便花了六七百斤谷。有的认为，"人无远虑必有近忧""天有不测风云，人有旦夕祸福，多加积累，有备无患"，把粮食积存起来不借不卖。而困难的农民主要认为："现在借

---

① 中共临高县委办公室：《南茶乡生产调查报告》（1953 年），广东省档案馆，204—5—10。

贷无门，有借就好，有谷借一石完三箩也情愿。"①

最后，我们再来观察1953年湖北、湖南、江西、广东4省农村各阶层户均负债额占收入的比重。根据中南区农村工作部对该区19个乡和湖北省农村工作部对该省5个乡的调查，整理成表2-17。

表2-17　　　1953年湖北、湖南、江西、广东4省调查
农户户均负债额占户均总收入的比重　　　单位：%

|  | 贫农 | 中农 | 其他劳动人民 | 富农 | 地主及其他剥削阶层 | 合计 |
| --- | --- | --- | --- | --- | --- | --- |
| 湖北、湖南、江西3省10个乡 | 5.33 | 1.00 | 0.96 | 1.06 | 0.69 | 2.09 |
| 湖北5个乡 | 2.37 | 0.83 | 0.42 | 0.21 | 0.58 | 1.14 |
| 广东9个乡 | 3.01 | 1.43 | 1.21 | 0.95 | 0.88 | 1.76 |

注：广东省户均总收入是12个乡的数据，户均负债额是9个乡的数据。

资料来源：根据《中南区1953年农村经济调查统计资料》（1954年7月，湖北省档案馆）SZ—J—517和《湖北农村经济调查（五个典型乡综合材料）》（1954年6月，湖北省档案馆）SZ18—1—285整理。

综合表2-13和表2-17所反映的情况，1953年与1952年相比，总体来看，各省农村各阶层农户户均负债额占其总收入的比重略有增加，在农户收入增加的基础上，农户的负债额占总收入的比重也增加，这也反映了1953年中南区的农村私人借贷关系比1952年有所发展。但是，农户家庭的户均借贷水平相对收入水平仍然很低。如表2-13所示，1953年贫农阶层的债务负担要高于其他各阶层，中农阶层的债务负担略低于平均水平。

但从一些典型调查材料来看，贫困农户的债务负担要远远高于如表2-17所示的农户平均水平，例如，河南省安阳专区巩县盐土村贫农张连善除去欠银行、信用社贷款40万元（旧币）外，还欠新旧高利贷222万元（旧币），他说："我每年光上利息用去的粮食就占我全

---

① 华南分局农村工作部共和乡调查组：《广东省曲江县共和乡农村经济调查报告（初稿）》（1954年1月），广东省档案馆，204—5—11。

年收入的一半。"他当前生活已成问题,已开始向村干部提出卖地卖牲口的要求。① 广东省中山县外沙乡农民黄德长,全家3口人,本人带2个儿子,劳动力1个,耕田9.4亩,1953年农业收入4096斤,副业收入折谷1561斤,总收入5630斤,每人平均1876斤,家底本来很好。因1952年妻子生病死了,变卖了艇、单车和金戒指,还借入谷1325斤(尚未还),1953年因生活困难,又借入753斤谷(尚未还),两年借贷额合计占1953年全年收入的36.91%,1953年的夏征公粮尚未交清,晚造除交粮、留口粮外,仅余366斤,无法补足主要生产资料。② 另如广东省中山县榄边乡贫农林宝南(原为侨工)全家7口人,4个孩子,无其他收入,靠自耕5.69亩田过活,全年收入2929斤,人均才418斤,去年借了1720斤谷,已还900斤,尚有820斤未还,今年借入1815斤,已还960斤,尚欠855斤,这样,该户借债额占全年收入50%多,假如两年的债还清便没饭吃。③

综上所述,土地改革虽然废除了封建土地所有制,打碎了束缚农业生产力发展的枷锁,但是,从农业经济本身来看,土地改革既不是农业生产力本身质的变化,也不是因农业生产力发展而引起的变革,它是由革命运动而引起的农业生产关系的变革,它没有取消反而保护以农民家庭为单位的农业个体经济。在整个农业生产力没有根本性的改变的情况下,土地改革后所形成的农民个体经济在短时期内没有也不可能从根本上缓解农民的贫困,部分贫困农民家庭仅靠微薄的土地和部分副业收入很难维持基本的生产生活需求,不得不靠借贷度日。

历史多次证明,对市场和货币流通依赖日益加深的农村经济,在民间借贷关系断绝、政府又无力或不能满足农民借贷需求的情况下,农民的经济地位不但无法得以提升,反而有进一步恶化或加速破产的

---

① 中国人民银行安阳支行:《安阳专区巩县盐土村高利贷调查报告》(1954年11月10日),河南省档案馆,J137—14—1081。

② 华南分局农村工作部外沙乡调查组:《广东省中山县第二区外沙乡农村经济调查报告(初稿)》(1954年1月31日),广东省档案馆,204—5—12。

③ 华南分局农村工作部榄边乡调查组:《广东省中山县榄边乡(大车、西江里两村)农村经济调查报告》(1953年12月25日),广东省档案馆,204—5—12。

可能，整个社会的发展也将受到影响。总是处于现金货币短缺或枯竭状态的农村社会，迫切需要利用借贷手段来维系农村社会资金、劳力等各种生产要素的流通和优化配置，尤其需要较为宽松、顺畅但有规则的现代金融借贷来缓解农民对货币的需求，以维持和激活农村经济。但是，在国家财力有限、所提供的农贷不能满足农户借贷需求的情况下，应主要靠贯彻农村的借贷政策，解除农民的思想顾虑，在农民自愿两利的基础上，开展自由借贷，以活跃农村金融，解决农户生活困难，辅助生产。

# 第三章　过渡时期总路线提出后农村私人借贷关系发展状况

解放后，中国国民经济在短短的三年时间内就奇迹般地恢复了，根据当时国际和国内的形势，中共中央领导人选择了重工业优先发展的战略，在此战略的影响下，1953年下半年开始，国家对农村的诸多政策发生了重大变化。1953年12月，中共中央批准并转发了《为动员一切力量把中国建设成为一个伟大的社会主义国家而斗争——关于共产党在过渡时期总路线的学习和宣传提纲》（以下简称《总路线宣传提纲》），标志着总路线的最终形成，此后，农业合作化步伐骤然加快。人民政府对农村私人借贷的政策，也逐渐由提倡转变为抑制和取代，在此阶段，农村私人借贷的停滞局面更加严重。

## 第一节　影响农村私人借贷关系的重要因素分析

1953年下半年，随着粮食统购统销政策的实施，以及过渡时期总路线在农村的广泛贯彻，这些政策的变化必将对农村的经济社会生活产生深远的影响，农村私人借贷关系作为农户经济生活的重要组成部分，也将不可避免地受到这些政策变化的影响。

### 一　中国共产党的私人借贷政策的转变及农民的反应

过渡时期总路线的基本任务，就是完成社会主义改造，消灭一切私有制。对劳动者个体经济，要趁热打铁，实现农业集体化。《总路线宣传提纲》指出："非社会主义因素将不断受到限制、改造甚至消灭。"毛泽东在中共七届六中全会上指出：我们就要使"资本主义绝种，小生产也绝种"。① 党在过渡时期总路线在农村宣传贯彻之后，对农村原先所提倡的"四大自由"进行了批判，进而把农民放债、买卖青苗、买卖土地、土地租佃、雇工经营及经营商业等经济行为作为资本主义的自发势力。下面我们来考察过渡时期总路线在农村贯彻执行之后，农村主要阶层（此处的阶层是调查时根据农户当时的经济状况新划分的）的经济状况及思想动态。

（一）贫农

贫农的主要困难是生产资料不足，收入少，生产生活都存在相当困难。加之有些贫农户本身劳力不十分充足，或遭遇天灾人祸袭击，致使多数贫农户上升缓慢，少数出卖生产资料，临近破产。如据湖北、湖南、江西3省10个乡的调查，1953年贫农阶层人口占各阶层总人口的30.64%，田地占各阶层田亩总数的27.96%，耕畜占各阶层占有耕畜总头数的24.38%，主要农具占各阶层占有总农具件数的25.11%，可见，土地和生产资料占有比重都低于人口比重。广东10个乡调查，贫农占有生产资料与中农相比，耕牛每户0.16头等于中农每户占有耕牛头数的一半弱；主要农具每户平均1.23件，为中农每户平均的54%。其中有相当数量的贫农根本没有耕牛农具，如河南9个村150户贫农的调查，没有耕畜者53户，占贫农总户数的35.3%，没有四大农具（犁、耙、耖、水车）者56户，占贫农总户数的37.3%，仅有1件大农具者35户，占23.3%。收入方面，湖北、湖南、江西3省10个乡，1953年贫农人均收入折合稻谷1048斤，比一般中农少22%，比富裕中农少36%。广东10个乡，贫农人均收入折合稻谷1010斤，只及中农收入的62%弱。在生活开支方面，据江西5个乡的调查，贫农除主食与食盐与中农相差不多外；食肉，贫农每年人均只相当中农的52%；食油相当于中农的57%；用布相当于中农的50%。1953年，据湖北、湖南、江西3省10个乡5025户的调查，有33户贫农出卖了38.24亩土地。其中，多数

---

① 《毛泽东选集》第五卷，人民出版社1977年版，第198页。

是因劳力不足，生活困难，负债和遭受天灾人祸的袭击，不得已才出卖土地。①

据湖北、江西反映，现有困难户在农村的政治地位也不高，原贫农干部都已上升为中农，在乡村政权中，无人替他们反映意见和要求，对他们的照顾和扶持较差。在多数地区，他们遭群众的讽刺、排斥，互助合作也参加不上。如湖北省建始县七矿乡富裕中农龙世庆说："人各一份田，那么他们没饭吃，看到老子有两个就眼红。"贫农匡昌发由于劳力差，农具缺，生活困难，吃喝不好，被排斥在互助组之外。②据湖北、湖南、江西3省10个乡的调查，贫农参加互助合作组织的占本阶层总户数的40%，比中农阶层（45%）少，且多数又是条件比较好的贫农户。③

农民本来就存在浓厚的平均主义思想，刚刚经过一场分配土地财产的巨大变革，中央又在农村大力宣传要通过社会主义改造来消灭"两极分化"，使他们误认为社会主义又是一次均贫富，这样就助长了平均主义的蔓延。在一部分农民中形成了富裕可吃、贫穷光荣的思想，使一部分农民不积极发展生产，"经常幻想着再斗争再分配"④，寄希望于政府救济又救济，想早点进入他们吃"大锅饭"的"社会主义"。如有的农民看见别人买马就说："将来进入社会主义，你还不是一样没有马？"⑤ 有的农民认为："政府的政策不让饿死人，没啥吃政府总不能让饿死。"⑥ 当然，也有一部分贫农是"心有余而力不

---

① 中共中央中南局农村工作部：《中南区35个乡农村经济调查总结》（1954年7月），湖北省档案馆，SZ—J—514。

② 湖北省农村经济调研组：《建始县七矿乡经济调查情况综合报告》（1954年9月22日），湖北省档案馆，SZ18—1—133。

③ 中共中央中南局农村工作部：《中南区35个乡农村经济调查总结》（1954年7月），湖北省档案馆，SZ—J—514。

④ 中华人民共和国国家农业委员会办公厅编：《农业集体化重要文件汇编（1958—1981）》（下册），中央党校出版社1981年版，第255页。

⑤ 中华人民共和国国家农业委员会办公厅编：《农业集体化重要文件汇编（1949—1957）》（上册），中央党校出版社1981年版，第9页。

⑥ 中共中央中南局农村工作部：《中南区35个乡农村经济调查总结》（1954年7月），湖北省档案馆，SZ—J—514。

足",这部分人迫切要求搞好生产,争取早日赶上中农,但是,由于耕牛农具的缺乏、生活上的困难,经营副业又怕说成"搞自发势力",出雇无人喊,社会借贷停滞,在这种情况下很着急。

(二)中农

中农包括一般中农和富裕中农。据中南区5省31个乡(分省乡数与前述相同)调查,1953年,中农、富裕中农占总户数百分比分别为河南是27.65%,湖北、湖南、江西3省为24.41%,广东为8.78%。富裕中农绝大多数是由原贫农和中农上升的,以河南9个村的调查为例,富裕中农185户,新上升的167户,占90%,新上升户中,由原贫农上升的占37.72%,由原一般中农上升的占62.28%;湖北、湖南、江西3省10个乡,富裕中农207户,新上升的197户,占95%。新上升户中,由原贫农上升的占38%,由原一般中农上升的占62%。① 富裕中农无论在土地和其他生产资料占有上,都比较强,劳力足,收入中副业收入比其他阶层大,有不少富裕中农户进行不同形式的"剥削",如放债、雇工、经营投机商业。一般中农,大部分是贫农新上升户,生活刚能自给,剩余很少和完全没有。

由于土地改革斗争的震荡与农业社会主义思想的影响,使农民,特别是中农,误认为私有财产没有保证,社会主义就是"铲平"。因而心存顾虑,怕"割韭菜",怕"社会""等社会",不敢大胆发展生产,或生产不积极。这说明经过土地改革后,新的生产关系虽然已经建立起来,但还必须经过一定的稳定过程,才能很好地发展在土地改革基础上所发挥出来的农民生产积极性,使解放了的农村生产力得到充分发展。中共中央关于春耕生产给各级党委的指示中也指出:在土地改革刚结束的地区,必须在农民群众中进行保护农民所有制的宣传,解除农民"怕归公"的思想顾虑,安定农民的生产情绪。经过一系列的措施,农民生产上的顾虑得到一定的解除,平均主义思想也很快得到克服,一时颇为紧张的农村空气很快就安定了下来,对于发展

---

① 中共中央中南局农村工作部:《中南区35个乡农村经济调查总结》(1954年7月),湖北省档案馆,SZ—J—514。

生产起了积极的作用。①

经过总路线宣传后，中农阶层一般要求参加互助合作组织，发展农业生产，增加收入（多系新中农）；但一部分中农又产生了新的顾虑，对社会主义不摸底，误认为是平均，对新道路勉强，有等齐上升思想（多系老中农）；另一部分富裕中农，尤其是严重的"自发户"表现顾虑大，他们认为，不许囤粮，不许放高利贷，不许买青苗就是不许发展，他们的论调是"要发财就得有点剥削"，湖北省孝感县鲁岗乡张青松说："好容易奔到有碗饭吃（中农），现在算是完啦！"因而，就表现出生产消极和生活浪费现象，鲁岗乡有一个平常衣着很朴素的富裕中农把卖余粮的钱买了一件皮领大衣，在乡政府门前晃来晃去，乡长看见了说："老兄，你怎么打扮成这个样子？"② 对政府的各种措施抵触，如湖北省建始县七矿乡富裕中农向泽云说："社会主义好没么事好，自己不劳动还不是没饭吃。"富裕中农樊永辉余资不投入生产，1953年杀了三头大肥猪（700斤），全部自食，喝酒360斤。在湖南，随着过渡时期总路线在农村的宣传和粮食统购统销政策的实行，部分富裕中农在思想上顾虑很大，表现为"三怕"，怕"露富"，怕说"自发势力"戴剥削帽子，怕统购。因而装苦叫穷，闹"假分家"，余资余粮不敢公开外借，见了干部就打探政策，个别的生活大吃大喝。③ 江西省横峰县姚家乡富裕中农反映："放债不许可，有钱没地方花，只有穿好些、吃好些，看看采茶戏。"九江石门乡富裕中农胡佑荣说："明年田里不下肥，免得人家说我多打谷子。"④ 富裕中农参加互助合作组织的比重，比中农、贫农都大，这很大一部分原因是

---

① 刘建勋：《中南区1953年农村工作的检讨及1954年农业生产计划和具体任务》（1954年3月20日），中共中央中南局农村工作部编：《中南区农村工作资料汇编》，1954年10月，第20页。

② 中共湖北省委农村工作部：《湖北农村经济调查（五个典型乡综合材料）》（1954年6月），湖北省档案馆，SZ18—1—285。

③ 湖南省委农村工作部：《衡阳县永寿乡农村经济情况调查》（1955年5月），湖南省档案馆，146—1—37。

④ 中共中央中南局农村工作部：《中南区35个乡农村经济调查总结》（1954年7月），湖北省档案馆，SZ—J—514。

他们原都是中、贫农，且多数是参加互助合作组织才上升得这样快，也有些是怕贫农沾光，门当户对的先下手组织了起来。

（三）富农

富农分为旧富农和富农剥削者（剥削收入占其总收入25%以上）。旧富农生产资料占有比中农甚至富裕中农多，但一个普遍现象却是其收入比富裕中农甚至中农还少。据湖北、湖南、江西3省10个乡调查，土地，富农人均2.56亩，富裕中农2.34亩，一般中农2.27亩；耕畜，富农户均0.69头，富裕中农0.76头，一般中农0.58头；农具，富农户均3.02件，富裕中农3.02件，一般中农2.45件；收入，富农人均收入折谷1406斤，富裕中农1647斤，一般中农1301斤。据广东12个乡的调查，1953年富农占有的各项生产资料与富裕中农的比较是：土地，富农人均占有2.48亩，富裕中农2.31亩；耕畜，富农户均0.57头，富裕中农0.76头；主要农具，富农户均占有6.27件，富裕中农6.15件；总收入，富农人均收入折合稻谷1281斤，富裕中农2098斤，一般中农1511斤。这是因为"土改"后，经过贯彻各项政策，富农怕没收、怕斗争的顾虑虽然有一定程度的解决，情绪比以前有所稳定，但仍然不敢大力发展生产。①

旧富农多数已无剥削。无剥削户占原户数的比重为：湖北41%，湖南68%，江西66%，广东65%。一部分"土改"中削弱较多和曾因划为地主，土地和生产资料被没收、改划成分后未全部归还的户，生产生活已下降为贫农。过渡时期总路线宣传后，给了富农很大的震动，对社会主义不摸底，偷偷看风色，对党领导农业生产走向合作化，实行个体小农经济改造与限制富农经济，以及大力帮助贫农迅速富裕起来，达到共同上升，富农是不满的。他们说："搞社会主义是见鬼的事，做那一行就说那一行好。"对统购工作抵触很大，认为这回该搞到富农头上来了，因之表现在生产上消极怠工，表现在政治上积极破坏。例如，湖北浠水县白石乡老富农叶德友的儿子叶永贵因搞皮绊

---

① 中共中央中南局农村工作部：《中南区35个乡农村经济调查总结》（1954年7月），湖北省档案馆，SZ—J—514。

自己吊死了，而对群众说是因为卖余粮没有吃的而死的，借此抵制统购统销政策，仇恨人民政府，骂干部。① 湖北省建始县七矿乡老富农王人荣夜晚把自己的粮食偷偷往外运，最后被人撞见才被迫卖了1000斤。②

新富农剥削者是由中农（主要是富裕中农）和少数贫农上升而起来的。1953年，就中南区全区而论，户口占农村总户数的1%左右，广东比较少，占0.74%。③ 他们的生产资料占有一般相当于富裕中农。他们的主要特点是个人发财思想浓厚，对政府的政策，有利于个人发展的就拥护，否则就反对或消极抵抗。如根据湖北反映，1952年春贯彻十项政策时，最受他们欢迎，还趁机打击干部，说干部过去执行政策有错误，实行粮食统购统销和总路线宣传之后，有些户经过教育和回忆对比，打了退堂鼓，一些户则消极对抗，也有个别户，仍在进行剥削。

综合上述，农村宣传贯彻过渡时期总路线之后，对农民的"自发势力"形成了强大的政治和舆论压力，"自发势力"的一些做法在群众舆论中已成为不好的名词。如湖北松滋县民主乡50多岁的陈婆婆也经常告诉她儿子说："咱们不搞自发势力。"④ 农民对自由借贷与高利贷的界限更加模糊，认为放债取利即是剥削，即是高利贷，要受到打击。具体来看，借贷双方的思想动态是：

首先，从贷方来看，主要存在两种思想状况：一是一些群众在思想上感到高利放贷是非法的，一般不愿与高利放贷者打交道。如河南省安阳专区巩县盐土村农民方景尧每看到富农成分的高利放贷者来村要账，就对他和群众说："过去你剥削别人，现在还剥削别人，大家

---

① 湖北省农村经济调查工作组：《浠水县白石乡农村经济调查报告》（1954年9月20日），湖北省档案馆，SZ18—1—133。
② 湖北省农村经济调研组：《建始县七矿乡经济调查情况综合报告》（1954年9月22日），湖北省档案馆，SZ18—1—133。
③ 中共中央中南局农村工作部：《中南区35个乡农村经济调查总结》（1954年7月），湖北省档案馆，SZ—J—514。
④ 省委农村经济调查组：《关于松滋县民主乡农村经济调查报告》（1954年9月14日），湖北省档案馆，SZ18—1—133。

不要还他!"该村贫农张连兴说:"我打的粮食先上公粮和归还银行、信用社的贷款,余下再说还高利贷。"① 二是一些群众在思想上虽知道借债利高而吃亏,而对放高利者不满,但由于国家农贷和信用社的贷款不能全部解决困难需要,因而对放高利贷仅在思想上不满,而在态度上仍说好,所借均是积极归还,为的是今后"再借不难"。其中有一部分群众是从"讲人情,凭良心"去考虑对待,如有群众说:"人家借咱解决困难,利再高,不能不还?"②

其次,从借方的思想动态来看,放债者有两怕,一怕别人说自己是"资本主义",二怕大会批评丢人,因此,放债方式由公开、半公开转入隐蔽和收缩状态,如河南省安阳专区巩县某村富农刘福勇1952年放给该县盐土村贫农方希胜等3户小麦1石8斗,原规定1石年利6斗,1954年刘要账时,方希胜说:"你的利息太高,不合乎政策,将来你吃亏可不要后悔。"刘福勇即自动把利息降为年利3斗。窑场村中农孙德明1953年7月放给该村贫农张保顺等3户60元,原规定年利40分,他现在怕说是高利贷,为了急于收回,对贷户说:"只要你们现在还本,我情愿不要利息。"③ 总之,尽管农民在主观上对高利借贷存在不满情绪,但在国家农贷、信用社不发达,不能完全满足农民多样化的借贷需求的情况下,客观上仍要求助于私人借贷。在过渡时期总路线在农村广泛宣传后,所形成的强大政治压力之下,农村私人借贷关系的发展必然会导致以下两种情形:一方面借贷率下降,借贷面进一步缩小,借贷关系发生更加隐蔽;另一方面借贷额减少,借贷利率下降。

## 二 农业合作化发展对农村私人借贷关系的影响

(一) 1952—1954年上半年农业合作经济组织的发展情况

从1949年10月到1953年10月全国第三次互助合作会议召开,

---

① 中国人民银行安阳支行:《安阳专区巩县盐土村高利贷调查报告》(1954年11月10日),河南省档案馆,J137—14—1081。

② 中国人民银行河南省分行:《三个行政村的高利贷活动情况调查简结》(1954年10月),河南省档案馆,J137—14—1078。

③ 中国人民银行安阳支行:《安阳专区巩县盐土村高利贷调查报告》(1954年11月10日),河南省档案馆,J137—14—1081。

是农业合作社的试办阶段。1950年，全国仅有19个农业社，1951年年中，合作社发展到130个，参加农户达1618户，到年底合作社发展到300余个。1951年秋，在召开的全国第一次互助合作会议上形成的《中国共产党中央委员会关于农业生产互助合作会议的决议（草案）》正式提出，农业生产合作社是农业生产互助运动的高级组织，比互助组更优越，是我国农业走向社会主义的过渡形式。到1952年上半年，合作社发展到3634个，入社农户57188户。1953年3月，中央决定合作社仍停留在重点试办阶段，老区一般是县级试办，新区则以省、专区两级试办。据1953年11月的统计，合作社发展到14000个，入社农民达27.3万户，占参加互助合作农户总数的0.57%，约占全国农户总数的0.024%。1953年10月，中共中央农村工作部召开第三次互助合作会议，会议期间，毛泽东两次召集农村工作部负责人谈话，毛泽东根据"一五"计划头一年即出现粮食供应紧张局面和合作社取得的增产成绩，提出小农经济与社会主义工业化不相适应，要求各级党的"一把手"亲自抓社会主义农业改造大事，县、区干部的工作重心要逐渐转移到农业生产互助合作这方面来。全国第三次互助合作会议和中共中央关于农业生产合作社的决议传达贯彻，与粮食统购统销政策，党在过渡时期总路线的宣传教育，在1954年年初同时展开。因而，在中国很快掀起了一个大办农业合作社的热潮，到1954年年底，全国农业合作社发展到48万余个。在农业互助组织内部，农民通过人力、畜力、农具的联合，有利于克服个体农户劳力、畜力、农具不足的困难。

在建社初期，合作社得到了党政有关部门的大力扶持和帮助，如1952年2月，中南局就反映，在1952年试办社时，一般合作社的贷款就很多，最多的达3500元，以致"因政府扶持过多，群众眼红，有为争扶持而组社的。"[①] 这些农贷用于合作社来购买牲畜、大车、改良农具及肥料等，避免了农贷过于分散零星及转为消费。在农业集体

---

[①] 中华人民共和国国家农业委员会办公厅编：《农业集体化重要文件汇编（1949—1957）》（上册），第146—147页。

化运动的初期，这些合作社由于得到了政府的大力扶持，再加上合作社规模较小，便于经营管理，因此，在建社初期，有效地增加了生产投入和技术改良，对于提高当时的农业生产力及增加社员收入较为明显，显示出比单干户和互助组的优越性。据调查，1954年参加秋收分配的10万个合作社中，有90%以上的社有不同程度的增产。[①] 另根据国家统计局的抽样调查，1954年全国农户平均总收入为692.9元，其中，社员户为704.6元，贫雇农为488.7元，中农为774.4元，富农为1297.0元，过去的地主为497.20元，社员户的收入大大超过贫雇农，略低于中农。[②]

（二）农业生产合作经济组织的发展对农村私人借贷的影响

初级农业生产合作社，是从农民个体经济过渡到集体农庄式的高级农业生产合作社的组织形式。它的特点是：以土地和其他生产资料入股，合作社统一使用，把农民的分散经营变为合作社统一的经营。初级农业生产合作社虽然没有完全取消生产资料私有制，但是，土地和其他生产资料入社以后，实行了统一经营；入社的土地已经不能出租和买卖；土地以外的生产资料，只有在合作社不用的时候，社员自己才可以用或租给别人用。有的社，牲畜和大农具已经折价归公，也有的社用公共积累购置了公有的牲畜和农具。因此，初级农业生产合作社的生产资料所有制，已不是完全的私有制了，已经变成了一种半私有制和部分公有制。特别值得注意的是，农民在生产资料入股之后，劳动力实际上已归合作社统一指挥，参加合作社的统一生产经营，自行支配劳动力的权利已经非常有限了。

初级农业生产合作社改变了家庭经营的方式，它把原先贫富不均的各阶层的农户组合在一起，获得了对生产资料、农民劳动力的使用和支配权，实行统一经营，集体劳动，统一分配。随着农业生产合作社的发展，社内逐步积累了占当年净收入5%—10%的公积金及占净

---

① 武力：《农业合作化过程中合作社经济效益剖析》，《中国经济史研究》1992年第4期。

② 中华人民共和国统计局：《1954年全国农家收支调查资料》（1956年5月），广东省档案馆，MA07—61—222。

收入1%—3%的公益金。公积金即公共积累用于发展农业生产。公益金用于社内的公益福利事业，如补助救济或无利贷给因遭天灾、婚丧、疾病等致使生活困难的社员。在合作社中，社员可根据自己的实际需要，预支部分现金或实物。如湖北浠水县饶兴礼农业生产合作社1954年全年总收入为19176元，而平时社员已经借支15000余元。①又如河南省郏县薛店乡宋狗嗓农业生产合作社为了解决社员的日常油、盐、烧煤的开支，而采取的办法之一就是让社员随时向社内借。②

正是由于农业生产合作社具有上述特征，从某种意义上讲，农业生产合作社是一个具有一定的社会保障功能的农业经济组织。在组织内部，虽然不能从根本上消除农民的贫困，达到共同富裕，但通过共同生产，统一分配，在一定程度上解决了过去单个农户难以克服的生产生活困难，进而削弱了合作经济组织内部成员之间的借贷需求，尤其是生产性的借贷需求。但是，在农业集体化运动初期，由于互助组和初级社大都采取"兵对兵""将对将""一工顶一工"的结合方式，即使只有强对强、弱对弱的插犋换工，而缺乏强弱的适当调剂，没有车马或人马软弱的农民被排斥在互助合作之外，对解决农村劳动力少、劳力弱，甚至基本没有劳动能力的鳏寡孤独和不善经营者的生活困难，保障他们生活安全方面却有些力所不及和力不从心。因此，在农业集体化发展初期，农村仍然存在大量的借贷需求。

从农业集体化的发展对农村民间借贷的供给层面的影响来讲，主要有两个方面：一方面，在一些地方发展农业生产合作社时，片面地宣传社会主义的前途，而对具体过程宣传得很少，造成部分农民误认为合作社即是"共产""大锅饭"，怕财产"归大堆""一拉平"，宁愿大吃大喝，而不敢出借。同时，农业集体化过程中的强迫命令，不尊重私人财产权，许多社对牲畜都采取折价入社的办法，实际则长期不付价，等于变相归公，群众说是"软共产"，又使一部分富裕农民

---

① 中国社会科学院、中央档案馆编：《1953—1957年中华人民共和国经济档案资料选编》（金融卷），中国物价出版社2000年版，第427页。
② 赵定远：《郏县薛店乡宋狗嗓农业生产合作社初步考察报告》，《河南日报》1952年10月15日第3版。

产生消极抵触情绪，有意识地停滞农村私人借贷。如湖北省孝感县鲁岗乡农民赵宗云说："我用钞票揩屁股也不把钱借人，看哪个把我怎样？"该乡贫困户聂云桥向聂洪云借钱买粮，不借，反而说："有几颗粮食都逼走了，现在叫我怎么办？"① 另一方面，从理论上讲，农户之间收入差距是民间借贷普遍发生的一个重要原因，在农业合作社内部，农民的收入差距进一步缩小，趋于平均，借贷供给减少，借贷发生的可能性趋于减弱。

### 三 农村经济发展水平对农村私人借贷关系的影响

（一）1954年农户生产规模的变化状况

根据国家统计局对全国18个省的121175户调查，若我们以土地改革结束时调查农户户均生产资料占有量为100，则到1954年年末的变化情况如表3-1所示。

表3-1　　土地改革结束时到1954年年末调查农户户均生产资料变化情况

|  | 房屋（间） | 耕地（亩） | 耕畜（头） | 犁（部） | 水车（辆） |
|---|---|---|---|---|---|
| 贫雇农 | 113.8 | 110.3 | 169.4 | 124.0 | 114.4 |
| 中农 | 108.0 | 102.8 | 132.1 | 107.4 | 107.0 |
| 富农 | 104.2 | 102.0 | 145.4 | 107.7 | 106.6 |
| 过去的地主 | 105.4 | 108.1 | 263.6 | 158.1 | 176.8 |
| 其他 | 104.9 | 106.7 | 135.3 | 120.7 | 94.2 |
| 总计 | 110.3 | 106.5 | 149.9 | 115.3 | 110.6 |

资料来源：根据中华人民共和国统计局编《1954年全国农家收支调查报告》（中国统计出版社1957年版）第45、48页整理。

从表3-1反映的情况来看，与土地改革结束时相比，1954年，农户户均占有的生产资料确实有一定程度的提高，生产规模有所扩大。但是，生产资料的增长是建立在土地改革结束时生产资料普遍缺乏的基础之上的，从绝对数据来看，到1954年年末，调查农户户均

---

① 中共湖北省委农村工作部：《湖北农村经济调查（五个典型乡综合材料）》（1954年6月），湖北省档案馆，SZ18—1—285。

占有的耕牛不足 1 头，犁不足 1 部，水车不足 1 辆。生产资料不仅普遍缺乏，而且原始生产工具的落后必然导致农业生产力的落后，农作物产量低下。

（二）土地改革后到 1954 年农户收支情况

土地改革后经过两三年的发展，与土地改革结束时相比，农户的生产资料占有水平有了一定程度的增加，生产规模有所扩大，收入水平也随之有所增长。据推算，1949—1954 年，全国农民人均收入分别为 55.19 元、63.75 元、68.43 元、76.76 元、76.49 元、78.85 元。① 但是，由于农业技术水平落后，同时，由于农业基础设施极其薄弱，抵御灾害能力差，农业生产受自然力的影响非常大。土地改革后，农村经济几乎变成清一色的小农家庭经营，以传统农业为主体，农业是农民收入的主要来源，是整个农村经济与家庭生活的基础。土地改革的完成，加之农业的丰收使农民收入水平有了一定的提高。根据国家统计局对全国 23 个省的 15432 户调查资料，整理成表 3-2。

表 3-2　　　　　1954 年全国 23 个省的 15432 户收支情况　　　　单位：元

|  | 社员户 | 贫雇农 | 中农 | 富农 | 过去的地主 | 平均 |
|---|---|---|---|---|---|---|
| 总收入 | 704.6 | 488.7 | 774.4 | 1297.0 | 497.2 | 692.9 |
| 其中农副业收入 | 632 | 422 | 684.8 | 1148.2 | 430.5 | 600.1 |
| 总支出 | 702.3 | 473.6 | 743.2 | 1272.2 | 497.1 | 667.7 |
| 盈亏 | 2.3 | 15.1 | 31.2 | 14.8 | 0.1 | 25.2 |

注：社员户农副业收入中有 299.4 元来自合作社的收入。

资料来源：根据中华人民共和国统计局编《1954 年全国农家收支调查报告》（中国统计出版社 1957 年版）第 49、51 页整理。

从表 3-2 来看，虽然各阶层收支有余，其中，中农阶层盈余最多，但各阶层农户仅靠农副业收入还不足以满足支出需求，因此还不得不求助于出雇、借贷等其他收入来弥补收入不足部分。

在经过三年恢复时期低水平基础上的快速增长之后，农业增长乏

---

① 中国社会科学院、中央档案馆编：《1953—1957 年中华人民共和国经济档案资料选编》，中国物价出版社 1998 年版，第 1146 页。

力的趋势逐渐显现。在热河省，根据7个村的调查资料，农民人均收入出现"上升—下降"趋势。在1949—1954年的四年间，农户人均总收入折合粮食分别为645.6市斤、1116.3市斤、1058.7市斤、951.1市斤，农户人均农业收入折合粮食分别为584.9市斤、874.6市斤、800.8市斤、792.5市斤。① 从调查情况来看，1954年调查村由于遭受了水灾、冰雹等多种自然灾害的袭击，农业生产有所减产，而导致农户收入水平下降。这也反映了当时农业生产的脆弱性和农户收入的不稳定性。1954年长江全流域发生了特大水灾，因此，中南区沿江的湖北、湖南、江西等省的农民人均收入水平与解放后前两年相比，增长缓慢或出现负增长。在河南，据对14个乡7629户农户的调查，1954年人均农副业总收入折合小麦为713市斤，比1952年的667市斤仅增加6.90%。② 在湖北，据对12个乡3754户农户的经济调查，1954年人均农副业收入折合稻谷为1271市斤，比1952年的1191市斤仅增长6.72%，其中，1954年人均粮食收入为842市斤，比1952年的804市斤增长4.73%。③ 在湖南，据对8个乡3326户农户的调查，1954年人均农副业收入折合稻谷为1234市斤，分别比1952年的1493市斤、1953年的1600市斤减少17.35%、22.88%。④

---

① 中共热河省委农村工作部：《1954年农村经济情况调查表（综合）》，河北省档案馆，684—7—46。
② 河南省农村工作部：《1954年农村经济调查总结（初稿）》（1954年），河南省档案馆，J11—1—55。
③ 湖北省委农村工作部：《湖北省12个典型乡调查统计表》（1955年），湖北省档案馆，SZ18—1—154。
④ 根据省委农村工作部《关于湘潭县清溪乡1952年至1954年经济情况调查分析表》（1955年，湖南省档案馆）146—1—176、省委农村工作部《关于湘潭县长乐乡1952年至1954年经济情况调查分析表》（1955年，湖南省档案馆）146—1—197、省委农村工作部《关于安乡县竹林垸乡1952年至1954年经济情况调查分析表》（1955年，湖南省档案馆）146—1—205、省委农村工作部《关于安乡县蹇家渡乡1952年至1954年经济情况调查分析表》（1955年，湖南省档案馆）146—1—204、省委农村工作部《关于沅陵县肖家桥乡1952年至1954年经济情况调查分析表》（1955年，湖南省档案馆）146—1—246、省委农村工作部《关于沅陵县蒙福乡1952年至1954年经济情况调查分析表》（1955年，湖南省档案馆）146—1—272、省委农村工作部《关于长沙县卷塘乡1952年至1954年经济情况调查分析表》（1955年，湖南省档案馆）146—1—153、省委农村工作部《关于长沙县草塘乡1952年至1954年经济情况调查分析表》（1955年、湖南省档案馆）146—1—165整理。

在江西，据对9个乡3651户农户的调查，1954年人均粮食收入为786市斤，比1953年的762市斤仅增加3.15个百分点。1954年交纳公粮后缺粮户数占总户数的36.81%，比1953年的38.54%减少1.73个百分点。① 在广东，在1954年虽然没有遭受重大的自然灾害，但农民的收入增加速度也较缓慢，据对4个乡1822户农户的调查，1954年农民人均总收入折合稻谷为1328市斤，比1952年的1299市斤仅增加2.23%。②

综合上述，土地改革后经过两三年的发展，到1954年，中国农村的农户生产规模有了一定程度的提高，但是，这种生产规模的变化是建立在生产资料普遍缺乏、农业生产力水平极其落后的基础上的。小农经济的脆弱性及农业基础设施非常薄弱，农业收成的高低在很大程度上取决于自然力的影响，由于农业基础薄弱，又常遭受自然灾害的袭击，农民收入的增加并没有与生产规模的扩大呈相同比重的变化。农民的生产生活仍存在很大困难，需要通过借贷或其他方式解决。

### 四 政府赈灾济贫措施对农村私人借贷关系的影响

在解放初期，中国各地灾荒频繁。下面我们仅以资料较为翔实的湖北省来分析政府的赈灾济贫措施对农村私人借贷关系的影响。由于1949年湖北省农村遭受水、旱、虫各种灾害，到1950年春，缺粮人口有2806814人，占总人口的20%左右，平均每人约缺2个月（滨湖沿江地区一般缺60天，山区一般缺2个月到2个半月，一般地区缺1个半月到2个月）。一般缺粮时间以农历2月起到3月两个月中为最严重，如平均每人每天食米按1.4斤计算，全省春季缺粮共计210511050斤。入春以来，雨水不均，气候失调，部分地区的春苗遭受水、旱、虫、风、雹等灾害，因而形成严重的夏荒，据不完全统

---

① 江西省委调查组：《关于全省（9个典型乡）经济调查综合表》（1956年），江西省档案馆，X006—2—13。

② 根据中共华南分局《1955年典型乡、社调查统计表（之一）》（1956年，广东省档案馆）204—5—99、中共中央华南分局《1955年典型乡、社调查统计表（之二）》（1956年，广东省档案馆）204—5—100、中共中央华南分局《1955年典型乡、社调查统计表（之三）》（1956年，广东省档案馆）204—5—101、中共华南分局《1955年典型乡、社调查统计表（之四）》（1956年，广东省档案馆）204—5—102 整理。

计,全省夏荒缺粮人口约150万人,平均约缺1个月,以农历的6月半到7月半为缺粮最严重的时期,共计缺粮5625万斤。灾情发生后,很多农民靠采野菜、蕨根、观音土等度日。① 在湖南,饥荒几乎遍及全省,各地区25%以上的贫雇农及手艺工人处在缺粮断炊的情况中,用生产来解决饥荒,时间已来不及。② 江西南昌、九江、鄱阳3个分区灾情也重,已出现饿死人现象。当地大米跌价,但碎米及糠却涨价,便可想见灾情之一斑。两广则受兵灾、匪灾、水灾,灾情亦不轻。③ 1950—1953年中南区6省的灾情如表3-3所示。

表3-3　　　　　1950—1953年中南区6省农村灾情统计

| 年份 | 成灾人口（人） | 成灾耕地（亩） | 减产粮食（担） | 成灾人口占总农业人口比重（%） | 成灾耕地占总耕地面积比重（%） | 减产粮食占全年粮食总产量比重（%） |
|---|---|---|---|---|---|---|
| 1950 | 12532418 | 42200000 | 80000000 | 8.66 | 13.80 | 12.17 |
| 1951 | 9675400 | 24415247 | 22481949 | 6.68 | 7.67 | 2.92 |
| 1952 | 12106550 | 30247880 | 31971560 | 8.47 | 8.93 | 3.44 |
| 1953 | 12144149 | 26380316 | 35000000 | 6.99 | 6.88 | 3.38 |

资料来源:中共中央中南局农村工作部:《中南区农村统计资料》(1954年8月),湖北省档案馆,SZ—J—519。

很显然,灾荒对处于根底浅薄状态下的农家打击无疑是沉重的,加之没有健全的社会保障制度,它已成为农家不得不走上负债之路的一种重要压迫力量。

面对严重的局面,党和人民政府对救灾问题给予了极高的重视。早在1949年12月,政务院就发布了《关于生产救灾的指示》,指出:

---

① 湖北省民政厅:《湖北省历年来的救灾工作和今后意见》(1953年),湖北省档案馆,SZ67—1—180。
② 《湖南省委关于渡荒紧急指示》(1950年3月5日),中国社会科学院、中央档案馆编:《1949—1952年中华人民共和国经济档案资料选编》(综合卷),中国城市经济出版社1990年版,第28页。
③ 邓子恢:《关于湘鄂赣三省灾情向中央的报告》(1950年4月22日),《1949—1952年中华人民共和国经济档案资料选编》(综合卷),第28页。

"生产救灾关系到八百万人的生死问题，是新民主主义政权在灾区巩固存在的问题，是建设新中国的问题之一。"并要求各地政府"应给予灾民或合作社一部分贷款，并拨出一部分救济粮扶助灾民进行生产自救"。① 1950 年 2 月 27 日，中央人民政府成立了救灾委员会，4 月 24 日，在中国人民救济代表会议上，又成立了中国人民救济总会，通过了《中国人民救济总会章程》，救灾运动在全国城乡蓬勃开展。1950 年，中央人民政府内务部召开第一次全国民政工作会议，确立了"生产自救，节约度荒，群众互助，以工代赈，并辅以必要的救济"的灾害救济方针。下面我们重点考察政府的以工代赈与救济的实施情况及其对农村私人借贷关系的影响。

（一）以工代赈

1. 以工代赈实施情况

以工代赈是众多扶贫政策中的一项。其内容主要是政府以实物形式对贫困地区或灾区进行基础设施建设投资，一方面为当地经济增长创造物质基础，另一方面为贫困地区或灾区人口提供短期就业和收入。如 1950 年湖北省有江汉干堤及民堤工程计有 2640 万余公方，中央及省拨发工粮 7160 万斤（水灾区各专县从地方粮中拨出的工粮、地富负担的堤粮尚不在内），有百万以上的灾民参加堤工，获得工粮的救济。1951 年全省仅干堤、民堤完成土方 64393650 公方，石方 272314 公方，在水利工程方面，共使用粮款折粮 92793418 斤，施工期间全省平均每天有 30 万—40 万人上堤，在全省范围内可解决 100 万人 3 个月的生活。1952 年拨给重灾区工赈款 300 万元②，对扶助灾民度荒起了很大的作用。

其次是公粮运输和加工。仅就运到武汉市的公粮数目来说，1950 年全部及 1949 年一小部分，即为 24000 万斤，由散仓到集中点运费平均为 13%，由集中点到武汉市平均为 15.5%，共为 28.5%，总计

---

① 中央人民政府政务院：《关于生产救灾的指示》（1949 年 12 月 19 日），中华人民共和国内务部编：《民政法令汇编（1949—1954）》，第 114—115 页。
② 湖北省民政厅：《湖北省历年来的救灾工作和今后意见》（1953 年），湖北省档案馆，SZ67—1—180。

约支出运费米 6000 万斤，除部队及公家运了一部分，上述运费至少有一半落入群众手中，可维持 50 万人 2 个月左右的生活。另从几个专区支出的公粮加工费来看，都与运费相当，也可解决 50 万人 1—2 个月的生活。此外，个别地区还有些别的以工代赈项目。如浠水县的建仓，即支出工资 282 万余斤，当阳县的打堰塘、挖沟渠，也动用民工 28 万余名，每名工资米 2.5 斤，共为 400 余万斤①，在这些方面也解决了部分灾民的生活困难。

2. 以工代赈的作用及其局限性

由于是采用简单的劳动密集型技术，当地劳动力足以胜任，在以工代赈实施期间使大量劳动力得以利用。通过以工代赈，一方面有助于改善贫困地区的基础设施和社会服务，同时增加贫困者的就业和收入；另一方面在食品短缺形成严重威胁的地区，以工代赈项目带给农民的收入具有本质上的救济意义，原因在于，即使没有这些项目，国家民政部门也不得不继续向这里的贫困户提供救济。

然而，以工代赈的作用是有限的，其局限性主要表现在以下三个方面：

（1）以工代赈项目不可能覆盖农村所有的贫困地区，因为可供使用的资源是有限的。在项目不能覆盖的区域，贫困农户难以得到参加工程的机会和收入。

（2）项目直接带给农民的就业和收入都是短期的。工程一旦完成，农民就失去了这份收入来源。

（3）以工代赈项目虽然有助于增加项目区人口的收入，但并非所有的农户都能够因此而实现收入的增加。对于农村那些无劳动力的贫苦的鳏寡孤独老弱残废病疾者，是不可能参与到项目中来的，减少他们的贫困需要社会长期的救助。本质上，贫困人口若要获得足以维持生存的稳定收入，必须持有长期的有收益的就业，这就有赖于直接生产领域的扶贫项目和人力资源投资。因此，以工代赈对缓解贫困的作用是有限的。

---

① 湖北省民政厅：《1950 年民政工作报告》（1950 年），湖北省档案馆，SZ67—1—32。

(二) 农村救济

1. 救济对象、标准和时间

解放初期，对农村贫困户的救济采取的是临时救济的方式，主要是在春耕夏锄和冬季结合生产给予口粮、衣被等救济。救济时间最长不超过4个月，每人每月救济的口粮不超过35斤原粮。① 救济对象主要是贫苦残老孤幼，家庭人口多、劳动力少或弱又无固定职业收入、不足维持一家最低生活者以及贫苦的烈军属。如1953年湖北省民政厅对受灾农户的灾户类别及救济标准、救济时间规定为："一等灾户：贫苦的烈军工属及无依无靠的无劳动力的贫苦的鳏寡孤独老弱残废病疾，每人每天平均需米1斤；二等灾户：有轻微劳动的贫苦的老弱孤寡及虽有劳动力但临时发生重病或丧亡的困难户，每人每天发给救济粮12两米；三等灾户：家大口阔，劳动力少，受灾严重，生活困难的灾户，每人每天平均救济大米10两。"救济时间："长期救济：无依无靠的无劳动力的贫苦的鳏寡孤独老弱残废病疾，除发动社会互助互济外，需要由社会救济粮内予以长期救济；季节性救济：分雨雪封门冬令年关、春荒、夏荒三关进行救济，救济时间在雨雪封门冬令年关，一般为10天至半个月，春荒一般为1个月至2个月，夏荒救济时间，一般为10天至1个月；临时发生重大灾害的紧急救济，目的在于解决灾民断炊，稳定灾民情绪，使灾民获得喘息时间，从事生产自救，一般时间为10天至20天。"② 1954年湖南省人民政府规定，对于农村救济款除县可掌握10%左右作为贫病医疗救济及其他必需的临时救济之外，分3次发放到救济户。救济标准是，每人每次最低为1.5元，最高不超过5元，每户（2人以上的户）每次最低为3元，最高不超过15元。③

---

① 吉林省地方志编纂委员会编：《吉林省志》卷十一《政事志·民政》，吉林人民出版社1991年版，第207页。

② 湖北省民政厅：《湖北省历年来的救灾工作和今后意见》（1953年），湖北省档案馆，SZ67—1—180。

③ 湖南省地方志编纂委员会编：《湖南省志》第四卷《政务志·民政》，中国文史出版社1994年版，第378页。

2. 发放救济粮款，救济贫苦农民

1950—1954 年，国家共发放农村救济款近 10 亿元，使农村贫困人口的基本生活得到了保障。① 1952—1953 年，中共中央中南区分别拨发救济款 38170803 元、55947872 元，② 以解决农村贫困农户的生产生活困难。在湖北，1950 年在灾荒严重的各阶段，省府先后拨发救济粮 33321646 斤，款 74995.15 元，各专县所拨地方粮尚无完整统计，仅荆州 1 个专区，即拨出地方粮 1302054 斤，进行急赈和救济。1951 年，全省约有 100 万人口受到轻重不同的灾荒，为了解决群众的春荒和冬荒生活困难，省府共拨发救济款 1386000 元，各专县共拨款 690661 元，粮 4900926 斤，总共拨款 2076661 元。1952 年省府对重灾区 7%，轻灾区 5% 的老弱孤寡等拨发救济款 200 万元。③ 1953 年上半年春荒发生后，省府先后拨发救济款 465 万元，被救济的灾民在 100 万人以上，稳定了灾情，有力地支持了生产。④

3. 救济的效果及局限性

从湖北省的农村救济工作来看，救济是围绕生产自救这一中心而展开的，救济的作用及其效果主要表现在以下四个方面：（1）稳定了灾民的情绪，逐步树立了生产自救的信心。1953 年旱灾形成以后，救济工作尚未开展之前，群众普遍情绪不安，悲观失望，或觉无路可走。进行救济工作后，灾民情绪逐渐稳定，树立了生产自救信心。如麻城县宋埠乡农民周从芝领了救济款，感动地说："1934 年的旱，我把身上的毛蓝布衫卖了，还是挨了饿，现在人民政府这样关心我们，我决定拿救济款买棉花纺线，一天纺 4 两赚 1 毛钱，生活就可以过

---

① 李本公、姜立主编：《救灾救济》，中国社会出版社 1996 年版，第 159 页。
② 中共中央中南局农村工作部：《中南区农村统计资料》（1954 年 8 月），湖北省档案馆，SZ—J—519。
③ 湖北省民政厅：《湖北省历年来的救灾工作和今后意见》（1953 年），湖北省档案馆，SZ67—1—180。
④ 湖北省民政厅：《关于 1953 年上半年本省农村救济款发放工作的通报》（1953 年 8 月 14 日），湖北省档案馆，SZ67—1—178。

了，不光靠政府发钱。"① （2）解决了断炊户的口粮问题，防止了逃荒、自杀、卖儿卖女等事件的发生。（3）解决了副业生产的资金、工具等问题，有力地推动了副业生产的开展。（4）解决了部分群众的缺肥缺种问题。政府虽然在灾区贷放或运销了大批种子肥料，但仍有部分群众感觉不足，有的群众顾虑今后的今冬明春的饿荒，虽尚有一些力量，也不敢放手筹办。救济款下拨后，他们得到了支援，即决定购买种子肥料，做好生产准备。

从上述调查情况来看，通过救济的确解决了农村灾民和贫苦农户的不少生产生活上的困难，但救济的作用是有限度的。原因是：

首先，由于政府财力的限制，救济款项是有限的，它只能起到辅助、支持生产自救的作用，对农户的困难要求不可能全部得以解决。如湖北省 1952 年全省重灾区共缺粮 10485 万斤，除省府下拨的 200 万元救济款及 300 万元工赈款外，还缺 359 多万元。② 社会救济标准过低，需要救济的人员实际获得的救济资金很少，不能从根本上解决问题。

其次，存在许多制度上的漏洞，由于一些基层干部对灾情不摸底，对方针政策不明确，造成救济款项发放不当的偏向，诸如平均发放、一律救济等。如湖北省 1953 年上半年救济工作中，公安县第 6 区共 13 个乡，有 12 个乡每乡分 100 元，1 个乡分 50 元；郧县徐家坡乡拨款 125 元，不论轻重灾户，一律 0.20 元；麻城吴家湾乡共 492 户，救济了 441 户，占全乡总户数的 90%，该乡蔡家垅湾共 24 户，除 1 户富农未救济外，救济了 23 户。③ 致使应当获得救济的无法获得有效救济，而那些不符合救济条件的恰恰能够利用制度的漏洞获取不正当的利益。从调查情况来看，在救济款项发放工作中还存在其他一些偏向，如发放不及时、积压、发放频繁造成浪费等，这些偏向的发

---

① 湖北省民政厅：《关于本年本省夏秋之间农村救济工作总结报告》（1953 年），湖北省档案馆，SZ67—1—180。

② 湖北省民政厅：《湖北省历年来的救灾工作和今后意见》（1953 年），湖北省档案馆，SZ67—1—180。

③ 湖北省民政厅：《关于 1953 年上半年本省农村救济款发放工作的通报》（1953 年 8 月 14 日），湖北省档案馆，SZ67—1—178。

生影响了救济的效果。

综上所述，解放初期，党和政府在制订农村赈灾方针时，立足于当时国家经济基础薄弱和社会生产力水平低下的国情，对农村不同的救助对象采取不同的政策和提供不同的服务。当时，党和政府在农村开展的一系列救助工作中，坚决贯彻生产自救的既定方针，灾区仍以生产赈灾为压倒一切的中心任务，重中之重是建立一套生产自救帮扶体系，把赈灾与组织生产紧密结合起来，这就使灾民认识到，要摆脱困境最根本的要靠劳动自救，从而推动其积极参与生产建设。关于救济金的发放，只对无依无靠的无劳动力的贫苦的鳏寡孤独、老弱残废病疾者进行长期救济，其他只给予临时救济。在发放过程中，对农民反复进行"生产自救、节约度荒"的教育，因而一般避免了浪费。同时又将农民组织起来，进行保证把粮款用于生产的教育，使发放过程成为组织生产的过程。这一救助原则符合当时的社会经济发展水平，有利于调动和培育各类受助对象的劳动积极性，从而促进农村赈灾事业的进一步开展。

政府通过以工代赈和救济的确解决了灾区农民诸多困难，但无论是以工代赈还是救济，政府所扶助的侧重点均是灾区农户，并不能完全覆盖到当时普遍贫困的广大农村地区。同时，由于以工代赈项目自身的特点、国家财力的限制及救济工作中的诸多偏向，两者对解决当时农户的困难又是有限的。进而，从两者对农村借贷关系的影响来讲，由于通过以工代赈和救济使部分农户的部分困难得到解决，从而在一定程度上会减少这些受益农户的借贷需求。但是，广大农村还有相当多的农户存在着各种各样的困难需要解决，仍然有进一步开展自由借贷的必要。

## 五 国家农贷与农村信用合作社发展对私人借贷关系的影响

国家农贷与农村信用合作社作为农村金融体系的重要组成部分，两者的发展也必将对农村私人借贷关系的发展产生影响。国家农贷侧重对农户及农业合作经济组织的生产贷款，而信用合作社虽然对农户的贷款扶持是多方面的，但是，限于其发展初期资金规模弱小及经营管理的弱点，因此，两者对当时私人借贷关系的发展影响是有限度的，关于两者对私人借贷关系发展的影响下文将做详细论述。

除以上五个方面的因素之外，土地改革后农村私人借贷关系的发展在一定程度上还受到国家农副产品预购政策的影响。预购是国家为了把农户的农副产品生产计划同国家的收购计划衔接起来，加强生产和流通的计划性，帮助农业合作经济组织或单个农户发展农副业生产所实行的一种向预购对象发放预购定金的办法。农副产品预购定金的主要作用在于扶持农副业生产，即"在农民青黄不接之际，通过发放农副产品预购定金，帮助农民解决生产、生活上的困难，并使其免受农村高利贷的剥削"。①例如，湖北省1954年上半年农副产品预购工作从3月下旬开始，到5月底全部结束，预购地区的农民得到了200万元以上的资金，在一定程度上解决了农民春耕生产和春荒生活上的一些实际困难。阳新县四选区黄庆云互助组6户，1953年春季就有5户借高利贷，1954年又准备借高利贷，而通过预购获得定金后，解决了实际困难。②又如，广东省顺德县海尾村，1953年夏天国营顺德糖厂向农民预购甘蔗付款，每亩地为9元，农民均普遍领到，全村得款1万元左右，最多的农户如中农梁松喜有72元，最少的也有9元，使农民在甘蔗的投资栽培上解决不少困难。③当然，由于资金的限制、预购政策不完善及其预购农副产品种类的有限性，农副产品预购对农村私人借贷关系影响的程度和规模也是有限的。

## 第二节 过渡时期总路线提出后农村私人借贷关系发展状况

### 一 1953年年底至1954年农村私人借贷关系发展状况

如上文所述，中国共产党的过渡时期总路线提出之后，中国共产

---

① 《全国合作总社关于农产品预购工作的指示》（1954年2月14日），载《中国供销合作社史料选编》（第一辑）（下），中国财政经济出版社1986年版，第218页。
② 湖北省人民政府商业厅：《关于预购工作总结报告》（1954年6月），湖北省商业厅政策研究室编：《1949—1957湖北省商业厅历史资料》，1959年12月。
③ 华南分局农村工作部编：《广东省农村经济调查》（1954年4月），广东省档案馆，204—5—98。

党的农村私人借贷政策也发生了显著的变化，从提倡自由借贷到限制、打击高利贷，并试图通过迅速实现集体化，从根本上解决农民生产、生活上的困难，铲除产生高利贷的土壤。同时，试图通过大力发展农贷和农村信用合作组织来替代农村私人借贷。这些措施的实施必将对农村私人借贷关系的发展产生一定程度的影响。下面我们来观察过渡时期总路线在农村贯彻后到农业集体化高潮之前这段时间内农村私人借贷关系的发展状况。

在山西，根据山西省委农村工作部对20个乡6000余户的调查，1952年、1954年农村民间借贷关系比较情况如表3-4所示。

表3-4　山西省20个乡1952年、1954年农村民间借贷关系比较情况

| | 年份 | 借出 | | | | 借入 | | | |
|---|---|---|---|---|---|---|---|---|---|
| | | 户数（户） | 占借出总户数比重（%） | 借出金额（元） | 占借出总金额比重（%） | 户数（户） | 占借入总户数比重（%） | 借入金额（元） | 占借入总金额比重（%） |
| 雇贫农 | 1952 | 2 | 2.22 | 88 | 1.34 | 16 | 10.59 | 574.85 | 6.94 |
| | 1954 | 1 | 3.13 | 52 | 2.87 | 8 | 14.81 | 162.94 | 6.21 |
| 中农 | 1952 | 76 | 84.57 | 5160.80 | 78.91 | 129 | 85.43 | 7316.64 | 88.27 |
| | 1954 | 24 | 75.00 | 1476.90 | 79.83 | 45 | 83.34 | 2452.87 | 93.56 |
| 其他劳动者 | 1952 | 1 | 1.11 | 38 | 0.58 | — | — | — | — |
| | 1954 | — | — | — | — | — | — | — | — |
| 新富农 | 1952 | 1 | 1.11 | 29.54 | 0.45 | — | — | — | — |
| | 1954 | 1 | 3.13 | 28.68 | 1.55 | — | — | — | — |
| 富农 | 1952 | 8 | 8.80 | 1128.93 | 17.28 | 5 | 3.32 | 292.56 | 3.43 |
| | 1954 | 6 | 18.74 | 292.29 | 15.80 | — | — | — | — |
| 地主 | 1952 | 1 | 1.11 | 15 | 0.23 | 1 | 0.66 | 104.82 | 1.26 |
| | 1954 | — | — | — | — | 1 | 1.85 | 6 | 0.23 |
| 其他剥削者 | 1952 | 1 | 1.11 | 80 | 1.21 | — | — | — | — |
| | 1954 | — | — | — | — | — | — | — | — |
| 合计 | 1952 | 90 | 100 | 6550.17 | 100 | 151 | 100 | 8288.87 | 100 |
| | 1954 | 32 | 100 | 1849.87 | 100 | 54 | 100 | 2621.81 | 100 |

资料来源：中共山西省委农村工作部编：《土地改革时期·1952年·1954年山西省20个典型乡调查资料》（1956年5月），山西省档案馆第6805号。

表 3-4 反映了 1954 年与 1952 年相比较的情况，无论是发生的借贷户数还是金额都有较大幅度的下降，同时发生借贷关系的主要在中农之间，与此同时，土地改革后农村出现了一个在当时人们十分关注的新阶层，即新富农，但从表 3-4 显示的情况来看，新富农阶层放债数量较少，不能表明此阶层经济地位的上升是靠放债剥削而获得的。

在河南，根据中国人民银行河南省分行 1954 年 10 月对三个行政村的调查，贯彻总路线前三村放债 30 户，放出数折合人民币 1062 元，贯彻总路线后放债 27 户，放出 583 元①，放债户数和金额均有所减少。

在湖北，据对 12 个乡 3754 户私人借贷关系的调查，1954 年湖北省 12 个乡私人借贷情况如表 3-5 所示。

表 3-5　　　　1954 年湖北省 12 个乡私人借贷情况

| | | 借入 | | | | 借出 | | | |
|---|---|---|---|---|---|---|---|---|---|
| | 各阶层总户数（户） | 户数（户） | 占借入总户数比重（%） | 借入金额（元） | 占借入总金额比重（%） | 户数（户） | 占借出总户数比重（%） | 借出金额（元） | 占借出总金额比重（%） |
| 雇贫农 | 944 | 284 | 38.53 | 3508.43 | 33.62 | 44 | 18.72 | 316.74 | 7.19 |
| 中农 | 2403 | 406 | 55.09 | 6411.03 | 61.42 | 167 | 71.06 | 2734.72 | 62.10 |
| 其他劳动者 | 22 | 3 | 0.41 | 77.16 | 0.74 | 2 | 0.85 | 15.40 | 0.35 |
| 其他剥削者 | 53 | 6 | 0.81 | 49.25 | 0.47 | 6 | 2.55 | 667.25 | 15.16 |
| 富农 | 185 | 24 | 3.26 | 286.53 | 2.75 | 14 | 5.96 | 379.96 | 9.04 |
| 新富农 | 12 | | | | | 1 | 0.43 | 264.30 | 6.00 |
| 地主 | 135 | 14 | 1.90 | 104.43 | 1.00 | 1 | 0.43 | 7.50 | 0.17 |
| 合计 | 3754 | 737 | 100 | 10436.73 | 100 | 235 | 100 | 4403.87 | 100 |

注：借贷实物和粮食均折合成人民币。

资料来源：湖北省农村工作部：《湖北省十二个典型乡调查统计表》（1955 年），湖北省档案馆，SZ18—1—154。

---

① 中国人民银行河南省分行：《三个行政村的高利贷活动情况调查简结》（1954 年 10 月），河南省档案馆，J137—14—1078。

根据表 3-5 所列出的资料及《湖北省十二个典型乡调查统计表》所反映的情况看，1954 年湖北农村私人借贷关系与 1952 年相比较有以下特点：

第一，借贷率略有下降。1954 年 12 个乡借贷率为 25.89%，比 1952 年的 26.69% 下降了 0.8 个百分点，其中，借入户占总户数比重为 19.63%，比 1952 年的 22.26% 下降了 2.63 个百分点，借出户比重为 6.26%，比 1952 年增加了 1.83 个百分点。在借贷率下降的同时，1954 年借入户户均借入 14.16 元，比 1952 年的 16.26 元减少 2.1 元，借出户户均借出 18.74 元，比 1952 年的 29.23 元减少 10.49 元，说明农村私人借贷规模有所缩小。

第二，此时发生借贷关系的主要是中农，中农借入户占总借入户数 55.09%，借入金额占总借入金额的 61.42%，中农借出户占总借出户数 71.06%，借出金额占总借出金额的 62.10%。这是由于经过土地改革后两三年的发展，贫雇农中 50% 左右的农户已经上升为中农，在该调查中，中农占总农户的比重已从 1952 年的 29.79% 上升为 64.01%。当然，这并不会改变农村借贷关系主要发生在农民劳动群众之间的总体状况。

第三，1954 年的调查中，湖北农村也出现了新富农新阶层，其中的 1 户借出 264.3 元，说明该户新富农的上升与放债有关或致富后用较多资金从事放债活动。但从这个阶层总的情况看，12 户中只有 1 户放债，借出户占本阶层总户数的 8.33%，与总农户平均借出率无大差别，也说明湖北省新富农的产生与借贷关系发展并无普遍联系。

在湖南，据对 8 个乡 3326 户农户的调查，1952—1954 年 8 个年私人借贷情况如表 3-6 所示。

从表 3-6 可以发现，1952—1954 年湖南农村私人借贷关系的发展呈现以下特点：

第一，借贷率先上升后下降。1954 年 8 乡借贷率为 30.09%，比 1952 年的 32.33% 下降了 2.24 个百分点，比 1953 年的 36% 下降了 5.91 个百分点。同时，1952—1954 年私人借贷的负债率和借出率也先

表 3-6　　　　1952—1954 年湖南省 8 个乡私人借贷情况　　　单位:%、元

| 年份 | 负债率 | | 负债总额 | | 户均负债额 | | 借出率 | | 借出总额 | | 户均借出额 | |
|---|---|---|---|---|---|---|---|---|---|---|---|---|
| | 总计 | 三阶层 | 总计 | 三阶层占总额比重 | 总平均 | 三阶层平均 | 总计 | 三阶层平均 | 总计 | 三阶层占总额比重 | 总平均 | 三阶层平均 |
| 1952 | 20.86 | 21.58 | 12451.35 | 93.16 | 18.75 | 19.08 | 11.47 | 11.36 | 12208.45 | 78.81 | 33.46 | 28.94 |
| 1953 | 23.07 | 24.35 | 15799.16 | 93.99 | 20.93 | 20.93 | 12.93 | 12.61 | 15201.73 | 71.52 | 35.94 | 29.87 |
| 1954 | 19.27 | 20.01 | 12302.28 | 91.72 | 19.19 | 19.26 | 10.82 | 10.72 | 10728.40 | 77.06 | 29.80 | 26.33 |

注:"三阶层"是指雇贫农、中农（包括富裕中农）和其他劳动人民三个阶层。借贷实物和粮食均折合成人民币。

资料来源:根据省委农村工作部《关于湘潭县清溪乡 1952 年至 1954 年经济情况调查分析表》（1955 年，湖南省档案馆）146—1—176、省委农村工作部《关于湘潭县长乐乡 1952 年至 1954 年经济情况调查分析表》（1955 年，湖南省档案馆）146—1—197、省委农村工作部:《关于安乡县竹林垸乡 1952 年至 1954 年经济情况调查分析表》（1955 年，湖南省档案馆）146—1—205、省委农村工作部《关于安乡县寨家渡乡 1952 年至 1954 年经济情况调查分析表》（1955 年，湖南省档案馆）146—1—204、省委农村工作部《关于沅陵县肖家桥乡 1952 年至 1954 年经济情况调查分析表》（1955 年，湖南省档案馆）146—1—246、省委农村工作部《关于沅陵县蒙福乡 1952 年至 1954 年经济情况调查分析表》（1955 年，湖南省档案馆）146—1—272、省委农村工作部《关于长沙县卷塘乡 1952 年至 1954 年经济情况调查分析表》（1955 年，湖南省档案馆）146—1—153、省委农村工作部《关于长沙县草塘乡 1952 年至 1954 年经济情况调查分析表》（1955 年，湖南省档案馆）146—1—165 整理。

上升后下降，呈明显的倒"U"形。这表明到 1954 年私人借贷的借贷面有减小的趋势。

第二，借贷额先升后降。私人借贷中负债总额 1953 年比 1952 年增加 26.89 个百分点，1954 年却比 1953 年减少 22.13 个百分点；户均负债额 1953 年比 1952 年增加 11.63 个百分点，1954 年比 1953 年减少 8.31 个百分点。从表 3-4 所反映的情况来看，1952 年、1954 年借出总额与户均借出额的变化趋势也呈先升后降的态势。总之，与借贷率的倒"U"形变化情形一致，1952—1954 年私人借贷额的变化也呈先升后降的趋势，反映了农村私人借贷规模有所缩小。

第三，借贷关系主要发生在劳动群众之间。从负债额来看，

1952—1954 年，湖南省 8 个乡雇贫农、中农、其他劳动人民三个阶层农户的负债额占总负债额的比重分别为 93.16%、93.99%、91.72%；从借出额来看，1952—1954 年，上述三个阶层占借出总额的比重分别为 78.81%、71.52%、77.06%。因此，1952—1954 年农村私人借贷关系主要发生在农民劳动群众这一基本状况没有改变。"土改"后经过两三年的发展，到 1954 年农村的中农化趋势更为明显，据湖南 8 乡的调查，1954 年中农占总农户的比重为 59.05%，比 1952 年的 50.80% 上升了 8.25 个百分点。从放债方面来看，1952—1954 年，中农阶层出借户数占总出借户数的比重分别为 65.48%、76.12%、77.78%；1952—1954 年，中农阶层的放债额占总放债额的比重分别为 61.03%、64.82%、71.01%。从借债方面来看，1952—1954 年，中农阶层负债户数占总负债户数的比重分别为 40.21%、55.36%、53.35%；1952—1954 年中农阶层的负债额占总负债额的比重依次为 44.22%、55.49%、53.01%。由此可见，到 1954 年中农阶层在农村阶层结构中已成为户数最多的阶层，在私人借贷关系中已成为主导力量。

第四，从湖南省 8 个乡的调查情况来看，早在 1952 年就出现了新富农（该省调查时阶层的划分是根据当时的情况来具体划定的）这样一个新的阶层。从他们的放债情况来看，1952 年 8 个乡共有 5 户新富农，全部放债，户均放出 36.12 元，比该年各阶层平均放债 33.46 元，高出 7.95 个百分点。1953 年共有 8 户新富农，其中有 3 户放债，占新富农总户数的 37.50%，户均放出 77.51 元，比平均水平的 35.94 元高出 1.16 倍。经过过渡时期总路线的宣传和贯彻及对"自发势力"的批判，农村新富农阶层有所减少，到 1954 年共有新富农 3 户，他们全部放债，户均放债 29.67 元，略低于该年平均水平的 29.80 元。与湖北省相比，湖南省新富农放债户比重大，说明富裕起来的农民的投资动向。同时，从利息收入占农户总收入的比重来看，若按年息 50% 计算，1953 年户均利息收入全年不超过 40 元，1954 年不超过 15 元，占新富农户均收入的比重很小，说明放债利息收入不是他们经济上升的主要原因。同时，湖南省 1953—1954 年新富农阶级放债额逐年减少的变化情况,也从一个侧面反映了当时农村私人借贷关系深受农村政策的影响。

在江西,据对该省9个典型乡的调查,1952年、1954年、1955年三年中农村私人借贷关系变化情况如表3-7所示。

表3-7　　江西省9个乡1952年、1954年、1955年
三年中农村私人借贷关系变化情况

| 年份 | 总户数（户） | 借出 | | | | 借入 | | | |
|---|---|---|---|---|---|---|---|---|---|
| | | 户数（户） | 占总户数比重（%） | 金额（元） | 户均借出（元） | 户数（户） | 占总户数比重（%） | 金额（元） | 户均借入（元） |
| 1952 | 3638 | 196 | 5.39 | 3477.18 | 17.74 | 522 | 14.35 | 8645.83 | 16.56 |
| 1954 | 3651 | 282 | 7.72 | 2626.01 | 9.31 | 575 | 15.75 | 8150.90 | 14.18 |
| 1955 | 3660 | 140 | 3.83 | 2413.55 | 17.23 | 499 | 13.63 | 7380.55 | 14.79 |

注:借贷实物和粮食均折合成人民币。

资料来源:江西省委调查组:《关于全省(9个典型乡)经济调查综合表》(1956年),江西省档案馆,X006—2—13。

如表3-7所示,1952—1955年,江西省的农村私人借贷关系的发展呈现出以下两个主要特点:一是借贷面先扩大再缩小,借贷率由1952年的19.74%上升为1954年的23.47%,增加了3.73个百分点,到1955年借贷率为17.46%,比1954年减少了6.01个百分点。二是总借贷金额呈下降趋势,从总的放债金额来看,1954年、1955年分别比1952年下降了24.48个百分点、30.59个百分点;从负债总额来看,1954年、1955年分别比1952年下降了5.72个百分点、14.63个百分点。从户均出借和负债额来看,1954年比1952年有所降低,到1955年又有所上升,但总体趋势是呈下降的态势。从而说明1952—1955年私人借贷规模呈下降的趋势。

从私人借贷关系的阶层结构来看,1952年、1954年、1955年三年中雇贫农、中农和其他劳动人民三个阶层在借贷关系中仍处于主导地位,从调查情况来看,上述三个阶层在三年中借出户数占总借出户

数的比重分别为 90.82%、89.36%、85%，占总放债额的比重分别为 92.95%、86.48%、61.65%；占总负债户数的比重分别为 96.36%、96.17%、95.19%，占总负债额的比重分别为 97.71%、97.89%、97.13%。因此，土地改革后到农业集体化高潮前农村私人借贷关系始终是主要发生在劳动群众之间。

1954 年，在私人借贷关系中，中农已居于主导地位，中农出借户数占总放债户数的 81.91%，放债金额占总借出额的 81.30%；负债户数占总负债户数的 62.61%，负债额占总负债额的 62.14%。而中农中又以新中农为多，1954 年，新中农放债户数占中农放债总户数的 54.55%，占中农放债总额的 51.07%；负债户数占中农负债户数的 62.22%，负债额占中农负债额的 63.31%。其原因主要有两个方面：一是新中农由于刚刚上升相对于老中农生产资料占有少，收入也少，生产生活还存在一定的困难，经济地位并不巩固，需要通过借贷来解决存在的困难。二是新中农大多是由雇贫农阶层上升而来，他们放债时顾虑相对较少，有余资就敢放债。1954 年，在中农阶层的放债户中，新、老富裕中农出借户占本阶层总户数比重分别为 16.15%、21.25%，均超出了当年总农户平均借出率的 7.72% 和中农阶层的平均借出率的 10.07%，从侧面反映了富裕中农的农业剩余较多。另外，从当时的调查情况来看，1954 年 9 个乡共出现了 4 户新富农，其中仅 1 户放债，放出 13.30 元，略高于平均水平的 9.31 元，表明该省新富农的产生与借贷关系的发展并无普遍的联系。

1955 年与 1954 年相比，私人借贷规模进一步缩小，借贷关系更加分散。从调查情况来看，1955 年，雇贫农、新中农、老中农、其他劳动者、富农、其他剥削者等各阶层的出借户占自身阶层户数的比重分别为 2.26%、3.59%、4.19%、8.26%、5.41%、11.03%。上述各阶层的出借额占总出借额的比重分别为 13.69%、20.58%、17.67%、9.71%、21.83%、16.53%。1955 年，4 户新富农中有 3 户放债共计 503.33 元，户均放出 167.78 元，比当年总户均放债 17.23 元高出 8.74 倍，说明该省新富农上升后用较大的资金进行放债。

在广东，据对 4 个乡的调查，1952 年、1954 年农村私人借贷关系变化情况如表 3－8 所示。

表 3－8　广东省 4 个乡 1952 年、1954 年农村私人借贷关系变化情况

| 年份 | 总户数（户） | 借出 | | | | 借入 | | | |
| --- | --- | --- | --- | --- | --- | --- | --- | --- | --- |
| | | 户数（户） | 占总户数比重（%） | 金额（元） | 户均借出（元） | 户数（户） | 占总户数比重（%） | 金额（元） | 户均借入（元） |
| 1952 | 1767 | 9 | 0.51 | 353.77 | 39.30 | 152 | 8.60 | 2068.28 | 13.61 |
| 1954 | 1822 | 31 | 1.70 | 597.39 | 19.27 | 353 | 19.37 | 5244.31 | 14.86 |

注：借贷实物和粮食均折合成人民币。

资料来源：根据中共中央华南分局《1955 年典型乡、社调查统计表（之一）》（1956 年，广东省档案馆）204—5—99、中共中央华南分局《1955 年典型乡、社调查统计表（之二）》（1956 年，广东省档案馆）204—5—100、中共中央华南分局《1955 年典型乡、社调查统计表（之三）》（1956 年，广东省档案馆）204—5—101、中共华南分局《1955 年典型乡、社调查统计表（之四）》（1956 年，广东省档案馆）204—5—102 整理。

如表 3－8 所示，在 1952 年调查乡的私人借贷关系基本处于停滞状态，其原因是调查的 4 个乡均是在 1952 年才完成土地改革或复查，受土地改革的影响，私人借贷关系基本停顿。到 1954 年，私人借贷关系有所发展，从借贷率来看，1954 年比 1952 年增加 11.96 个百分点，其中，借出率增加 1.19 个百分点，负债率增加 10.77 个百分点；从借贷金额来看，1954 年借出额比 1952 年增加 68.86%，负债额增加 1.54 倍。但是，与 1953 年相比，1954 年私人借贷的规模却略有所下降，如据上述 4 乡之一的曲江县大村乡的调查，1952 年借出的 4 户，借出额 305.40 元，借入 28 户，借入 703.37 元；1953 年借出 36 户，借出 1318.76 元，借入 68 户，借入 1356.28 元；1954 年借出 17 户，借出 404.23 元，借入 42 户，人民币 570.52 元。[①] 从上述 4 个调查乡的另一个乡——南雄县承平乡的情况来看，1953—1954 年，借贷

---

① 华南分局农村工作部：《曲江县大村乡调查报告》（1955 年 12 月），广东省档案馆，204—5—98。

面也呈现缩小的趋势，1953年该乡有2户出借，17户借入，到1954年，出借1户，借入15户。因此，从总体上看，私人借贷的规模呈下降的趋势。

从私人借贷关系的阶层结构来看，1954年私人借贷仍主要发生在劳动群众之间，雇贫农、中农两个阶层在借出户中占93.55%，占借出额的93.30%；占借入户数的96.32%，占负债总额的95.88%。其中，在出借者及出借额的构成中，中农占据主导地位，占借出总户数的74.19%，占借出总额的82.64%。而中农阶层的出借者又以新中农为主，新中农占中农阶层的出借户数和出借额的比重分别为73.91%、62.63%。在借入者中雇贫农无论在借入户数还是在负债额上均处于首位，分别占总计的61.76%、48.02%。

在安徽，根据对该省20个乡200余户1952年、1954年私人借贷关系的调查，整理成表3-9。

表3-9　安徽省20个乡1952年、1954年农村私人借贷情况

| | | 借出 | | | | 借入 | | | |
|---|---|---|---|---|---|---|---|---|---|
| | 年份 | 户数（户） | 占借出总户数比重（%） | 借出金额（元） | 占借出总金额比重（%） | 户数（户） | 占借入总户数比重（%） | 借入金额（元） | 占借入总金额比重（%） |
| 雇贫农 | 1952 | 39 | 19.50 | 817.36 | 9.89 | 296 | 45.12 | 6908.63 | 45.91 |
| | 1954 | 33 | 14.47 | 529.34 | 7.28 | 265 | 35.57 | 5789.09 | 36.52 |
| 中农 | 1952 | 132 | 66.00 | 5071.95 | 61.37 | 328 | 50.00 | 7445.87 | 49.49 |
| | 1954 | 163 | 71.49 | 5245.55 | 74.62 | 441 | 59.19 | 9300.93 | 58.67 |
| 其他劳动者 | 1952 | — | — | — | — | 4 | 0.61 | 98.68 | 0.66 |
| | 1954 | 3 | 1.32 | 102.30 | 1.41 | 4 | 0.54 | 65.75 | 0.41 |
| 富农 | 1952 | 23 | 11.50 | 2170.42 | 26.26 | 10 | 1.52 | 136.40 | 0.91 |
| | 1954 | 17 | 7.46 | 884.01 | 12.16 | 15 | 2.01 | 214.18 | 1.35 |
| 其中：新富农 | 1952 | 6 | 3.00 | 617.20 | 7.47 | 1 | 0.15 | 15.80 | 0.11 |
| | 1954 | 4 | 1.75 | 123.75 | 1.70 | 3 | 0.40 | 106.66 | 0.67 |

续表

| 年份 | | 借出 | | | | 借入 | | | |
|---|---|---|---|---|---|---|---|---|---|
| | | 户数（户） | 占借出总户数比重（%） | 借出金额（元） | 占借出总金额比重（%） | 户数（户） | 占借入总户数比重（%） | 借入金额（元） | 占借入总金额比重（%） |
| 地主 | 1952 | 2 | 1.00 | 112 | 1.36 | 17 | 2.59 | 446.87 | 2.97 |
| | 1954 | 8 | 3.51 | 254.43 | 3.38 | 20 | 2.68 | 482.56 | 3.04 |
| 其他剥削者 | 1952 | 4 | 2.00 | 93.33 | 1.13 | 1 | 0.15 | 10.00 | 0.07 |
| | 1954 | 4 | 1.75 | 75.50 | 1.04 | — | — | — | — |
| 合计 | 1952 | 200 | 100 | 8265.06 | 100 | 656 | 100 | 15046.45 | 100 |
| | 1954 | 228 | 100 | 7271.13 | 100 | 745 | 100 | 15852.51 | 100 |

资料来源：中共安徽省委农村工作部：《安徽农村典型调查（土地改革结束后至1954年）》（1956年），内部资料。

表3-9的资料表明，1954年与1952年相比，从借出方面来看，借出户数增加了28户，但借出金额却减少了12.03%；从借入方面来看，户数增加了89户，金额增加了5.36%，其原因是1954年长江和淮河流域发生全流域的水灾，农民受灾严重，不得不依赖借债度日，导致负债率有所上升。

又据广西省10个乡的调查，1953年私人借出253户，年平均余额人民币3056元；借入461户，年平均余额5045元；1954年借出247户，年平均余额4566元，借入439户，年平均余额5974元。两年相比较，户数1954年比1953年减少3%，借出户数占全乡总户数从6.22%降至6.01%，但借出金额却增加50%，借入方面户数、金额增减情况也与借出大体相适应，借入户数占全乡总户数的11.33%降至10.69%。借出户以新中农和老中农最多，贫农次之。1954年，各阶层占借出总户数的百分比如下：新中农占39.89%，老中农占37.64%，富农占5.62%，其他剥削阶层占5.05%，其他劳动人民占

2.81%，地主占 0.56%。① 由此可见，私人借贷关系主要是以农民内部的关系居多。

综上所述，过渡时期总路线在农村贯彻后到农业集体化高潮前，与土地改革后到过渡时期总路线贯彻前期间相比，农村民间借贷关系的发展呈现出以下特点：

第一，借贷率呈下降趋势。过渡时期总路线提出之后，中国共产党的农村政策发生了很大的变化，随着对"自发势力"的批判，农民的私人借贷活动有所减少，开始由公开转向隐蔽，由放本村本乡转向放外村外乡。在借贷方式上，开始由过去当面借当面还，变为亲托亲、邻托邻、朋友托朋友，至于贫苦农民苦于借贷无门，只有试图依靠国家银行和信用社贷款来解决困难。同时，农业生产合作组织的发展、政府的赈灾济贫，以及国家农贷、农村信用合作组织的发展解决了部分农民一些生产生活困难，部分地替代了农民之间的借贷需求，这些因素的作用导致了过渡时期总路线贯彻实施之后，农村私人借贷面逐渐趋于萎缩。

第二，借贷额呈下降趋势。过渡时期总路线在农村贯彻后，不仅私人借贷面趋于缩小，而且借贷金额趋于下降。产生这种现象的原因主要有以下两个方面：一是对"自发势力"的批判，农民不敢大胆出借；二是国家银行业务在农村的延伸、农村经济合作组织等的发展对私人借贷产生替代或挤出效应。

第三，从借贷关系发生的阶层结构来看，中农阶层已成为当时农村私人借贷关系的主导力量。土地改革后经过两三年的发展，农村中农化趋势明显，到1954年，中农占总户数的比重在60%左右。在借贷户数及借贷额方面，中农所占比重均为最大，在中农阶层中新中农已成为主要的借贷者。当然，与过渡时期总路线贯彻前相比，农村私人借贷关系主要发生在农民劳动群众之间的总体状况并没有改变。

---

① 广西省委农村工作部：《广西省农村调查》（1955年），载中共农村工作部办公室编《八个省"土改"结束后到1954年的农村典型调查》1958年2月，山西省档案馆，218—1—2。

第四，土地改革后，经过一个时期的发展，农村中均出现了人们较为关注的新富农阶层。从调查情况来看，在农村私人借贷关系中，新富农阶层户均放债额占其收入水平的比重较低，说明新富农的产生与农村自由借贷的发展并无普遍联系，但与其他阶层相比较，放债数额相对较大，表明新富农致富后用较多资金从事借贷活动。

## 二 各阶层农户借贷额及户数结构

（一）各阶层农户放贷额的户数分布情况

根据1954年湖北省委农村工作部对该省11个乡2445户农户的调查，各阶层放贷粮食数量户数结构情况如表3-10所示。

表3-10 1954年湖北省11个乡各阶层放贷粮食数量户数结构情况

单位：市斤、%

| | | 合计 | | <250 | | 251—500 | | 501—750 | | 751—1000 | | 1001—1500 | | >1500 | |
|---|---|---|---|---|---|---|---|---|---|---|---|---|---|---|---|
| | | 户数 | 比重 | 户数 | 比重 | 户数 | 比重 | 户数 | 比重 | 户数 | 比重 | 户数 | 比重 | 户数 | 比重 |
| 总计 | 调查年度前 | 170 | 100 | 108 | 63.53 | 30 | 17.65 | 8 | 4.71 | 9 | 5.29 | 5 | 2.94 | 10 | 5.88 |
| | 调查年度 | 310 | 100 | 215 | 69.35 | 50 | 16.13 | 20 | 6.45 | 13 | 4.19 | 8 | 2.58 | 4 | 1.29 |
| 贫农 | 调查年度前 | 19 | 100 | 12 | 63.16 | 4 | 21.05 | 1 | 5.26 | — | — | 1 | 5.26 | 1 | 5.26 |
| | 调查年度 | 21 | 100 | 15 | 71.43 | 4 | 19.05 | 1 | 4.76 | 1 | 4.76 | — | — | — | — |
| 一般中农 | 调查年度前 | 74 | 100 | 56 | 75.68 | 8 | 10.81 | 2 | 2.70 | 6 | 8.10 | 1 | 1.35 | 1 | 1.35 |
| | 调查年度 | 133 | 100 | 103 | 77.44 | 18 | 13.53 | 7 | 5.26 | 2 | 1.50 | 3 | 2.26 | — | — |
| 富裕中农 | 调查年度前 | 53 | 100 | 31 | 58.49 | 11 | 20.75 | 4 | 7.55 | 2 | 3.77 | 2 | 3.77 | 2 | 3.77 |
| | 调查年度 | 116 | 100 | 76 | 65.52 | 19 | 16.38 | 8 | 6.90 | 8 | 6.90 | 3 | 2.59 | 2 | 1.72 |
| 中农小计 | 调查年度前 | 127 | 100 | 87 | 68.50 | 19 | 14.96 | 6 | 4.72 | 8 | 6.30 | 3 | 2.36 | 2 | 1.57 |
| | 调查年度 | 249 | 100 | 179 | 71.89 | 37 | 14.86 | 15 | 6.02 | 10 | 4.02 | 6 | 2.41 | 3 | 1.20 |

续表

| | | 合计 | | <250 | | 251—500 | | 501—750 | | 751—1000 | | 1001—1500 | | >1500 | |
|---|---|---|---|---|---|---|---|---|---|---|---|---|---|---|---|
| | | 户数 | 比重 | 户数 | 比重 | 户数 | 比重 | 户数 | 比重 | 户数 | 比重 | 户数 | 比重 | 户数 | 比重 |
| 其他劳动人民 | 调查年度前 | 3 | 100 | 1 | 33.33 | — | — | — | — | — | — | — | — | 2 | 66.67 |
| | 调查年度 | 6 | 100 | 1 | 25.00 | 2 | 50.00 | — | — | 1 | 25.00 | 1 | 25.00 | 1 | 25.00 |
| 富农 | 调查年度前 | 13 | 100 | 4 | 30.77 | 3 | 23.08 | 1 | 7.69 | 2 | 15.38 | 1 | 7.69 | 2 | 15.38 |
| | 调查年度 | 23 | 100 | 11 | 47.83 | 5 | 21.74 | 4 | 17.39 | 1 | 4.35 | 1 | 4.35 | 1 | 4.35 |
| 其他剥削者 | 调查年度前 | 9 | 100 | 3 | 33.33 | 4 | 44.44 | — | — | — | — | — | — | 2 | 22.22 |
| 地主 | 调查年度前 | 1 | 100 | 1 | 100 | — | — | — | — | — | — | — | — | — | — |
| | 调查年度 | 5 | 100 | 5 | 100 | — | — | — | — | — | — | — | — | — | — |

注：调查年度前是指解放后到调查年度前，调查年度是指1953年7月至1954年6月。

资料来源：根据湖北省委农村工作部《黄冈县竹皮寺乡调查统计分析表》（1954年）、《麻城县董家畈乡调查统计分析表》（1954年）、《浠水县白石乡调查统计分析表》（1954年，湖北省档案馆）SZ18—1—128、《孝感县赵湾乡调查统计分析表》（1954年）、《咸宁县马桥乡调查统计分析表》（1954年）、《五峰县石梁司乡调查统计分析表》（1954年，湖北省档案馆）SZ18—1—129、《江陵县三合乡调查统计分析表》（1954年）、《荆门县曾集乡调查统计分析表》（1954年，湖北省档案馆）SZ18—1—130、《襄阳县谭庄乡调查统计分析表》（1954年）、《随县庙湾乡调查统计分析表》（1954年）、《建始县七矿乡调查统计分析表》（1954年，湖北省档案馆）SZ18—1—131整理。

如表3-10所示，从调查情况看，小额（小于250市斤）放贷农户所占比重大大超过中等数额（251—1000市斤）和大额（大于1000市斤）放贷农户的比重，放贷农户借出粮食数量绝大多数少于250市斤，反映了当时农户的普遍贫困，农业剩余少，用于出借的粮食数量也较少。与解放后到调查年度前仍维持借贷关系的农户的放债数量相比，在调查年度小额放债农户所占比重增加 5.82 个百分点，中额放债农户的比重减少 0.88 个百分点，大额放债农户的比重减少了 4.95 个百分点。

从各阶层农户放贷额的情况来看，与调查年度前相比，在调查年度，除其他劳动人民阶层小额放债农户所占的比重有所增加和地主阶层小额放债农户所占比重保持不变外，其他各阶层的小额放债农户的比重均有所增加。在大额放债农户所占的比重方面，与调查年度前相比，各阶层均呈下降态势。在农村私人借贷关系中，占有重要地位的中农阶层，其出借户也绝大多数是小额出借者。在调查年度，大额出借者中虽然中农阶层占 75%，其大额出借者占自身阶层出借者的比重还要略低于总农户的大额出借者的比重。

在江西，据对吉安县淇塘乡调查，解放后至调查年度前（1953 年 7 月，下同）保留下来的债务关系，放债方面共有 11 户，占总户数的 2.46%，放出数折合稻谷 4193 斤，其中，中农 1 户 250 斤；富农 6 户，250 斤以下的 3 户，251—500 斤的 2 户，501—750 斤的 1 户，共放出稻谷 3193 斤；富农 1 户 500 斤；其他剥削者 1 户 500 斤。调查年度内（1953 年 7 月至 1954 年 6 月，下同）全乡放债户 32 户，占总户数的 7.88%，放出数折谷 8348 斤。32 户中，250 斤以下的 19 户，其中，贫农 2 户，一般中农 4 户，富裕中农 13 户；251—500 斤的 11 户，其中，一般中农 3 户，富裕中农 8 户；501—750 斤的富裕中农 2 户。① 另据对九江县石门乡调查，解放后至调查年度前维持借贷关系的计放出户 12 户，折合稻谷 2378 斤，其中，中农 4 户，放出稻谷 250 斤以下的 2 户，251—500 斤的 2 户；富裕中农 6 户，250 斤以下的 4 户，251—500 斤的 2 户；其他剥削阶层 2 户均放出在 250 斤以下。在调查年度内，放债的有 29 户，折合稻谷 4259 斤，其中，富裕中农 14 户，250 斤以下的 12 户，251—500 斤的 1 户，501—750 斤的 1 户；中农 11 户，250 斤以下的 9 户，251—500 斤的 1 户，501—

---

① 江西省委农村工作部：《吉安淇塘乡农村经济调查总结》（1954 年 8 月 5 日），江西省档案馆，X006—2—3。

750斤的1户；贫农4户，均在250斤以下。①从江西省两个乡反映的情况来看，在借贷数量结构的户数分布上，呈现出与湖北省相同的特征，即小额放债农户占绝大多数。

上述研究反映了土地改革后农户放债额度的变化趋势，即小额放债趋于增加，大额趋于减少。

（二）各阶层农户借入额的户数分布情况

据对1954年湖北省11个乡2445户农户的调查，各阶层借入粮食数量户数结构情况如表3-11所示。

表3-11　　　1954年湖北省11个乡各阶层借入粮食数量户数结构情况　　单位：市斤、%

| | | 合计 | | <250 | | 251—500 | | 501—750 | | 751—1000 | | 1001—1500 | | >1500 | |
|---|---|---|---|---|---|---|---|---|---|---|---|---|---|---|---|
| | | 户数 | 比重 | 户数 | 比重 | 户数 | 比重 | 户数 | 比重 | 户数 | 比重 | 户数 | 比重 | 户数 | 比重 |
| 总计 | 调查年度前 | 458 | 100 | 240 | 52.40 | 98 | 21.40 | 56 | 12.23 | 23 | 5.02 | 20 | 4.37 | 21 | 4.59 |
| | 调查年度 | 667 | 100 | 433 | 64.92 | 138 | 20.69 | 48 | 7.20 | 19 | 2.85 | 14 | 2.10 | 15 | 2.25 |
| 贫农 | 调查年度前 | 148 | 100 | 74 | 50.00 | 26 | 17.57 | 27 | 18.24 | 6 | 4.05 | 5 | 3.38 | 10 | 6.76 |
| | 调查年度 | 194 | 100 | 118 | 60.82 | 45 | 23.20 | 18 | 9.28 | 5 | 2.58 | 4 | 2.06 | 4 | 2.06 |
| 一般中农 | 调查年度前 | 233 | 100 | 120 | 51.50 | 52 | 22.32 | 25 | 10.73 | 14 | 6.01 | 13 | 5.58 | 9 | 3.86 |
| | 调查年度 | 332 | 100 | 221 | 66.57 | 64 | 19.28 | 22 | 6.63 | 11 | 3.31 | 7 | 2.11 | 7 | 2.11 |
| 富裕中农 | 调查年度前 | 51 | 100 | 29 | 56.86 | 15 | 29.41 | 4 | 7.84 | 2 | 3.92 | 1 | 1.96 | — | — |
| | 调查年度 | 92 | 100 | 59 | 64.13 | 19 | 20.65 | 6 | 6.52 | 2 | 2.17 | 2 | 2.17 | 4 | 4.35 |

---

① 中共九江地委调查组：《九江县石门乡农村经济调查总结》（1954年7月31日），江西省档案馆，X006—2—6。

续表

| | | 合计 | | <250 | | 251—500 | | 501—750 | | 751—1000 | | 1001—1500 | | >1500 | |
|---|---|---|---|---|---|---|---|---|---|---|---|---|---|---|---|
| | | 户数 | 比重 | 户数 | 比重 | 户数 | 比重 | 户数 | 比重 | 户数 | 比重 | 户数 | 比重 | 户数 | 比重 |
| 中农小计 | 调查年度前 | 284 | 100 | 149 | 52.46 | 67 | 23.59 | 29 | 10.21 | 16 | 5.63 | 14 | 4.93 | 9 | 3.17 |
| | 调查年度 | 424 | 100 | 280 | 66.04 | 83 | 19.58 | 28 | 6.60 | 16 | 3.77 | 9 | 2.12 | 11 | 2.59 |
| 其他劳动人民 | 调查年度前 | 1 | 100 | 1 | 100 | — | | — | | — | | — | | — | |
| | 调查年度 | | | | | | | | | | | | | | |
| 富农 | 调查年度前 | 8 | 100 | 5 | 62.50 | 3 | 37.50 | — | | — | | — | | — | |
| | 调查年度 | 25 | 100 | 17 | 68.00 | 5 | 20.00 | 2 | 8.00 | — | | — | | 1 | 4.00 |
| 其他剥削者 | 调查年度前 | 5 | 100 | 4 | 80.00 | — | | — | | — | | — | | 1 | 20.00 |
| | 调查年度 | 4 | 100 | 3 | 75.00 | 1 | 25.00 | — | | — | | — | | — | |
| 地主 | 调查年度前 | 12 | 100 | 7 | 58.33 | 2 | 16.67 | — | | 1 | 8.33 | 1 | 8.33 | 1 | 8.33 |
| | 调查年度 | 20 | 100 | 15 | 75.00 | 4 | 20.00 | — | | — | | 1 | 5.00 | — | |

注：调查年度前是指解放后到调查年度前，调查年度是指1953年7月至1954年6月。

资料来源：同表3-10。

如表3-11所示，总体上看，在调查年度，湖北农村私人借贷关系中负债数量在资金规模上呈递减趋势：250市斤以下的小额借贷发生频繁占负债农户总数的64.92%，251—1000市斤的中等数额的借贷次之，占30.74%，超过1001市斤的大额借贷发生最少，占4.35%。从供给角度来看，贷款数目小，风险小；从需求角度来看，当时农户收入水平低，且借贷大多用于生活消费方面，对资金的需求就集中在较小的数额上。这种需求约束限制了农户的借款预期，除非迫不得已，不敢举借较多的债务。并且，调查资料也反映出农户传统价值观念与信用行为高度相关,他们大多数认为,借人钱财是一件不光彩的事,借钱不还或是还不了,那更是要坏名声的。从调查情况来看,产生大额借款主要有两个原因:一是日常生活中遇祸应急和红白喜事的集中消费成为农户大额借贷的主要动因;二是大额借贷中的生产性贷款主要对象是有经济实力和经营条件的农户用于农业或非农生产投入。

从各阶层借贷数量的户数分布来看,在调查年度,虽然各阶层在借贷数量上的户数分布与总负债农户的分布规律是一致的,即小额借贷农户所占比重最大,其他依次递减。但是,各阶层负债农户在不同借贷额的分布又有一些差异:小额借贷中,地主和其他剥削阶层负债户所占比重要高于其他阶层;在中等数额的借贷中,贫农阶层负债户所占比重高于其他阶层;在大额借贷中,富裕中农负债户所占比重要略占优势。

与解放后到调查年度前保留下来的农户负债情况相比较,在调查年度,小额借贷的农户分布比重有所增加,而中额和大额借贷的农户分布比重却相对减少。

在江西,从调查乡的情况来看,借贷数量的农户分布情况与湖北具有相似的特征,如在上文所述的九江县石门乡,解放后至调查年度前维持借贷关系的,借入的有81户,折合稻谷22159斤,其中,贫农29户,借入250斤以下的20户,251—500斤的6户,501—750斤的3户;中农31户,借入在250斤以下的21户,251—500斤的7户,751—1000斤的1户,1001—1500斤的1户,大于1501斤的1户;富裕中农12户,小于250斤的6户,251—500斤的2户,501—750斤的3户,1001—1500斤的1户;其他剥削者5户,小于250斤的3户,251—500斤的2户;地主4户,小于250斤的3户,751—1000斤的1户。在调查年度内,借债的共有115户,折合稻谷31148斤,其中,贫农43户,250斤以下的32户,251—500斤的10户,大于1501斤的1户;中农53户,小于250斤的34户,251—500斤的11户,501—750斤的3户,1001—1500斤的4户,大于1501斤的1户;富裕中农10户,小于250斤的9户,501—750斤的1户;其他劳动人民2户,501—750斤的1户,751—1000斤的1户;富农1户,小于 250 斤；其他剥削阶层 2 户，均小于 250 斤；地主 4 户，小于 250 斤的 2 户，251—500 斤的 1 户，501—750 斤的 1 户。

综上所述，当时农村的私人借贷多是较小数目的借贷，数量越小的借贷发生率越高，数目越大的借贷发生率越小，呈明显的左偏态。农村私人借贷在数额上呈现出的这种偏左态的特征说明，小额借贷是当时农户的主要需求。农户的经常性风险意味着交易次数较多，借款数额较小，这与正规金融机构追求规模效应是相悖的。零星的小额贷款只会加大正规金融机构的管理成本，并不能带来太大的经济效益。在这种情况之下，非正规金融的优势就凸显出来。农户之间的私人借贷利用了长期积累而来的以亲情和友情为内容的"低廉"的"乡土信用"、非僵化的规章制度，既不会拒绝小额的贷款，也不会过多要求抵押和担保，手续简单，中间环节少，能更好地满足农户对融入资金数额的灵活性需求。

## 第三节 农村私人借贷与农村经济增长的关系

农村土地改革于 1952 年年底基本完成。中国农村土地改革的完成，在农村彻底废除了封建土地所有制，实现了"耕者有其田"的个体农民土地所有制。农村生产关系的变革，极大地激发了广大农民的生产热情，促进了农业生产的恢复和发展，农民收入增加，经济地位得到上升。

### 一 土地改革结束至1954年农村经济变化趋势

农村经济的恢复和发展，农民经济地位的提高，具体表现在以下三个方面：

（一）各阶层农户的生产规模都有不同程度的扩大

总体上看，农村各阶层占有的生产资料处于增加的趋势，即生产规模有一定程度扩大。其中，贫农占有的耕地和主要农具等生产资料的增长速度都超过了平均水平。这说明，农业生产的发展，不是少数人剥削其他农户劳动所得、吞并其他农户财产积累财富的过程，而是广大农民普遍扩大生产的过程。

（二）农民收入普遍增加

随着生产的恢复、发展，农民收入增加，生活改善。如据山西省20个乡的调查，土地改革结束时，人均农副业总收入为903斤粮，1952年增加到1006斤，1954年增加到1044斤。① 又如中共中央中南区农村工作部对该区31个乡和湖北省农村工作部对该省5个乡的调查资料，1953年与1952年相比，1952—1953年各阶层农户人均总收入情况如表3-12所示。

表3-12　中南区各省1952—1953年各阶层农户人均总收入情况

单位：折合小麦（稻谷）市斤

| | 年份 | 贫农 | 中农 | 其他劳动人民 | 富农 | 地主及其他剥削者 | 平均 |
|---|---|---|---|---|---|---|---|
| 河南9个乡 | 1952 | 706 | 871 | 5432 | 1053 | 650 | 842 |
| | 1953 | 602 | 767 | 5420.5 | 844 | 669 | 743 |
| 湖北、湖南、江西3省10个乡 | 1952 | 1077 | 1384 | 1099 | 1400 | 913 | 1250 |
| | 1953 | 1048 | 1394 | 1154 | 1406 | 983 | 1265 |
| 湖北5个乡 | 1952 | 1075 | 1324 | 1394 | 1318 | 905 | 1216 |
| | 1953 | 1084 | 1394 | 1591 | 1338 | 996 | 1292 |
| 广东12个乡 | 1952 | 947 | 1432 | 1608 | 1082 | 1474 | 1262 |
| | 1953 | 1010 | 1634 | 1758 | 1281 | 1510 | 1400 |

注：调查乡据以统计的阶层成分，1953年地主及其他剥削阶层是根据土地改革时划定的，富农中有7个乡16户是根据调查时的情况新划的，其余均为土地改革时的老富农，其他各阶层是调查时根据经济情况划定的。1952年，河南省1个乡，湖北、湖南、江西3省9个乡，湖北5个乡的阶层成分（除地主及其他剥削阶层和大部分富农外），是根据当年经济情况划定的，其余都是用1953年划定的成分。表中河南省的其他劳动人民阶层的人均收入较大，原因是该省调查户中此阶层只有1户，且该户只有1人，因此人均收入较大。

资料来源：根据《中南区1953年农村经济调查统计资料》（1954年7月，湖北省档案馆）SZ—J—517、《湖北农村经济调查（五个典型乡综合材料）》（1954年6月，湖北省档案馆）SZ—1—285 整理。

---

① 中共山西省委农村工作部：《山西农村调查》（1955年12月30日），载中共农村工作部办公室编《八个省"土改"结束后到1954年的农村典型调查》1958年2月，山西省档案馆，218—1—2。

如表 3-12 所示，1953 年与 1952 年相比，在整体上，中南区湖北、湖南、江西、广东 4 省农民户均收入都有一定程度的增加，其中广东省农民户均收入增长最快，增幅达 10.94%；从各阶层收入增长情况来看，除湖北、湖南、江西 3 省 10 个乡的贫农阶层收入略有下降外，其他各阶层的收入均有一定幅度的增加。1953 年与 1952 年相比，河南省农民人均收入呈下降的趋势，其原因是 1953 年河南省遭受了重大的自然灾害，粮食减产 1500 万担，占 1953 年中南区全区粮食减产总数 3500 万担的 42.86%，减产粮食占该省粮食总产量的 6.77%，比中南区平均水平的 3.38%，高出 3.39 个百分点。①

（三）农户的阶层成分普遍上升

由于农户收入普遍上升，农村阶层结构发生了很大变化，其基本特点是成分普遍上升或接近上升。据对全国 21 省 14334 户农户的抽样调查，1954 年与土地改革结束时相比，各阶层农户比重变化情况如表 3-13 所示。

表 3-13　　全国 21 省 14334 户自土地改革至
1954 年各阶层农户比重变化情况　　单位：户、%

|  | 贫雇农 | | 中农 | | 富农 | | 地主 | | 其他 | | 社员户 | |
|---|---|---|---|---|---|---|---|---|---|---|---|---|
|  | 户数 | 比重 | 户数 | 比重 | 户数 | 比重 | 户数 | 比重 | 户数 | 比重 | 户数 | 比重 |
| 土地改革结束时 | 8191 | 57.1 | 5128 | 35.8 | 514 | 3.6 | 375 | 2.6 | 126 | 0.9 | — | — |
| 1954 年 | 4150 | 28.6 | 8908 | 62.1 | 305 | 2.1 | 363 | 2.5 | — | — | 608 | 4.2 |

资料来源：根据中华人民共和国统计局编《1954 年全国农家收支调查报告》（中国统计出版社 1957 年版）第 39 页整理。

如表 3-13 所示，从土地改革后到 1954 年农村阶层变化情况是中农化趋势明显，由于农民经济地位普遍上升，中农成为农村中的基本力量。土地改革后中农化的过程有如下特点：

---

① 中共中央中南局农村工作部：《中南区农村统计资料》（1954 年 8 月），湖北省档案馆，SZ—J—519。

其一，土地改革越早的地区，中农化程度越高。例如，河南省土地改革完成较早，到 1953 年中农占农户总数的 75%，湖北、湖南、江西 3 省土地改革完成较晚，到 1953 年中农分别占 59.32%、51.69%、48.16%，广东完成最晚，中农比重最低，只有 47.27%；同样是河南，豫北地区 4 个村 1944—1945 年解放，1946—1947 年完成土地改革，中农比重达到 81.05%，贫农只占 12.54%；而黄河以南的 4 个乡，1948 年解放，1950 年完成土地改革，中农比重只有 68.9%，贫农还有 20.96%。①

其二，经济水平越发达的地区，中农化程度越高。具体分析起来，又有如下特点：第一，经济作物地区比粮食作物地区中农比重大。1953 年，河南黄河以南地区的两个烟棉乡中农比重为 75.15%，而 3 个产粮区中农比重为 65.5%；广东省一个经济作物乡的中农比重达 64.57%，比该省平均水平高出 22.3 个百分点。第二，靠近城镇的地区副业门路多，收入大，中农比重大。如湖北省孝感县鲁冈乡（该乡靠近城镇）1953 年中农比重达 66%，比全省平均水平 59.32% 高出 6.68 个百分点。② 由此可见，土地改革后中农化是农村经济发展的结果。

土地改革结束两三年后，农村经济呈现较明显的中农化趋势，但农村仍存在 30% 左右的贫农阶层，但他们面临困难的程度和经济发展的趋势是不同的。其中，大部分虽然是贫农，但经济呈上升趋势，已接近中农水平。据中南区 35 个乡的调查，1953 年，河南省贫农户占农户总数的 16.70%，其中 69% 的贫农（占全体农户的 11%）已接近中农水平；湖北、湖南、江西 3 省贫农农户占 33%，其中的 64%（占全体总农户的 21%）已接近中农水平；广东省贫农占 38.87%，其中 63%（占全体农户的 24%）已接近中农水平。中南局农村工作部的调查报告中也认为，占农村总户数 20%—30% 的接近中农户，预

---

① 中共中央中南局农村工作部：《中南区 35 个乡农村经济调查总结》（1954 年 7 月），湖北省档案馆，SZ—J—514。
② 同上。

计到1955年大部分可上升为中农,届时中农将占农村总户数的60%甚至70%。① 这部分贫农户上升缓慢的基本原因是,原家底薄,生产资料不足,在土地改革中又未得到充分满足。

在贫农户中还有一部分面临严重困难,他们的生活水平与农村平均水平有较大的差距,缺吃少穿,据中南区35个乡1953年调查,严重困难户约占贫农户的1/3,占农村总户数的10%。造成这些农户严重困难的原因是多方面的,如生产资料不足、劳动力缺乏、天灾人祸等。但与接近中农户相比较,人口规模小、劳动力缺乏、单位劳动力负担的人口数量多是其基本特点,如表3-14所示。

表3-14　　1953年中南区5省农村各阶层农户家庭结构情况

| | | 河南9个乡 | | | 湖北、湖南、江西3省10个乡 | | | 广东12个乡 | | |
|---|---|---|---|---|---|---|---|---|---|---|
| | | 人/户 | 劳/户 | 人/劳 | 人/户 | 劳/户 | 人/劳 | 人/户 | 劳/户 | 人/劳 |
| 各阶层总平均 | | 5.05 | 2.56 | 1.98 | 4.19 | 2.16 | 1.94 | 4.22 | 2.19 | 1.93 |
| 中农平均 | | 5.30 | 2.71 | 1.95 | 4.50 | 2.39 | 1.89 | 4.71 | 2.56 | 1.84 |
| 贫农 | 平均 | 4.02 | 1.93 | 2.09 | 3.84 | 1.91 | 2.01 | 3.87 | 1.95 | 1.98 |
| | 接近中农户 | 4.17 | 2.06 | 2.02 | 3.98 | 2.01 | 1.98 | 4.01 | 2.11 | 1.90 |
| | 严重困难户 | 1.36 | 0.60 | 2.26 | 3.61 | 1.77 | 2.04 | 3.64 | 1.73 | 2.11 |
| | 开始下降户 | 3.75 | 1.67 | 2.25 | 3.50 | 1.40 | 2.51 | 3.60 | 1.43 | 2.52 |

资料来源:根据《中南区1953年农村经济调查统计资料》(1954年7月,湖北省档案馆)SZ—J—517整理。

如表3-14所示,一方面,从各阶层农户户均人口规模及户均拥有劳动力水平来看,严重困难户与平均水平甚至与接近中农户相比,都有较大的差距;另一方面,从各阶层农户家庭单位劳动者负担的人口数量来看,严重困难户劳动负担人口要高于平均水平与接近中农

---

① 中共中央中南局农村工作部:《中南区35个乡农村经济调查总结》(1954年7月),湖北省档案馆,SZ—J—514。

户。因此，从自身原因来说，严重困难户之所以困难主要在于底子薄、户均占有劳动力少及单位劳动力负担的人口数量较多，这种因素很大程度上阻碍了严重困难农户经济收入的增加。

综上所述，在土地改革结束到农业集体化高潮之前的几年中，农村经济有了一定程度的发展，农户生产规模普遍有所扩大，农民收入有了一定幅度的提高。农村中的老贫农已有一半左右上升为中农，尚未达到中农水平的大部分贫农经济正在上升，可望在几年内上升为中农，仍有较大困难的少数农户，其主要原因在于缺乏甚至没有劳力及劳动负担人口较重。

### 二 农村私人借贷与农村经济增长的关系

（一）各阶层农户收入变化与农村民间借贷关系

在土地改革后，认为农村开始出现两极分化，同时农村居民间的自由借贷被认为是引起两极分化的主要原因之一。无疑，在解放初期农村居民普遍贫困的条件下，农村私人借贷中的高息借贷对农村经济的发展带来了一些消极影响，但消极作用并不能涵盖其全部内容，同时如下文所述，农村私人借贷关系中更多的是低利和无利借贷，在农村经济运转中发挥着不可替代的作用。下面，我们仅以中南区为例来分析1952—1953年农村主要阶层农户的收入变化与负债额的关系。

如表3-15所示，总体上看，1953年与1952年相比，湖北、湖南、江西3省10个乡调查农户人均收入增长了1.43个百分点，户均负债额增加68.91%；湖北5个乡调查农户人均收入增长了7.51个百分点，户均负债额增加了18.71%；广东9个乡调查农户人均收入增加了11.83个百分点，同期户均负债额增长32.71%。农户的收入水平增长过程中，还伴随着一个借贷水平的上升过程，但家庭负债额的增长速度要快于人均收入的增长。这表明，农户经济发展不仅意味着经济收入水平的增长，同时意味着借贷水平的上升。也就是说，农户经济收入水平的增加与私人借贷行为的发生是呈正相关的。总体来说，私人借贷促进了农民收入水平的增加，而不是加剧了农户的贫困。

分别从各阶层来看，贫农收入水平较低，对私人借贷的依赖程度最大，1952年除广东省的贫农的户均负债略低于平均水平外，其他各省的贫农户均负债额均高于平均水平，到1953年各省贫农阶层户均负债额均高于平均水平；而收入水平最高的富裕中农阶层，对私人借贷的依赖程度则相对较小，1952年除广东省富裕中农的户均负债额略高于该省的平均水平外，到1953年各省富裕中农户均负债额均低于平均水平。富农作为当时农村的主要阶层之一，生产资料占有较强，但由于在土地改革中受到一定程度的打击，生产积极性不高，收入水平低于富裕中农，他们对私人借贷的依赖程度也较低，如表3-12所示，1952—1953年各省富农的负债额均低于平均水平。

表3-15　　1952—1953年中南区4省农村主要阶层人均收入与户均负债额变化情况　　单位：折合稻谷市斤

| | 湖北、湖南、江西3省10个乡 | | | | 湖北5个乡 | | | | 广东9个乡 | | | |
|---|---|---|---|---|---|---|---|---|---|---|---|---|
| | 1952年 | | 1953年 | | 1952年 | | 1953年 | | 1952年 | | 1953年 | |
| | 人均收入 | 户均负债 | 人均收入 | 户均负债 | 人均收入 | 户均负债 | 人均收入 | 户均负债 | 人均收入 | 户均负债 | 人均收入 | 户均负债 |
| 贫农 | 1077 | 85.23 | 1048 | 214.75 | 1075 | 64.61 | 1084 | 91.53 | 947 | 83.45 | 1010 | 117.69 |
| 一般中农 | 1323 | 96.26 | 1301 | 69.64 | 1273 | 58.34 | 1291 | 56.22 | 1336 | 83.84 | 1511 | 118.66 |
| 富裕中农 | 1599 | 20.49 | 1647 | 41.43 | 1497 | 5.58 | 1644 | 39.32 | 1793 | 92.26 | 2098 | 74.66 |
| 中农合计 | 1384 | 60.21 | 1394 | 62.77 | 1324 | 47.41 | 1394 | 51.74 | 1432 | 85.51 | 1634 | 109.99 |
| 富农 | 1400 | 32.71 | 1406 | 75.82 | 1497 | 6.88 | 1338 | 13.47 | 1082 | 81.04 | 1281 | 65.64 |
| 合计 | 1263 | 70.47 | 1281 | 119.03 | 1225 | 53.33 | 1317 | 63.31 | 1234 | 84.54 | 1380 | 112.19 |

注：户均负债额=各阶层农户负债额/各阶层农户总数。

资料来源：根据《中南区1953年农村经济调查统计资料》（1954年7月，湖北省档案馆）SZJ—517、《湖北农村经济调查（五个典型乡综合材料）》（1954年6月，湖北省档案馆）SZ—1—285整理。

### (二) 新上升阶层的放债收入占总收入的比重

土地改革后一两年，农村经济迅速恢复，农户收入增加，农民经济地位普遍上升。但是，农民经济地位的上升多大程度上是依靠放债收入而引起的呢？换言之，在新上升阶层总收入中放债收入所占比重为多少？若放债收入占总收入的比重大，说明放债收入是新上升阶层经济地位得以上升的重要原因，若放债收入所占比重甚小，则表明农户经济地位的上升与借贷不存在相关性或相关性很小。下面，我们来观察1952—1953年中南区5省新中农和新富裕中农两个阶层各种收入占总收入的比重情况。

如表3-16所示，各省新上升农户的收入来源构成上，农副业收入均占了绝大比重，在河南、湖北、湖南、江西等省两者收入比重占新中农和新富裕中农家庭总收入的90%以上。在商品经济相对发达的广东省，与其他几个省份相比，农业收入所占的比重相对较小，而副业和其他收入所占的比重较大。从当时的调查情况来看，广东省农户的主要副业收入是养猪、鹅、鸭和种植瓜菜等，其他收入主要是工薪、侨汇及兼做小买卖等。另据湖北省黄冈县农村经济调查组1954年9月对该县竹皮寺乡46户上升农户自身因素的调查，因劳力强而上升的22户，占上升总户数的35.4%；有其他辅助收入而上升的4户，占6.4%；因耕作技术好而上升的9户，占14.5%；因兼营其他副业而上升的9户，占14.5%；因兼营小商贩而上升的2户，占3.2%。[①] 表明土地改革后农户收入的增加及经济地位的上升主要是依靠自身劳动而不是占有他人劳动的结果。

上面我们已经研究了土地改革后农村新上升阶层的收入结构，表明在中南区5省新升农户中农副业收入是其主要收入来源，农户经济地位的上升是依靠自身劳动的结果。下面我们再来具体观察在新上升农户的总收入中放债额所占的比重情况，根据湖北农村工作部对该省1954年12个乡新上升阶层放债额占总收入的比重情况整理成表3-17。

---

① 黄冈农村经济调查组：《黄冈县竹皮寺乡农村经济调查总结》（1954年9月），湖北省档案馆，SZ18—1—133。

表 3-16　　1952—1953 年中南区 5 省新中农和新富裕中农两个阶层各种收入占总收入的比重情况　　单位:%

| | | 河南 9 个乡 | | | 湖北、湖南、江西 3 省 10 个乡 | | | 湖北 5 个乡 | | | 广东 12 个乡 | | |
|---|---|---|---|---|---|---|---|---|---|---|---|---|---|
| | | 农业收入 | 副业收入 | 其他收入 | 农业收入 | 副业收入 | 其他收入 | 农业收入 | 副业收入 | 其他收入 | 农业收入 | 副业收入 | 其他收入 |
| 1952 年 | 新中农 | 90.87 | 5.01 | 4.12 | 79.46 | 14.96 | 5.58 | 80.40 | 13.93 | 5.67 | 63.17 | 20.00 | 16.83 |
| | 新富农 | 91.08 | 6.02 | 2.90 | 77.80 | 16.35 | 5.85 | 76.07 | 17.60 | 6.33 | 61.08 | 25.83 | 13.09 |
| 1953 年 | 新中农 | 90.37 | 4.36 | 5.27 | 78.84 | 13.41 | 7.75 | 79.79 | 11.93 | 8.28 | 67.20 | 24.99 | 7.81 |
| | 新富农 | 91.92 | 4.97 | 3.11 | 73.77 | 18.08 | 8.15 | 74.15 | 17.28 | 8.57 | 60.82 | 31.42 | 7.76 |

注：其他收入包括救济金、借贷收入、预售产品、亲友赠送及在外家庭成员寄回等。

资料来源：根据《中南区 1953 年农村经济调查统计资料》（1954 年 7 月，湖北省档案馆）SZ—J—517、《湖北农村经济调查（五个典型乡综合材料）》（1954 年 6 月，湖北省档案馆）SZ—1—285 整理。

表 3-17　　1954 年湖北省 12 个乡新上升阶层放债额占总收入的比重情况　　单位：折合稻谷市斤、%

| 阶层 | 户均收入 | 户均放债额 | 户均放债额/户均收入 |
|---|---|---|---|
| 新下中农 | 5630.85 | 12.55 | 0.22 |
| 新上中农 | 7700.55 | 10.58 | 0.14 |
| 新富农 | 9420.50 | 440.50 | 4.68 |

注：户均放债额是该阶层总体农户的平均放债数；原调查表中放债额是以人民币为计价单位，在该表中笔者以当时粮食市价 1 市斤＝0.05 元转换成稻谷计价。

资料来源：根据湖北省委农村工作部《湖北省十二个典型乡调查统计表》（1955 年，湖北省档案馆）SZ18—1—154 整理。

表 3-17 显示了农村新上升阶层放债额占总收入比重情况，在收入结构中，新富农阶层的放债额比重最大，但也没有超过 5%，新中农占 0.2% 左右。农村新升阶层的放债额占其总收入比重是如此之小，若在此比重基础之上再乘上 50% 左右的利息率（已算高利），则在新升农户的收入结构中放债的利息收入所占比重会更低。同时，如上文所述，新上升阶层的放债户数及放债数量在出借户中的确占了相当的

比重，表明从新升农户阶层的总体来看，放债不是他们经济地位上升的原因，反而更可以说明放债是他们收入增加、经济地位上升的结果。

当然，不可排除在农村众多的新上升农户中个别农户的经济地位上升主要是依靠放债收入，如湖南省衡山县横岳乡谭自堂（原雇农），过去替地主做长工，余下工谷1500斤，1949年解放后囤积不卖，待第二年春荒时高价卖出，后又以低价买进新谷，秋后收回，又以高利放出。如此循环生息，到1952年已有5000余斤谷子，在外放账。谭自堂已成为新富农。又如该乡中农陈其义，1952年大量饲养生猪，获利300元，1953年利用此款放拆息大加五六的利息，一年就获债利195元，该户已成为新富农。①

总之，农村私人借贷在农村经济增长过程中发挥了积极的作用。个别农户通过放债收入经济地位得以上升，但从总体上看，放债收入在农村新上升阶层的收入结构中所占比重甚小，不能作为解释农户经济地位上升的主要原因之一。农村私人借贷关系的发展并没有导致农村的两极分化，当时农村仍有较大困难及开始下降的少数农户，其主要原因在于缺乏甚至没有劳力及劳动负担人口较重，负债并不是导致他们经济状况恶化的终极原因。与此同时，土地改革后农村阶层变化的趋势是中农化，而不是两极分化。

（三）私人借贷与农村经济增长关系

如上文所述，土地改革后农村私人借贷关系发展受诸多因素的影响，如政府对农村私人借贷的政策、农村经济发展水平、农业集体化的发展以及国家农贷、信用合作社的发展等。下面以湖北和广东两省为例来考察农村经济发展状况与农村私人借贷的借贷率之间的关系。

1. 湖北和广东两省农村经济发展变化情况与私人借贷的关系

从农民人均收入情况、收入结构两个方面来考察1952—1953年

---

① 中共衡山县委办公室调研组：《衡山县横岳乡农村经济调查报告》（1954年2月16日），湖南省档案馆，146—1—44。

湖北和广东两省农村经济发展状况。

（1）1952—1953年湖北和广东两省农民人均收入变化情况。在湖北，据5个乡的调查，1953年农业生产总值折合主粮10354400市斤，较1952年增加3.5%，加上副业及其他收入全年每人平均1292市斤，比1952年的1216市斤增加6.16%。在广东，据对6个乡的调查，1953年农民人均总收入折合稻谷1560市斤，比1952年的1331市斤增加20.74%。因此，从人均收入水平来看，1952年、1953年不仅广东调查乡农民的收入较湖北大，而且增长速度也相对较快。

（2）1952—1953年湖北和广东两省农民收入结构情况。在湖北，据对5乡的调查，1952年，农民收入结构中农业收入占81.99%，其中，粮食占88.80%，经济作物占11.20%；副业收入占11.56%，其中，商业占21.34%，手工业占24.99%，其他占53.67%；其他收入占6.45%。1953年，农民收入结构中，农业收入占79.38%，其中，粮食占86.87%，经济作物占13.13%；副业收入占12.28%，其中，商业占14.64%，手工业占27.16%，其他占58.20%；其他收入占8.34%。与1952年相比较，1953年农业收入的比重略有下降，副业和其他收入的比重略有增加，反映了湖北农村的商品经济略有发展。

在广东，据对6乡的调查，1953年农民收入结构中，农业收入占70.13%，其中，粮食收入占87.70%，经济作物占12.30%；副业收入占20.11%，其中，商业占7.10%，手工业占3.67%，其他占89.23%；其他收入占9.76%。与湖北省相比较，广东省农民的收入结构中农业收入所占的比重相对小些，而副业收入和其他收入所占比重相对大些。其原因是，在珠江三角区自近代以来即是商品经济较为发达的区域，农民经济活动门路较多，除了传统的粮食收入和种植瓜菜、养猪、鸡、鸭、鹅等副业收入，还兼有侨汇、装船等收入。

（3）1952—1953年湖北和广东两省的私人借贷的发生率的变化状况。根据湖北5个乡的调查及广东6个乡的调查，1952—1953年湖北和广东农村私人借贷率与农民人均收入变化情况如表3-18所示。

如表3-18所示，两省相比较，1952年，广东省农民人均收入比湖北高出9.46个百分点，1953年比湖北高出20.74个百分点。

1952—1953年两省的农村私人借贷关系都有一定程度的发展。从表3-18所反映的情况来看,不仅广东农村的私人借贷面比湖北广,而且广东省私人借贷关系发展速度要更快一些。表明在新民主主义经济时期的商品经济条件下,农村经济相对发达的地区,农村私人间借贷活动发生频繁。这也反映了农村私人借贷发生的程度或规模的大小与地区经济发展水平、农民人均收入水平等统计指标存在明显相关性。在小农兼业生产经营方式下,农户家庭技术投入对农业部门产出增长的贡献相当有限,农村经济的较大增长主要是依靠农村资本和劳动力的投入。

表3-18　　1952—1953年湖北和广东农村私人借贷率与农民人均收入变化情况

|  | 湖北 | | | | 广东 | | | |
| --- | --- | --- | --- | --- | --- | --- | --- | --- |
|  | 借出率(%) | 负债率(%) | 合计(%) | 人均收入(稻谷市斤) | 借出率(%) | 负债率(%) | 合计(%) | 人均收入(稻谷市斤) |
| 1952年 | 5.53 | 13.55 | 21.08 | 1216 | 3.39 | 22.12 | 25.51 | 1331 |
| 1953年 | 8.95 | 15.02 | 23.97 | 1292 | 8.43 | 31.18 | 39.61 | 1560 |

资料来源:根据中共湖北省委农村工作部《湖北农村经济调查(五个典型乡综合材料)》(1954年6月,湖北省档案馆)SZ18—1—285、中共中央华南分局农村工作部《广东省农村经济调查》(1954年,广东省档案馆)204—5—68整理。

据史清华对1986—2000年中国农户的借贷行为的研究,认为在商品经济条件下,农村经济相对发达的地区,农民对借贷的依赖程度就高,反之则相反。换言之,农村金融较为活跃的地区,也是农村经济较为发达的地区。[①] 20世纪50年代初期,在商品经济条件下,以及在国家大力提倡私人借贷的政策层面下,不同区域间农村借贷的行为特点,与当前相比具有很大的同一性。

---

① 史清华:《农户家庭储蓄与借贷行为及演变趋势研究》,《中国经济问题》2002年第6期。

2. 同一区域内部不同地区的农户收入水平与私人借贷的关系

下面以湖北省为例，来观察该省不同地区农户收入水平与负债率的关系，据对湖北 11 个乡的调查，各乡各阶层农户人均收入水平与借贷率情况如表 3-19 所示。

如表 3-19 所示，在人均收入水平相对较高的庙湾乡、三合乡，私人借贷也较为活跃，调查年度的私人借贷率分别为 47.06%、70.50%，在收入水平相对较小的七矿乡、曾集乡，同一时期的私人借贷率分别为 32.87%、33.49%，也相对较低。进一步说明，农村私人借贷发生的程度或规模的大小与当地经济发展水平、农民人均收入水平等指标存在一定的正相关性。

农村的私人借贷关系大多局限于本乡本土。一般来说，在一个村落内部，农户间的收入差距越大，发生借贷的可能性越大，即借贷率越高。从表 3-19 来看，三合乡各阶层农户收入的标准差为 311.15，在 11 个调查乡中，该乡农户间收入差距最大，调查年度，该乡私人借贷中的负债率为 47.50%，借出率为 23%，与其他 10 乡的负债率与借出率两者相比，该乡均为最高。在上述 11 个乡中，竹皮寺乡各阶层农户的收入标准差为 95.56，是 11 个乡中农户收入差距最小的乡，该乡农户的负债率及借出率分别为 29.31%、13.79%，两个指标都低于三合乡，但与其他各乡相比，却不是最小的。研究表明，在一个区域内部不同地区私人借贷发生的程度与当地农户间收入差距的大小存在一定的正相关性，但相关的强度并不是很大。

综上所述，农户的借贷行为发生与农村经济增长存在一定的正相关性。换言之，农村私人借贷关系的发展在一定程度上促进了农村经济的增长。不可避免的是，极少数农户通过放债来剥削他人，成为农村的新富农阶层，也有少数农户因负债过多，超过自身的偿还能力，而导致经济地位下降，甚至濒于破产。但是，我们不能因此而否认私人借贷的发展对农村经济提升的积极作用。

表 3—19　　1953 年 7 月至 1954 年 7 月湖北省 11 个乡人均收入水平与借贷率的关系　　单位：人、折合稻谷市斤

| 乡别 | 贫农 | | 一般中农 | | 富裕中农 | | 其他劳者 | | 富农 | | 其他剥者 | | 地主 | | 合计 | | 标准差 | 负债率 | 借出率 |
|---|---|---|---|---|---|---|---|---|---|---|---|---|---|---|---|---|---|---|---|
| | 人口 | 人均收入 | 人口 | 人均收入 | 人口 | 人均收入 | 人口 | 人均收入 | 人口 | 人均收入 | 人口 | 人均收入 | 人口 | 人均收入 | 人口 | 人均收入 | | | |
| 赵湾乡 | 193 | 994 | 564 | 1426 | 170 | 1758 | — | — | 58 | 1423 | — | — | 45 | 1244 | 1030 | 1324 | 240.00 | 30.36 | 4.91 |
| 马桥乡 | 133 | 1305 | 477 | 1661 | 52 | 2379 | 16 | 2108 | 26 | 1907 | 47 | 1470 | 30 | 955 | 781 | 1593 | 288.69 | 18.69 | 14.02 |
| 石梁司 | 148 | 928 | 368 | 1164 | 184 | 1532 | — | — | 28 | 1880 | 19 | 894 | 29 | 523 | 776 | 1224 | 278.33 | 29.21 | 20.30 |
| 谭庄乡 | 104 | 916 | 445 | 1052 | 183 | 1201 | — | — | 75 | 939 | 16 | 957 | 88 | 761 | 911 | 1208 | 129.90 | 15.15 | 1.52 |
| 庙湾乡 | 152 | 1867 | 501 | 1961 | 200 | 2366 | 2 | 2496 | 44 | 2624 | 6 | 1922 | 40 | 1721 | 945 | 2082 | 228.01 | 31.51 | 15.55 |
| 七矿乡 | 162 | 716 | 511 | 980 | 226 | 1547 | — | — | 9 | 1369 | 3 | 1433 | 11 | 1172 | 1011 | 1103 | 276.98 | 22.37 | 10.50 |
| 三合乡 | 150 | 1548 | 448 | 1833 | 189 | 2228 | — | — | 42 | 1728 | 5 | 3762 | 43 | 1098 | 877 | 1806 | 311.15 | 47.50 | 23.00 |
| 曾集乡 | 171 | 873 | 480 | 1121 | 152 | 1437 | — | — | 25 | 735 | — | — | 21 | 559 | 849 | 1111 | 205.41 | 23.30 | 10.19 |
| 竹皮寺 | 270 | 1142 | 640 | 1245 | 218 | 1351 | — | — | 33 | 1624 | 3 | 842 | 6 | 1012 | 1170 | 1242 | 95.56 | 29.31 | 13.79 |
| 董家畈 | 219 | 1040 | 383 | 1308 | 240 | 1647 | 12 | 1353 | 63 | 2001 | 4 | 565 | 10 | 920 | 931 | 1373 | 280.85 | 36.55 | 17.67 |
| 白石乡 | 228 | 1038 | 597 | 1343 | 228 | 1658 | 1 | 2997 | 32 | 1745 | 7 | 975 | 68 | 1081 | 1161 | 1322 | 222.96 | 16.37 | 8.37 |

资料来源：根据湖北省农委农村工作部《黄冈县竹皮寺乡调查统计分析表》(1954 年，湖北省档案馆)、《麻城县董家畈乡调查统计分析表》(1954 年)、《浠水县白石乡调查统计分析表》(1954 年)、《孝感县赵湾乡调查统计分析表》(1954 年)、《咸宁县马桥乡调查统计分析表》(1954 年)、《荆门县曾集乡调查统计分析表》(1954 年)、《五峰县石梁司乡调查统计分析表》(1954 年，湖北省档案馆) SZ18—1—128、《江陵县三合乡调查统计分析表》(1954 年)、《随县庙湾乡调查统计分析表》(1954 年)、《建始县七矿乡调查统计分析表》(1954 年，湖北省档案馆) SZ18—1—129、《襄阳县谭庄乡调查统计分析表》(1954 年，湖北省档案馆) SZ18—1—130、《随县庙湾乡调查统计分析表》(1954 年，湖北省档案馆) SZ18—1—131 整理。

# 第四章　农村私人借贷形式、利率、借贷信用及借贷用途

20世纪50年代前期，农村民间借贷形式和利率发生的频率，从当时的调查情况来看，是以无利、低利者居多，这种借贷形式带有互助互济、互通有无的性质，在很大程度上能解决农民生产、生活上的临时困难，同时，也不至于产生长期背债现象。也就是说，传统的民间借贷活动，不仅包含融资的经济功能，而且在很大程度上带有"一方有难，八方相助"的社会功能。它们不单是一种调剂资金余缺的经济制度，而且是一种起保障作用的社会制度。

## 第一节　农村私人借贷形式及借贷利率

### 一　农村私人借贷形式

解放前，农村私人借贷形式复杂，高利贷剥削成为封建地主盘剥广大人民的重要手段。其花样繁多，如江西就有23种名目。[①] 从笔者所掌握的资料来看，当时各地的情形大同小异。在此，兹将主要的借贷形式和利率归纳如下：

第一，利滚利、驴打滚与印子钱。

利滚利，即届期不还，以利作本，重计利息，逐期滚算。如湖北

---

① 刘俊秀：《江西农村阶层关系与各阶层土地占有的初步研究》（1950年9月3日），载《1949—1952年中华人民共和国经济档案资料选编》（农村经济体制卷），第27页。

省枣阳县的"大加一",按月给息一成,否则并本另生新息。① 湖南临湘县,每元每日利息1角,满10天计算复利,如此计算,借洋1元,1个月须还本利8元。②

驴打滚,即利息为本金的1倍或本利为本金的2倍。如湖南桃源县的"孤老钱",每月一对本,即借洋1元,过1个月还2元,过2个月还4元。③ 湖北省随县的"老呱呱",借10元,1个月还本利12元,超过1天另收2元,超过2天收4元。④

印子钱,多半是地主和保长士绅及集上的街痞等放的,借债户多为赌棍和好赌的农民,其特点是期限特短、利息特高。如据河南省潢川县十里棚乡调查,该乡印子钱一集(两天)加一利(10%的利息)每逢集要滚利一次。⑤ 江西省丰城县,俗称"九出十归外加三",即借9角当1元,隔一天要还1.3元。⑥

第二,借新谷,又称卖青苗、新谷钱。

农民每当青黄不接之际,以田中未熟之禾作抵,向地主借钱,秋收交还,其中最主要的除加利息外,债主贷放时的价格听涨不听跌,这种借贷最为残酷,利息很高。如湖北省江陵县三合乡贫农胡兴章借地主李南山伪币5000元,开始折1石谷,到第二年5月间谷价上升到10000元,就又折成钱数,又按2500元1石的价钱,强迫胡还谷4石,付出300%的利息。⑦ 湖南益阳黄家岭乡农民藏惠然,1944年上春月借地主赵修茂的1石谷,地主按当时最高谷价折成法币50万元,到秋收时,谷价只15万元1石,藏惠然卖掉3石3斗3升谷才还清这

---

① 冯和法:《中国农村经济资料(续编)》,黎明书局1935年版,第107页。
② 冯和法:《中国农村经济资料(续编)》,黎明书局1933年版,第1125页。
③ 冯和法:《中国农村经济资料》,黎明书局1933年版,第1124页。
④ 湖北随州志地方编纂委员会:《随州志》,中国城市经济出版社1988年版,第356页。
⑤ 《河南潢川县十里棚乡解放前的社会情况调查》,《中南区100个乡调查资料选集(解放前部分)》,中南军政委员会土地改革委员会调查研究处编印,1953年,第10页。
⑥ 《江西丰城县小袁渡乡解放前社会情况调查报告》,《中南区100个乡调查资料选集(解放前部分)》,第128页。
⑦ 《湖北省江陵县解放前的三合乡》,《中南区100个乡调查资料选集(解放前部分)》,第30页。

## 第四章 农村私人借贷形式、利率、借贷信用及借贷用途 | 137

笔债,利率233%。① 又如江苏省苏南地区,"放青稻",是农民在青黄不接之际,向债主借钱,以青稻贱价售予债主,至稻谷登场时偿还,一般比市价低20%—50%,是利贷剥削中最残酷的一种。②

第三,粮食及其他实物借贷。

这种形式一般分为两种情况:一种情况是债主在放贷时直接索要高息。如湖南省桂阳县樟市乡调查,农民向地主借谷,年利(实际只几个月)一般是100%—200%。③ 又据湖北江陵县三合乡调查,农民向地主借谷无论时间长短,如六月借八月还,虽只隔两个月,利息仍按年利计算,要还一年的利息,当时的利息最高为借1石还2石,即100%的利息;中等为30%—50%的利息;最少的为10%,但地主很少放过这样的账。另一种情况是因季节价格变动,债主将两种不同种类的粮食及其他实物相互着转,以加重对债户的剥削。如湖南省桂阳县樟市乡六组贫农黄生浑1946年春向地主黄益训借了6斗麦子,当时值谷9斗6升,到秋收后地主将6斗麦子折成6石谷,在三年中便还去12石还欠3石。又如江苏苏南地区,"稻麦滚",即是在麦登场时借一石麦,到稻登场时,折合成稻,到第二年稻贵麦贱时,再将稻折成麦。④

第四,合会。

各地名称不一,还有叫摇会、七贤会的,这是农民之间一种整收零付、零付整收的互助借贷形式,解放前农村比较普遍,通常是10人左右,自愿结合而成,是为了帮助解决婚丧嫁娶独立难以负担的经济费用,以发起人为头会(第一个得到借贷的人),其余则轮流行之。

解放后,经过减租减息及土地改革,解放前的"大加二""九出十归""猴子跳"等高利贷形式均已绝迹。在实行粮食统购统销后,

---

① 《解放前的黄家岭乡》,《中南区100个乡调查资料选集(解放前部分)》,第57页。
② 苏南区委员会农村工作委员会:《农村借贷问题调查》(1951年),江苏省档案馆,3006—永—267。
③ 《湖南桂阳县樟市乡解放前的政治经济情况调查》,《中南区100个乡调查资料选集(解放前部分)》,第40页。
④ 苏南区委员会农村工作委员会:《农村借贷问题调查》(1951年),江苏省档案馆,3006—永—267。

国家加强了对粮食市场的管理，农民手中的余粮减少，而货币收入在农户家庭收入结构中所占比重逐渐增加。农户收入结构的变化，进而影响农村私人借贷物形式的变化，粮食统购统销政策实施之后，农村私人借贷物形式逐渐从以实物为主向以货币为主转化。如在湖北农村，土地改革后到实行统购统销之前，农村私人借贷以粮食为主，借钱也折成粮食，形式较解放前简单。在统购统销政策实施之后，农村私人借贷转向以借钱为主，据湖北5个乡的调查，粮食统购统销以前货币借贷只占总额的2.63%，统购统销政策实施之后占借入总额的75.25%。① 在河南，据对三个村的调查，土地改革后，在借贷的形式上，有批牲口、卖青苗、借粮还粮、借款计实还款及借款还款等，自国家对粮食实行统购后，上述各种形式，较前逐渐变化，即借粮还粮的减少，借款计实还款以及借款还款的逐渐增多。1954年，借债户中货币借入占51.32%，实物占48.68%。② 在江西吉安县淇塘乡，自粮食统购统销以来，借贷形式由实物转向现金。③ 又如据河北、河南、山西、吉林、广东、贵州、江苏7省16个县18个典型村（乡）的3435户农户调查，"借贷形式极其复杂，多至数十种，归纳起来主要有三种：第一种是借钱还钱，所占比重逐年增加，现在占总借贷的66.35%；第二种是实物借贷，随着农产品计划收购的开展，已大大减少，目前占1.38%；第三种是通过实物计算，这种形式的具体内容很复杂，批青、批牛、批猪、借被絮等。此外，标会、摇会、红白喜会等钱会，在广东、广西等地也很盛行。"④

若以借贷利率为标准来划分，土地改革后农村的民间借贷形式主要有以下四种：

---

① 湖北省委农村工作部：《湖北省12个典型乡调查报告》(1956年)，湖北省档案馆，SZ—J—526。
② 中国人民银行河南省分行：《三个行政村的高利贷活动情况调查简结》(1954年10月)，河南省档案馆，J137—14—1078。
③ 江西省委调查组：《吉安淇塘乡典型乡社的调查报告》(1955年)，江西省档案馆，X006—2—11。
④ 卢汉川主编：《中国农村金融历史资料（1949—1985）》，第188页。

(一) 无利、低利

无利、低利借贷一般是发生在亲戚朋友之间，或互助组内挪借周转，借粮不多，流行极为普遍，属互助互济的性质。利息一般是2分，高的5分，低的1分半；利息有的是公开讲明，另有些放债户怕说是高利贷，不放怕对不起人，因此一般是借时不谈息，但借户还债时，仍按二三分付息，或还债时给借出户各种各样的好处，如送些副产品或糯米、芋头等，无偿地帮做几天工，多给几斤"秤头谷"（如借100斤，还时补5斤秤头谷，即还105斤）等变相形式作为报酬。这种形式较灵活简便，在土地改革结束后，在农民仍有困难的情况下，仍为农民解决临时困难所需要。

(二) 互利借贷

互利借贷是建立在互通有无、平等互利基础上的资金融通，反映了平等互利的经济关系，如果以土地改革后政府所规定的私人借贷为利率标准，则互利借贷的利率，月利为3%—5%。

(三) 高利借贷形式

高利借贷的形式有多种多样，除少数表现比较显露外，一般比较隐蔽。其种类有买（卖）青苗、放谷花、谷利、钱利、猪利等。月利最低，为5%，一般为10%—20%，甚至更高。

1. 买（卖）青苗

农民在青黄不接、经济困难时，以田间未熟农作物作担保，向富户借粮或借钱度荒，庄稼成熟后由债主收获。如广东省中山县外沙乡，1953年，全乡买卖青苗的3户，其中，富裕中农1户，中农2户（其中1户是由外乡通过他在本乡买青苗的）。买卖青苗总数量121元。其中，每担最高价格6.25元，最低5元，与当地牌价每担7.05元相比较，每担最高相差价格2.05元，最低的相差0.80元。卖青苗的全乡共有6户，其中，贫农4户，中农2户，这些都是因为有困难或临时周转不灵而卖的。[①] 广东省揭阳县南河乡富裕中农林日好，

---

① 华南分局农村工作部外沙乡调查组：《广东省中山县第二区外沙乡农村经济调查报告（初稿）》(1954年1月31日)，广东省档案馆，204—5—12。

1953年秋收前一个月以150斤谷向严重困难户林顺江买0.5亩禾苗，秋收后林日好割了250斤谷，一个月内获利100斤谷，月利66%。①

2. 放谷花

也称新谷钱、新花钱，即借钱还粮。在青黄不接时，放债人以低价放款折谷，至夏秋早稻或晚稻收获时，以市价折谷收回，认涨不认跌。据调查，湖北省公安县中和乡1952年青黄不接时，谷价9元一石，放债者以一半的价钱买新谷，即借4.50元，秋收还谷一石，秋后谷价7.50元，时间1个月左右，利息在66%以上。② 又如，广东海丰县月池乡富裕中农黄八，于1953年4月间放给贫农黄顺隆9.60元（以当时市价折谷132市斤），至同年6月收回225市斤谷，月利达35%。③ 在安徽农村，放青稻大部分是集镇上的粮食商人放的，农民在青黄不接时，口粮接不上，或家中遇到意外之事，家里无钱，又无法借到粮食，只好将田里快要成熟的稻子，忍着痛苦贱价卖给他们。如1953年7月中旬离割稻时间不过10天至半月，放青稻是5元一担，按粮食公司当时收购牌价是每一担合9.4元，仍其杀价约一半。④

3. 谷利

一般是在春、夏荒时，农民借入以解决口粮问题。谷利分有两种情况，一种是明利，另一种是暗利。明利如广东省中山县榄边乡债利生活者陈金杏，1952年年底，借给困难户林元勇稻谷120斤，1953年6月收回本利共204斤，月利11.6%。暗利较普遍的是借粗粮还细粮、借原粮还成品等形式来进行，利率隐蔽在借贷物的形式变化中，放坏谷收好谷，获取其稻谷的差价为利息收入。在湖北，最低月利12.5%，高的达33.3%。这种形式在统购前很普遍，据湖北5个乡的

---

① 华南分局农村工作部：《广东省农村经济调查》（1954年4月），广东省档案馆，204—5—68。

② 公安县委调查组：《公安县中和乡农村经济调查》（1952年12月），湖北省档案馆，SZ18—1—6。

③ 中共粤东区党委农村经济调研组：《广东省海丰县月池乡1953年农村经济调查报告》（1954年2月23日），广东省档案馆，204—5—14。

④ 安徽省委农村工作部：《无为县河坝区藕塘乡三星行政村调查报告》（1953年），安徽省档案馆，J9—2—43。

调查，统购后较统购前下降 89.28%。① 广东省海丰县月池乡坏谷和好谷的差价，1953 年每担谷相差 1.70 元以上，月利达 11%。在安徽农村，一般是春借秋还，春天借 1 石米，秋收后还 3 石稻或 3 石 5 斗稻，多的要 4 石稻，借 1 石稻还 3 石稻，普遍叫作加 5 利，实际每石稻能做 5 斗 5 升米，3 石稻要做 1 石 6 斗 5 升米，利息为 65%。②

4. 钱利

在湖南称为"放拆息"，少数因亲朋关系不要利，一般月利 10%，严重的在 20% 以上，安乡县寨家渡乡新中农王同亮在 1953 年 5 月借私商 3.5 元，割早谷（6 月下旬）还谷 100 斤，合币 5.5 元，折月息 57.14%。③ 广东揭阳县南河乡富裕中农林英存，借给贫农林戊端 4 元，一个月后还 4.84 元，月利 21%。④

5. 猪利

这种形式解放前已经存在，土地改革时很少，土地改革后又活跃起来。一种形式是借肉猪，在湖南省衡山县横岳乡，一般是借 15 斤肉还 1 石谷，合利息 15%，多以解决春荒。⑤ 在广东，主要发现在曲江县共和乡和廉江深水垌乡。如曲江县共和乡富裕中农陈长福，于 1953 年荒月借出 1 头 96 斤重的猪，当时每斤猪肉价 0.52 元，共得款 49.92 元，折谷 713 斤，讲明须还猪肉 124.8 斤，还是每斤猪肉 0.67 元，共计 83.62 元，折谷 1306 斤，月利 40%。猪利的另一种形式是放猪姆，在湖南省衡山县横岳乡，借猪姆多为解决副业上的投资困难，猪姆借给负债户饲养不算本金，猪姆繁殖 10 头以下付 1 头利息，10 头以上付 2 头利息，小猪需饲养 2 个月才能交付。在广东中山县榄

---

① 湖北省农村工作部：《湖北省 12 个典型乡调查报告》（1956 年），湖北省档案馆，SZ—J—526。

② 安徽省委农村工作部：《无为县河坝区藕塘乡三星行政村调查报告》（1953 年），安徽省档案馆，J9—2—43。

③ 湖南省委农村工作部：《安乡县寨家渡乡经济调查情况》（1955 年），湖南省档案馆，146—1—206。

④ 华南分局农村工作部：《广东省农村经济调查》（1954 年 4 月），广东省档案馆，204—5—68。

⑤ 中共衡山县委办公室调研组：《衡山县横岳乡农村经济调查报告》（1954 年 2 月 16 日），湖南省档案馆，146—1—44。

边乡西江里村贫农林少航,于 1953 年向人借来 1 头猪姆,价值 6 元,讲明猪崽出生每头要还猪利 1 斤半猪肉,头造生 12 只,共还肉 18 斤,折钱 8.64 元,尾造生 11 只,共还肉 16.5 斤,折钱 16.50 元;一年中共获利 25.14 元,年利达 41.9%。① 在安徽农村,贫苦农民为暂时解决生活困难,借不到粮食,就借猪肉出卖,换粮食吃。一般是"斤肉斗粮",有的还要还 1 斗 2 升稻,今年夏天 1 斤肉只卖 0.56 元,秋收时 1 斗稻约值 0.95 元,利息超过"加 6",借来的肉,还要设法卖出去,卖时要苦苦挨户求人,有些人买去还不能马上给钱或粮食。②

除上述几种借贷形式之外,在"土改"后的中南区农村还存在借柴、借布、借牛、借鹅、借肥料等多种高利实物借贷形式。但归纳起来,主要有三种:第一种是借钱还钱,这种形式在粮食统购统销后逐年增加;第二种是实物借贷,随着农产品计划收购已大大减少;第三种是实物与货币相互折算,这种形式最为复杂。诸多借贷形式的存在,一方面反映了当时农民家庭的普遍贫困;另一方面可以满足农民多样化的借贷需求。从这些借贷形式的利息来看,借某物还同样物的利息相对较低,而借某物还另一物及借钱还物(或借物还钱)的利息则相对较高,这种利息主要是隐藏在借贷物的形式变化所引起的价格的换算之中。

(四) 利率不定的借贷形式:合会

利率不定的借贷形式是各种合会,如谷会、钱会等。一般由发起人(称"会头")邀请亲友若干人(称"会脚")参加,约定每月、每季或每年举会一次。每次各缴一定数量的会款,轮流交由一人使用。会头先收第一次会款,以后依不同方式,确定会脚收款次序。如按预先排定次序轮收的,称为"轮会";如按摇骰方式确定的,称为"摇会";如用投标竞争方式确定的,称为"标会"。当农民困难大、用钱急时,投标的利率就高;反之,利率就低。这些会一般是解放前

---

① 华南分局农村工作部榄边乡调查组:《广东省中山县榄边乡(大车、西江里两村)农村经济调查报告》(1953 年 12 月 25 日),广东省档案馆,204—5—12。

② 安徽省委农村工作部:《无为县河坝区藕塘乡三星行政村调查报告》(1953 年),安徽省档案馆,J9—2—43。

## 第四章 农村私人借贷形式、利率、借贷信用及借贷用途

遗留下来的，也有新组织的。如广东廉江县深水垌乡，1953 年全乡现存有谷会 46 个，大部分是解放前遗留下来的，参加农民有 300 多户。又如梅县双竹乡，1953 年该乡的 3 个钱会，都是"土改"后重新组织起来的，参加的户数有 43 户，其中，中农 4 户，占本阶层的 9.3%，贫农 34 户占本阶层的 24.81%，小土地经营 1 户，还有 4 户阶层成分不明。[①]

1. 属于互助互济性质：约会（打会）

约会以物种分有谷会、钱会、油会等。以时间分，有周年会、半年会、四季会、月月会等。以成会人数分，为七成会、九成会、十一成会等。解放前，谷会、油会盛行，因伪币易于贬值，存钱不如存谷。解放后，钱会盛行，谷会、油会逐渐减少，因人民币稳定，打钱会较方便。打会人数均以 9 人、11 人为宜，有两个原因：一是便于计算利息；二是办会酒时一桌 8 人、10 人很适宜，会头在旁斟酒。谷会、油会只有周年会适应生产收获的季节，钱会就以月月会居多，解决困难及时，谷会、油会一般相同。据对湖南省衡山县横岳乡的调查，九成会一般年利 17.5%，十一成会一般年利 15%，利息较一般借贷低，且不是一年一次完毕，使人有喘息储备的机会。[②] 但打谷会、油会一般是会头、末会占便宜，头会"骗头无利"，末会付的少，接的多，所以，九成会是付六不付七，一会是付七不付八，中间（俗称扁担会）稍吃亏。现以谷会为例，其付息过程分析如表 4-1 所示。

表 4-1　　　　　　　　九成谷会完付次序　　　　　　　单位：石

| 次序 | 每会应完出谷数 | 每会应付本会谷数 | 本会当接谷数 | 接过后几年、应完出谷数 | 岁主完会、所得息谷数 |
|---|---|---|---|---|---|
| 头会 | — | 2.00 | 16 | 8 年完出本息，22.4 | — |
| 二会 | 2.8 | 1.895 | 16 | 7 年完出本息，19.6 | 1 主完息谷，0.8 |

---

① 华南分局农村工作部：《广东省农村经济调查》（1954 年 4 月），广东省档案馆，204—5—68。

② 中共衡山县委办公室调研组：《衡山县横岳乡农村经济调查报告》（1954 年 2 月 16 日），湖南省档案馆，146—1—44。

续表

| 次序 | 每会应完出谷数 | 每会应付本会谷数 | 本会当接谷数 | 接过后几年、应完出谷数 | 岁主完会、所得息谷数 |
|---|---|---|---|---|---|
| 三会 | 2.8 | 1.733 | 16 | 6年完出本息，16.8 | 2主完谷，1.6 |
| 四会 | 2.8 | 1.52 | 16 | 5年完出本息，14 | 3主完息，2.4 |
| 五会 | 2.8 | 1.20 | 16 | 4年完出本息，11.2 | 4主完息，3.2 |
| 六会 | 2.8 | 0.667 | 16 | 3年完出本息，8.4 | 5主完息谷，4 |
| 七会 | 2.8 | 免付 | 16.8 | 2年完出本息，5.6 | 6主完息谷，4.8 |
| 八会 | 2.8 | 免付 | 19.6 | 1年完出本息，2.8 | 7主完息谷，5.6 |
| 末会 | 免完 | 免付 | 22.4 | 当接 | 8主完息谷，6.4 |

注：以每人付首会谷2石（1石=150斤）计算，以此类推。已接过者，完出谷即称完会，未接者付出谷则称付会。

资料来源：中共衡山县委办公室调研组：《衡山县横岳乡农村经济调查报告》（1954年2月16日），湖南省档案馆，146—1—44。

从表4-1可以看出，接过者是按统一利率标准完会到底，未接者照以会利摊付。其会的组织形式，一般是以族亲戚友邀集而成周年会（谷会或钱会），大多按会众的完付能力而定大小，谷会较大者有15000—20000斤（九成、十一成会），一般谷会是2400—3000斤，最小的谷会为600斤。

谷会是中农、贫农解决困难的一个互助互济的办法，因利息很低，且完付有季节性，对困难户是绝对有利的。他们起会也议定"会书"，规定一些对会行之有效的管理办法，会众共同订立，大家遵守。诸如，自会头接会后，用抽签办法，确定接会程序；规定不得以上座下，也不许东抵西拨，如有付前不付后者，接会日完本无利；等等。

谷会在粮食统购统销前，较为普遍，实行粮食统购统销后，国家加强了对粮食市场的控制，谷会也趋于萎缩。如湖南省衡阳县永寿乡，全乡土地改革后至1953年秋季前共有谷会24个，参加农户173户，1953年秋收后到粮食统购前又新起24个，参加农户168户，粮食统购后，部分已改为折价付款，有22个会则已解体结束。[①]

---

① 湖南省委农村工作部：《衡阳县永寿乡农村经济情况调查》（1955年5月），湖南省档案馆，146—1—37。

钱会主要是月月会，月息一般为加三（月利3%），不办会酒。

2. 属于高利借贷性质：标会

在湖南农村，土地改革后开始流行，如据对衡阳县永寿乡1953年10月的调查统计，当时共有标会26个，289户参加，占全乡总户数的72%。① 标会是一种货币借贷形式，参加人数没有规定，形式与月月会相当。其不同者，是利息与接会次序先后没有规定，会头不付利，每人均付，接过者照以每人付数俟会完本无息。到二会上开标，谁愿出高利者谁接会。如衡山县横岳乡三组农民阳西根参加的一个标会，因他本人是布贩，急需钱，一个50元的十一成标会每人均付首会5元，到二会上他出息1.50元而当接。如此50元的标会，只能接到35元，而其他会脚每人只需付3.50元，他则仍按5元俟会完到底。这样的利息算是一般，最高者出到2.50—3元，所以，标会的利息就无限制。② 参加标会的人经济上越困难，需钱越急，更情愿出高息接会，这样就越吃亏，经济较好者参加在里面则有利可图，可趁机剥削。阳西根是因打标会过多，自己经济困难，被标会扯垮了布摊，不能再做，反而负债一身，类似这样打标会下场的很多。一般标会的利息，利息加五六、加十甚至加倍不等。

在广东，如潮安县莲云乡有一个月兰会，参加的共26份，每份1.50元，每半月投标一次，利率高时0.28元，低时0.14元。有一个农民8个半月中共放出16元，获利3.20元，折合月利达6%左右。③

合会的机制设计比较特殊，它形成于彼此比较熟悉的人群内部，是基于事先存在的社会关系形成"内部人"金融，牢固的社会关系和个人对信誉的珍惜则对参与者形成了较为有效的约束，这样，参与者个人之间的信任、监督和惩罚就成为规避风险、维持运转的良好工

---

① 湖南省委农村工作部：《衡阳县永寿乡经济调查材料》（1953年10月16日），湖南省档案馆，146—1—142。

② 中共衡山县委办公室调研组：《衡山县横岳乡农村经济调查报告》（1954年2月16日），湖南省档案馆，146—1—44。

③ 中共粤东区党委农村经济调研组：《广东省潮安县莲云乡农村经济调查报告》（1954年1月），广东省档案馆，204—5—14。

具。尽管合会的风险较低,但其风险还是存在的。由于民间合会对会员和会首更多的是一种社会和道德意义上的约束,一旦有会首和会员因经营不善或突遭变故造成财务困难,无法支付会款时,就会发生倒会(烂会)。谷会、钱会中另有篓子会与拆会的形式来解决倒会风波。篓子会就是当头二会接过后,三会因故不肯付会,就由头二会把接到手的会谷分年完清,会众不再付谷。拆会就是头会接过后,会众不肯再付,就由会头将收到的会谷一次完清散会,这两种会是处理烂会的较好办法。

总之,打会是土地改革后农村可提倡的一种借贷形式,尤其是月月会,其特点是:(1)筹集的资金规模比一般私人借贷更大,更能切实解决农户的生产生活困难;(2)利率较低;(3)完债期限相对较长,负债农户有较充足的喘息机会,不至于造成过大的经济压力;(4)打月月会,以货币为主,起会容易;(5)集借和贷于一身,兼具储蓄投资获利的好处和应急提款使用的便利,接会的解决了困难,付会的可当作储蓄手段。

### 二 农村私人借贷利率

(一)私人借贷的利率结构

上文考察了土地改革后以借贷利率为标准所划分的农村民间借贷的四种形式,下面具体考察当时私人借贷的利率结构状况。

在东北,据对辽东省凤城县黄旗村经济调查,1950年,只有4户出借,共借出570元,利率最高5分,最低3分;① 又如据对黑龙江省海伦县第十六区永安村、西安两村调查,农民间春天买卖车马都是以大豆作价,按50%行息,秋后还豆,在一般借贷利息上,永安村是5分利(春借1斗,秋还1斗半)占60.7%,4分利占27%,亲友借贷无利息的占11%,也有少数6分利与3分利的。西安村5分利者占93.5%。② 辽西省黑山县二区崔家屯村,1951年,私人借贷"利息最

---

① 《辽东省凤城县黄旗村经济调查(1950年)》,载中共中央东北局农村工作部编《1950—1952年东北农村调查选集》。

② 《黑龙江省海伦县第十六区永安村、西安经济调查(1951年)》,载中共中央东北局农村工作部编《1950—1952年东北农村调查选集》。

第四章　农村私人借贷形式、利率、借贷信用及借贷用途 ▍147

高5分，最低4分，有1户借互助组，无利息"。① 在松江省，呼兰县孟井村，"一般是5分利，1948年最高是5分利；1949年起出现了6分利，但数量不大，多数还在5分，也有部分无利的。4年来每年平均利率1948年为4.4分，1949年为4.75分，1950年及1951年为4.9分强，名为年利，有许多只有8个月、半年，甚至更短的时间，故实际利率要达8—9分"。② 该省双城县第九区大有村1951年借贷中，利率最低2分，最高10分，普通都在五六分。③ 又如热河省典型村调查，"高利贷也多，72%的有利息当中，有48%是超过春借秋还'钱三粮五'，占借粮总数的33.5%；有的是夏借秋还三个月也是5分利；有的春借1斗小麦，秋还2斗米，春借1斗大麦，秋还1斗高粱；借猪分肉、借猪还米都相当于'大加1'的利息"。④

在山西，据对该省20个乡的调查，1952年，私人借贷一般利率4分，最低1分，最高到1倍息；1954年，一般利率2分，最低1.1分，最高到1倍息。⑤

在河南，据对1954年对4个乡的调查，1952年借款2268元中，高利借贷占39.43%，较1951年的18.75%约增加20个百分点，1953年高利借贷占17.03%，无利借贷从1952年占47.66%升为1953年占82.25%。⑥ 另据对三个行政村的私人借贷情况的调查，1954年，私人借贷额折合人民币2899元，其中，无息借贷金额876元，占借贷总额的30.21%；月利3%以下的219元，占7.56%；月

---

① 《辽西省黑山县二区崔家屯村经济发展情况调查（1951年）》，《1950—1952年东北农村调查选集》。
② 《松江省呼兰县孟井村经济调查（1951年）》，《1950—1952年东北农村调查选集》。
③ 《东北区松江省双城县第九区大有村借贷关系调查表》（1952年4月14日），《农村经济与农民负担调查资料》（第二集），中央人民政府财政部农业税司编印，1952年10月，陕西省档案馆，D9—8—23。
④ 《热河省典型村经济情况调查（1952年）》，《1950—1952年东北农村调查选集》。
⑤ 中共山西省委农村工作部编：《土地改革结束时期·1952·1954年山西省20个典型乡调查资料》1956年5月，山西省档案馆，第6805号。
⑥ 河南省农村工作部经济调查办公室：《河南省农村经济调查报告（初稿）》1954年5月，河南省档案馆，J11—1—55。

利 3%—5% 的 465 元，占 16.04%，月利 6%—10% 的 903 元，占 31.15%；月利 11%—20% 的 171 元，占 5.90%；月利 20% 以上的 265 元，占 9.14%。① 又如许昌县第六区李门乡，1952 年、1953 年两年发生借贷关系的 44 起，借贷折小麦数 12289.5 斤，其中，有利的占 45.41%，无利的占 54.59%，利率最高的年利 50%（折合月利 4.17%），最低的 25%（折合月利 2.08%）。② 从河南 4 个乡村反映的情况来看，土地改革后农村私人借贷形式以无利及低利为主，高利（月利超过 5%）借贷虽然存在，但不是主要形式。

在湖北，根据湖北省统计局对 1954 年 35 个乡私人借贷的抽样调查：(1) 粮食借贷，贫农借粮 4396 斤，其中，有利借粮占 13%；中农借粮 894 斤，其中，有利借粮占 25%；地主借粮 331 斤，其中，有利借粮占 46.5%。(2) 货币借贷，共计 4251 元。社员借款 69 元，其中，有利借款占 39%；贫农借款 866 元，其中，有利借款占 15.4%；中农借款 3002 元，其中，有利借款占 12.2%；地主无利借款 163 元，富农有利与无利借款 151 元。利率一般是在 2% 左右，也有的高达 3%—4%。③ 另据对该省 11 个乡 1953 年 7 月至 1954 年 6 月私人借贷关系的调查，各阶层放债农户的放债月利率分组情况如表 4-2 所示。

如表 4-2 所示，在 1953 年 7 月至 1954 年 6 月湖北农村所发生的私人借贷关系的利率发生频率呈明显的偏左态分布，即绝大多数借贷关系是属无息借贷的互助互济性质。在发生的有利借贷关系中，以月利 2%—5% 最多，该利率也在当时政府所规定的正常的私人借贷利率标准之内（货币贷款最高月息 3 分，实物借贷春借 1 斗，秋还 1 斗 3

---

① 中国人民银行河南省分行：《三个行政村的高利贷活动情况调查简结》（1954 年 10 月），河南省档案馆，J137—14—1078。
② 河南省委农村工作部：《许昌县第六区李门乡经济调查总结（初稿）》（1954 年 1 月），河南省档案馆，J11—1—61。
③ 湖北省统计局编：《1954 年农村经济调查报告》（1955 年 12 月 5 日），湖北省档案馆，SZ44—2—118。

第四章 农村私人借贷形式、利率、借贷信用及借贷用途 | 149

表4-2 湖北省11个乡放债农户的放债月利率分组情况

单位：户，折合稻谷市斤，%

| 阶层 | 无利 | | | 2%以下 | | | 2%—5% | | | 5%—10% | | | 10%以上 | | |
|---|---|---|---|---|---|---|---|---|---|---|---|---|---|---|---|
| | 户数 | 比重 | 斤数 | 比重 | 户数 | 比重 | 斤数 | 比重 | 户数 | 比重 | 斤数 | 比重 | 户数 | 比重 | 斤数 | 比重 |
| 贫农 | 13 | 61.90 | 1895.5 | 50.58 | 3 | 14.29 | 486 | 12.97 | 1 | 4.76 | 217 | 5.79 | — | — | 4 | 19.05 | 1149 | 30.66 |
| 中农 | 103 | 77.44 | 15344.4 | 57.46 | 6 | 4.51 | 3825 | 14.32 | 11 | 8.27 | 4764 | 17.84 | 2 | 1.50 | 345 | 1.29 | 11 | 8.27 | 2425 | 9.08 |
| 富裕中农 | 95 | 81.90 | 24805.9 | 74.96 | 4 | 3.45 | 685 | 20.70 | 11 | 9.48 | 5122 | 15.48 | 2 | 1.72 | 211 | 0.64 | 4 | 3.45 | 2268 | 6.85 |
| 中农合计 | 198 | 79.52 | 40150.3 | 67.15 | 10 | 4.02 | 4510 | 7.54 | 22 | 8.84 | 9886 | 16.53 | 4 | 1.61 | 556 | 0.93 | 15 | 6.02 | 4693 | 7.85 |
| 其他劳动者 | 4 | 100 | 4135 | 100 | — | — | — | — | — | — | — | — | — | — | — | — | — | — | — | — |
| 老富农 | 14 | 77.78 | 11309 | 92.11 | — | — | — | — | 3 | 16.67 | 777 | 6.33 | — | — | — | — | 1 | 5.56 | 192 | 1.56 |
| 有严重剥削分子 | 4 | 57.14 | 552 | 23.13 | 1 | 14.29 | 510 | 21.37 | — | — | — | — | — | — | — | — | 2 | 28.57 | 1324 | 55.49 |
| 其他剥削者 | 4 | 66.67 | 772 | 66.84 | — | — | — | — | 1 | 16.67 | 115 | 9.96 | — | — | — | — | 1 | 16.67 | 268 | 23.20 |
| 地主 | 5 | 100 | 259 | 100 | — | — | — | — | — | — | — | — | — | — | — | — | — | — | — | — |
| 合计 | 242 | 78.06 | 59072.8 | 70.53 | 14 | 4.52 | 5506 | 6.57 | 26 | 8.39 | 10995 | 13.13 | 4 | 1.29 | 556 | 0.66 | 23 | 7.42 | 7626 | 9.11 |

资料来源：同表3-11。

至 1 斗 5）。① 总体上看，月利超过 5% 的借贷关系无论是放债农户还是放债额所占总放债农户及总放债额的比重均不超过 10%。

在湖南，据对该省 4 个乡私人借贷关系调查，长沙县云泉乡，1952 年，私人借贷中贷出总额折合稻谷 31062 市斤，其中，无利借贷 931 市斤，占 3.00%；月利为 2%—5% 的借债 29419 市斤，占 94.71%；月利为 5% 以上的借债 712 市斤，占 2.29%。② 湘潭县清溪乡，1954 年，放债总额折合稻谷 15505 市斤，其中，无利贷出的占 98.89%，月利为 2% 的占 0.64%，月利为 2%—5% 的占 0.46%。③ 衡阳县永寿乡，1954 年，放债总额折合稻谷 32565 市斤，其中，无利借贷的 54 户，放出稻谷 17953 市斤，占 55.13%；月利为 2% 以下的 9 户，放出稻谷 1613 市斤，占 4.95%；月利为 2%—5% 的 16 户，放出稻谷 7358 市斤，占 22.59%；月利为 5%—10% 的 6 户，放出稻谷 1613 市斤，占 4.95%；月利为 10% 以上的 6 户，放出稻谷 1392 市斤，占 4.27%。④ 安乡县蹇家渡乡，1952—1954 年，私人借贷额及借贷利率结构变化情况是：1952 年放贷额折合人民币 2279.87 元，其中，无利的 294.06 元，占 12.90%；月利为 5%—10% 的 1690.63 元，占 74.15%；月利为 10% 以上的 295.18 元，占 12.95%。1953 年，放贷额折合人民币 2359.37 元，其中，无利的 637.72 元，占 27.03%；月利为 5%—10% 的 1596.94 元，占 67.69%；月利为 10% 以上的 124.71 元，占 5.29%。1954 年，放贷额折合人民币 1403.37 元，其中，无利的 634.19 元，占 45.19%；月利为 2% 以下的 84.33 元，占 6.01%；月利为 5%—10% 的 414.1 元，占 29.51%；月利为

---

① 卢汉川主编：《中国农村金融历史资料（1949—1985）》，中国农村金融历史资料编委会 1986 年版，第 188 页。
② 湖南省委农村工作部：《长沙县云泉乡农村经济情况调查报告初稿》（1953 年），湖南省档案馆，146—1—27。
③ 湖南省委农村工作部：《关于湘潭县清溪乡经济情况调查材料》（1955 年），湖南省档案馆，146—1—175。
④ 湖南省委农村工作部：《关于衡阳县永寿乡农村经济情况调查材料》（1955 年），湖南省档案馆，146—1—37。

10%以上的270.75元，占19.29%。① 从湖南省4个乡私人借贷所反映的情况来看，土地改革后农村私人借贷关系以无利、低利的互助互济和互通有无性质为主，而月利超过5%的高利借贷所占比重不大。同时，从1952—1954年安乡县寨家渡乡农村私人借贷利率结构的变化趋势可以看出，无利和低利的私人借贷发生的频率逐渐增加，而高利借贷发生的频率逐渐减少。

在江西，据对该省3个乡私人借贷调查，吉安县淇塘乡，农户间无利形式的借贷折合稻谷4181市斤，占放出总数的49.85%；月利为2%—5%的折合稻谷2367市斤，占放出总数的28.23%；月利为5%—10%的折合稻谷900市斤，占放出总数的10.78%。② 信丰县胜利乡，私人借贷关系属于互借有无，没有利息者最多，共计放出债谷6400斤，占放债总数的97.78%；属于一般借贷的146斤，占总数的2.22%（月利为1%—2%）。③ 崇义县黄沙乡，从1953年7月到1954年6月，共有放债户43户，占总户数的14.48%，放出金额折谷13460斤，主要是互通有无的性质，其中，无利的35户，放出谷11052斤，占放出总数的86.57%；月利为3%—5%的7户，放出谷1748斤，占放出总数的12.99%；月利为5%—10%的1户，放出谷60斤，占放出总数的0.44%。④ 另据对九江县石门乡的调查，放出户29户，共放出折合稻谷4259斤，其中，无利的25户，放出谷3488斤；月利2%以下的有2户，放出谷484斤；月利为5%—10%的2户，放出谷287斤。从借债方面来看，借债户115户，借入31148斤，其中，无利的81户，借入23135斤；月利为2%以下的11户，4462斤；月利为2%—5%的4户，借入560斤；月利为5%—10%的

---

① 湖南省委农村工作部：《关于安乡县寨家渡乡农村经济情况调查材料》（1955年），湖南省档案馆，146—1—206。
② 江西省委农工部：《吉安淇塘乡农村经济调查总结》（1954年8月5日），江西省档案馆，X006—2—3。
③ 江西省农村工作部：《江西省信丰县胜利乡经济调查报告》（1954年8月10日），江西省档案馆，X006—2—4。
④ 江西省委农工部：《崇义县黄沙乡经济调查材料》（1954年9月），江西省档案馆，X006—2—5。

3 户，借入 165 斤；月利为 10% 以上的 16 户，借入 2826 斤。① 从江西省几个调查乡所反映的情况来看，与湖北、湖南两省的情况相差无几，即土地改革后农村的私人借贷关系大多属于互助互济、互通有无的性质，正常的私人借贷关系（月利为 3%—5%）所占比重不多，高利形式的借贷比重较少。

在江苏，农村民间借贷的利率，在抗战前一般是 2—3 分，最高是 5 分左右；抗战后一般是 5 分，最高是 1 倍多；土地改革后各地利息大致和土地改革前相同，但也有个别地方，仍有一倍息，甚至两倍息的。如建湖县一般利率为 5—6 分，有的超过 1 倍以上，沭阳纪荡乡烈属王桂元放 1 斗收 3 斗，两倍于本。② 又如苏南 12 个典型村的调查，土地改革后，利率一般为 2—3 分，12 村中以句容十社村利率最高，一般年利为 4 分，有的还不要利息。③

在广东，据对该省揭阳县南河乡、曲江县共和乡、潮安县莲云乡、中山县外沙乡、梅县双竹乡和顺德县海尾村 6 个乡、村的调查统计，1953 年，无利放债农户 155 户，放出额折合稻谷 53665 市斤，高利放债农户 54 户，放出额折合稻谷 27405 市斤。在潮安县莲云乡、梅县双竹乡和顺德县海尾村 3 个乡均未发现高利借贷。④ 对该省曲江县共和乡从私人借贷的性质来说，尚属高利借贷者 23 户，占放债总户数的 67.64%，占全乡总户数的 6.67%，放出粮数 15541 斤，占放出粮食总数的 80.1%；一般借贷及无利借贷 11 户，占放债总户数的 32.36%，占全乡总户数的 3.19%，放出粮食 3862 斤，占总数的 19.90%。⑤ 在新会县北洋乡，1953 年的借贷关系中，大多数是无利

---

① 中共九江地委调查组：《九江县石门乡农村经济调查总结》（1954 年 7 月 31 日），江西省档案馆，X006—2—6。

② 江苏省农村工作部：《江苏农村经济概况》（1953 年 3 月 18 日），江苏省档案馆，3062—永—3。

③ 苏南区委员会农村工作委员会：《12 个典型村"土改"后农村经济调查》（1951 年 12 月 30 日），江苏省档案馆，3062—永—148。

④ 中共中央华南分局农村工作部：《广东省农村经济调查》（1954 年 4 月），广东省档案馆，204—5—68。

⑤ 中共中央华南分局农村工作部共和乡调查组：《曲江共和乡农村经济调查报告》（1954 年），广东省档案馆，204—5—11。

或低利的，高利借贷的有 5 户，占借出户数的 8.5%，共放出 2340 斤，占借出总数的 12.5%。利息高的 7 分，低的 5 分。① 从总体上看，广东的农村私人借贷的利率结构情况与上述几个省基本类似，但其省内各地区也有其不同的特点。从调查情况来看，有的地区的私人借贷完全属于无利、低利性质的互助性质，有的地区高利借贷所占比重甚小，而在某些地区高利借贷所占比重很大。

又如安徽省肖县杨各阁乡，1952 年，农村私人借贷利率月利最高为 33%，一般为 8%，最低为 5%；1954 年，私人借贷利率月利最高为 3%，最低为 2%。② 另如据对湖北省 11 个乡 1953 年 7 月至 1954 年 6 月私人借贷关系的调查，在此期间，共有 309 户农户放债，其中，无利放债户数 242 户，占放债总户数的 78.06%，放债折合粮食 59072.80 市斤，占放债总额的 70.53%；放债月利为 2% 以下的户数 14 户，占放债总户数的 4.52%，放债折合粮食 5506 市斤，占 6.57%；放债月利为 2%—5% 的有 26 户，占放债总户数的 8.39%，放债 10995 市斤，占 13.13%；放债月利为 5%—10% 的有 4 户，占放债总户数的 1.29%，放债 556 市斤，占 0.66%；放债月利为 10% 以上的有 23 户，占放债总户数的 4.24%，放债 7626 市斤，占 9.11%。③

在广西，根据对 10 个乡的调查，最高利息达到月利 46%，一般为 3%—10%，最低的月利为 1‰。④

---

① 中共中央华南分局农村工作部：《广东省农村经济调查》（1954 年 4 月），广东省档案馆，204—5—68。

② 《肖县杨阁乡的调查》，载安徽省委农村工作部编《安徽农村典型调查（"土改"结束后至 1954 年）》（内部资料），1957 年，第 41 页。

③ 根据湖北省委农村工作部《黄冈县竹皮寺乡调查统计分析表》（1954 年）、《麻城县董家畈乡调查统计分析表》（1954 年）、《浠水县白石乡调查统计分析表》（1954 年，湖北省档案馆）SZ18—1—128、《孝感县赵湾乡调查统计分析表》（1954 年）、《咸宁县马桥乡调查统计分析表》（1954 年）、《五峰县石梁司乡调查统计分析表》（1954 年，湖北省档案馆）SZ18—1—129、《江陵县三合乡调查统计分析表》（1954 年）、《荆门县曾集乡调查统计分析表》（1954 年，湖北省档案馆）SZ18—1—130、《襄阳县谭庄乡调查统计分析表》（1954 年）、《随县庙湾乡调查统计分析表》（1954 年）、《建始县七矿乡调查统计分析表》（1954 年，湖北省档案馆）SZ18—1—131 整理。

④ 《广西省农村调查》，载《八个省土地改革结束后至 1954 年的农村典型调查》，中共中央农村工作部办公室编印，山西省档案馆，21—8—1—2。

又如据对河北、河南、山西、吉林、广东、贵州、江苏 7 省 16 个县 18 个典型村（乡）的 3435 户的调查，私人借贷中，"既有无息，也有利上利、驴打滚和加三加五的，而实物借贷利息，大多隐蔽在价格的换算中，根据前述调查的 24524 万元（旧币）借贷数额中，无利的占 36.57%，3 分以下的占 13.17%，3—5 分的占 9.08%，5 分以上的占 41.18%，最高达 120 分（以上均为月利）"。①

综上所述，土地改革后农村民间借贷利率发生的频率，是以无利、低利居多，这种借贷形式带有互助互济、互通有无的性质，在很大程度上能解决农民生产、生活上的临时困难，同时，也不至于产生长期背债现象。也就是说，传统的民间借贷活动不仅包含融资的经济功能，而且在很大程度上带有"一方有难，八方相助"的社会功能。它们不单是一种调剂资金余缺的经济制度，而且是一种起保障作用的社会制度。

农村私人借贷中，低利率或零利率通常发生在熟识度较高的人群中（如亲朋好友之间），从而节省了对借款人的信息收集等交易成本。作为典型的互助贷款，低利率或零利率贷款通常被称为人情贷款。人情经济是中国社会的一种潜在经济，深刻而广泛地影响农村社区和农民生活，这种互助交换或交易大范围地在中国农村发生和发展，其原则与规范得到了人们极大的尊重；这种局限于乡村邻里、亲朋好友之间的小范围互助保障，也可以看作是传统互助文化在农村社会的延伸。在这种情况下，由于情感程度、信誉程度、利息支付方式等非市场因素的影响，私人借贷的供求被扭曲或无法显示，从而导致人情贷款的利率难以形成。需要指出的是，从形式上看，农村私人借贷大多不存在利息，是一种无偿借贷，但实质上这种借贷也是有利息的，只是利息支付的形式不一定是现金或实物。无偿借了别人的钱或物，要背上因借贷带来的"人情债"，这就是农户间自由借贷的隐性利息。

对于如何偿还这个"人情"，一般农户会为对方提供无偿帮工，或在偿还时给予一定的补偿，如上文所述的秤头谷等，或者在今后可能的条件下为对方提供无偿的贷款。这种无利和低利的互助互济性质

---

① 卢汉川主编：《中国农村金融历史资料（1949—1985）》，第 188 页。

的借贷形式对于贫困地区的农户来说十分重要，因为在当时农民家庭普遍贫困、缺乏资金积累的情况下，很多家庭经济与生计风险凭借农户自身力量难以应付，农户必须借助于家庭外部的力量，这也是为什么不少农户将剩余资金或实物贷给他人而不收取利息的原因。农户更看中未来的经济与生计安全，而不是眼前的经济利益。

当然，从调查情况来看，一部分放债农户在借贷时不要息，是因为存在思想顾虑，怕说成"高利贷"，不放又怕对不起人，因此，借时一般不谈利息。在这种情况下，无利借贷虽然暂时对部分雇贫农有利，但因出借者一般不是出于自愿，故不能长期流通，因此，对活跃农村借贷会有负面影响。

在土地改革后农村私人借贷关系发展过程中，出现了高利贷现象，从调查情况来看，这并不是当时私人借贷关系发展的主流，这是经济发展尤其是农村金融发展中不可避免的问题，是符合经济发展规律的正常现象，我们不应夸大它的负面影响。总之，如何引导农村私人借贷关系的有序发展是一个值得研究的重要课题。

(二) 农村私人借贷的正常利率形成机理

上文分析了农村私人借贷的各种形式及其各种利率的借贷发生的频率，下面分析农村私人借贷的正常利率的形成机制。

在我国，由于银行及非银行金融机构无利率定价权，利率标准按国家规定执行。国家在制定利率标准时，一般会考虑以下因素：(1) 平均利润率。利息是平均利润的一部分，一般来说，在其他条件不变的情况下，平均利润率越高，利息率也越高；反之，也就越低。(2) 资金供求状况。(3) 风险大小。(4) 借贷期限。通常期限越长，利率越高；反之，利率越低。除此之外，制约利率水平高低的因素还有预期价格变动率，国家经济政策影响以及历史因素和世界利率水平。理论上说是如此，但在当时的历史条件下，国家规定的利率并没有反映出市场资金定价原则所要求的内容，从而利率并不能真实地反映出市场资金供求状况。

与此相反，一般情况下，私人借贷利率是资本供求状况的具体表现，其决定因素必然反映出市场定价的原则。下面逐一分析这些因素对农村私人借贷利率的影响情况。

1. 资本供求因素

长期以来,农村资本供给是奇缺的,再加上当时的粮食产量较低,青黄不接时,农村的缺粮户很多,资本更显稀缺,因此,资金的供给具有一定的刚性。

土地改革后,获得土地的农民积极发展生产,但缺乏耕畜、农具和资金,对资本的需求非常大。农户对借贷资金最为突出的特点是资金需求的多层次性。这一点与农民的家庭既是消费单位也是生产单位密切相关。资金的需求,从广义上讲,表现为两个层次:生活性资金需求和生产性资金需求。所谓生活性资金需求,是指为了维持基本的生存和生活所必需的资金需求,如口粮、看病、修建房屋、婚丧嫁娶等。这种资金需求的最大特点是弹性极小,在任何情况下都不得不支出。所谓生产性资金需求,是指农户在生产中要进行一些投入所必需的资金。如购买种子、耕畜、农具等生产资料的资金。这类资金需求的特点是:(1)季节性。农作物播种和生产时,生产资料需求量大,农时又不等人,许多农民此时急需流动资金,因此,纷纷借贷。(2)分散性。土地改革后所形成的一家一户的小农经济特点,使农户借贷具有零星分散的特点。(3)不平衡性。因为每户农民家庭劳动力多少不一,技能情况不同,加之其他各种因素,资金实力不均衡,导致借贷数额和难易程度也不相同。(4)有一定的弹性。即实在得不到所需的资金也会通过压缩生活性支出来维持生产,生活性资金需求没有那样迫切。

两种借贷需求因为其各有特点,对利率的反应也不同,具体情况如图 4-1 所示。

图 4-1 中,$r$ 为利率,$Q$ 为资金需求,$SS$ 为资金供给,$A$、$B$ 两个阶段分别表示农户的生活性借贷需求和生产性借贷需求。生活性借贷需求曲线弹性较小,而生产性借贷需求曲线的弹性相对较大。从图 4-1 中可以看出,若政府加强对农村私人借贷的限制,私人借贷中的出借额就会减少,资金需求者的生产性借贷需求就会减少,此时借贷利率也会上升,在利率上升的同时,农户的生活性需求根本没有减

少。这样，一方面由于借贷资金的减少，农户借款的困难程度增加；另一方面，由于借贷利率的上升，增加了借债农户的负担。

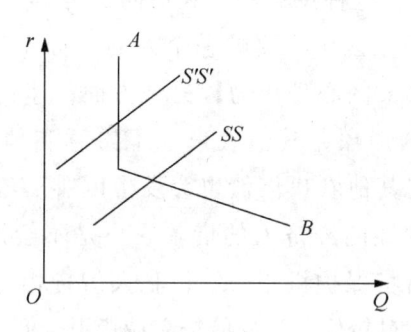

图 4-1 借贷利率与资金需求的关系

2. 农村借贷资本的机会成本

农户扩大生产经营规模受到土地占有、经营能力等方面的限制。土地改革后紧接着的农业集体化运动在农村正如火如荼地进行，农民原有的私有财产纷纷入社，在这种情况下，农户对农业生产投入的积极性不高。与此同时，统购统销政策实施以后，农村自由市场的范围逐渐缩小，个体农民的工商副业生产受到限制，农民投资机会较少。再加上当时正规金融的储蓄利息较低，因此，资本的机会成本很小。借贷资本的机会成本小，使利率有下降的趋势。

3. 交易费用

即贷款之前进行诚信调查、评估、审批等程序所付出的费用。在金融活动中，较之于农户与正规金融机构间以正规合约为基础的契约型信用，农村私人间的借贷活动通常以亲朋、邻居等血缘、地缘社会关系为依托而展开，建立在"相互了解""相互信任"的基础上。在这种具有高度互识性的社会中，必然存在着高频率的社会互动。他们之间的借贷活动不可能发生一次就终止，而是要进行近乎无限次的重复博弈。在这种情况下，若借债农户赖账不还，贷款农户就会永远终止与借债农户的经济关系，借款农户就不可能再从贷款农户那里得到任何帮助。更重要的是，在村落社会中，由于地域狭窄，借款农户的违约行为还会面临着惩罚的扩大效应，其违约行为会被贷款农户以"闲言碎语"的方式加以传播，借款农户的"恶劣行径"就会成为整个村落的共同信息。这种惩罚对于农户而言是十分严厉的。一方面，农户生活在共同的社区中，要顾忌个人的"面子"，被认为是不讲信用的人要承受极大的心理压力；另一方面，违约的农户在乡村中树立了不讲信用的形象，其他农户也不愿意和他发生经济上的往来，违约农户再向其他农户借债也会发生困难。考虑到这些潜在的违约成本，作为理性的经济人的借款农户是不会恶意拖欠借款的，有了这一内在的借贷保护机制，农村私人借贷相对安全了许多，进而其交易费用就相对较低。私人借贷交易费用较低，使利率有下降的趋势。

4. 风险成本

解放后，农村私人借贷大多采取口头契约的形式，一般无须担保和抵押，同时由于当时农民收入水平低下，农业剩余少，理论上讲，农民拖欠债务的概率较大，风险很大。解放前，借出户往往是地主、富农，他们有权有势，甚至豢养打手，经常强行逼债。解放后，放债者多是普通群众，债权既无法律保障，在舆论上也不被同情，加大了风险。在农村贯彻过渡时期总路线以后，自由借贷作为资本主义自发势力受到批判和打击，更使放债风险增加。私人借贷的风险大，使利率有上升的趋势。

5. 农村经济的发展水平

在商品经济相对发达地区，农民的获利水平及还款能力相对较强，利率较低；在商品经济不发达地区，农民的获利水平及还款能力低下，导致私人借贷风险增加，利率上升。例如，华南分局对广东省8个乡的调查，1953年在经济落后的曲江县共和乡、揭阳县南河乡、海丰县月池乡、廉江县深水垌乡等地，高利借贷活动发展较突出和迅速。如曲江县共和乡放债户占该乡总户数的9.86%，其中，放高利贷的户数占放债户数的67.65%，放高利贷数量占该乡借贷总量的80.1%，放高利贷户数占6.67%。而在经济发展较好的中山县外沙乡、榄边乡，新会县北洋乡，南海县夏南乡等地，高利借贷发生较少。如中山县外沙乡放债户数占该乡总户数的18.44%，其中，放高利贷的户数占放债户数的17%，占该乡总户数的3.1%，数量占该乡放债总数的20.6%。又如新会县北洋乡放高利贷数量占放债总数的11.88%。① 除地区间私人借贷利率与地区经济发展水平有关之外，私人借贷利率的高低还与农户的经济地位存在一定的正相关性。例如，河南省商丘专区鹿邑县一区四羊寨乡四羊寨村贫农刘金文借任老婆月利10分，其弟中农刘金章同时向任老婆借月利却7.5分。②

6. 借贷期限

从理论上讲，借贷期限越长，利率越高；反之则利率越低。但是，在土地改革后农村私人借贷关系中，事实并非如此，一方面，私人借贷的利息是在借贷时双方讲明的，如借1石还1石5斗，利息是5斗，拖欠也碍于情面，大多不存在罚息现象。另一方面，借贷期限长短不一，一般是春借秋还，时间半年，这样折合月利率是8.33分，若借债户早还，则折合利率要低于8.33分。反之，若拖欠，则折合月利率要高于这一利率水平。

7. 通货膨胀因素

通货膨胀率越高，利率越高；反之则利率越低。1950年3月，国家统一财经政策后，物价趋于稳定，通货膨胀因素对农村私人借贷利率所产生的影响甚小。

8. 旧有的行息习惯

在制度变迁过程中，常有"路径依赖"的特点，同样，旧有的农村私人借贷利率也会对新的利率变化产生影响。

9. 借贷双方的亲疏关系

农村居民之间的借贷活动一个突出的特征是以亲朋、邻居等血缘、地缘社会关系为依托，在一个或近或远的人伦社会关系范围内进

---

① 中共中央华南分局农村工作部：《广东省农村经济调查》（1954年4月），广东省档案馆，204—5—68。

② 商丘专区分行工作组：《调查私人借贷情况报告》（1954年11月11日），河南省档案馆，J137—14—1078。

行。中国传统文化中重义轻利的价值取向使贷款者不能只考虑经济收益，更要照顾到人情关系及其他伦理规范。这种伦理规范在中国传统社会的表现，就是借贷双方的血缘、姻缘、地缘等人伦社会关系越近，双方越要考虑到这种伦理规范和亲情友情关系，一般来说，关系越近，借贷利率越低；反之则越高。例如，前文所述的河南三个村的私人借贷关系中，占无利借入总额75%的借贷发生在亲戚或亲族之间。

除以上因素之外，借贷利率的高低还与政府提出的借贷利率标准相关。

综合以上分析，影响农村私人借贷利率高低的主要因素有：资本供求因素、借贷资本的机会成本、风险成本、农村经济的获利水平、借贷期限、旧有的行息习惯以及借贷双方的亲疏等。尽管由于中国地域广阔，且没有形成全国的统一市场，再加上各地区经济发展不平衡，而导致了地区之间以及在同一地区内部农村私人借贷利率存在一定的差别。但是，从当时农村私人借贷利率调查情况来看，土地改革后农村私人借贷以无利、低利最多，正常的私人借贷利率也基本围绕当时人民政府所提出的利率标准而上下波动。

### 三 农村私人借贷的社会经济性质

农村私人借贷是农村居民间自发的资金方面互助互济的一种形式。根据是：（1）借贷双方都是劳动群众，放款人一般不搞借贷的专业经营，其资金不是来源于组织存款，而是自己暂时不用的农业剩余。（2）放贷农户大多不收取利息，即使存在一定的利率，也是由双方自由议定，并随资金供求情况浮动及参照政府制定的利率标准；自由借贷利率由借贷双方议定，也可以说是"议价利率"，既然是议价，在时间和空间上就会有较大差别，同时也存在一般利率水平，这是符合市场规律的；土地改革后，中南区农村正常的私人借贷利率维持在月利3—5分的水平。（3）借款的主要用途是解决生活和生产需要。

随着农村经济的恢复发展以及农业互助合作运动的开展，特别是随着人们对农村问题关注的重点转向遏制小农经济的自发势力，强调资本主义和社会主义两条道路的斗争后，中国共产党对农村私人借贷的政策逐渐发生变化。在提出过渡时期总路线后，更是批判借贷自由，并力图用国家银行和信用社替代私人借贷，通过迅速实现农业集体化从根本上解决农民生产生活的困难，铲除产生私人借贷的土壤。对于自由借贷性质争论的主要焦点在于利率的高低上。认为自由借贷的高息借贷是高利贷的主要根据是利息过高，因此，主张在利率上划个杠子，例如，货币借贷月利3分，这是最高限，超过杠子就算高利贷，应当依法处理。把利率高低作为区别高利贷和正常借贷的唯一标准是不妥当的，不能作为决策依据。

理论上说，农村私人借贷中的高利率可以解释如下：第一，正规金融利率因政府管制而被扭曲，低于农村金融市场的均衡利率水平，而农村私人借贷受市场机制的充分作用，利率更能反映市场资金供求状况。一般来说，国家正规金融的强制性利率越低，对社会资金需求的刺激就越强烈，民间资金市场所承受的需求压力也就越大，利率上升趋势也就越明显。第二，当私人借贷被视为违法活动时，供给者将索取额外的违法风险利率作为补偿。第三，农村经济主体面临的行业风险、市场风险和制度风险，迫使非正规金融供给者索取较高的风险补偿利率。第四，当时农村正规金融的供给不能满足农户的资金需求，私人出借者资金来源的垄断性决定了其垄断价格；加之农村私人借贷的需求主要是受生计所迫，生活性借贷利率弹性很小，因此，即使利率提高，贷款需求也不会出现较大降低。第五，非正规金融供给者通常觉察到这一现象：高利率形成强约束，即农村经济主体作为理性借款者，将首先偿还利率较高贷款而后偿还利率较低贷款（如正规金融机构贷款），所以倾向于索取较高利率。

自由借贷不同性质的确定，只是就其主要特征而言，要判断某一借贷行为属于什么性质，必须规定衡量的标准。这个衡量标准，一般来说，有理论标准与法律标准两种，下面逐一进行讨论。

（一）理论衡量标准

无利、低利借贷与高利贷的区别泾渭分明，无利、低利不以营利为目的。这里的低息，从理论上说，其利息量只能以保本为限。难以确定的是互利借贷，尤其是高利借贷与高利贷的划分界限标准。在界定高利贷时，马克思的定义尤其值得重视。他不仅关注了量的规定，更注意到了它的质的不同。

马克思认为，生息资本和高利贷的区别在于：高利贷有资本的剥削方式，但没有资本的生产方式。高利贷资本在资本主义信用制度建立起来之后仍然存在，但主要存在于生息资本所有者与非资本主义生产者之间，后者包括个人需求者、享乐的富人、小农民、手工业者及接近自食其力的经营规模很小的小生产者。高利贷是生息资本在资本主义以前的状态。马克思在《资本论》中对其产生和特点做了深刻分析。

第一，高利贷资本的产生和发展。只要有商品流通，就会有货币流通，就会有货币各种职能的发展，特别是货币支付手段这一职能的发展，就会产生高利贷资本。高利贷资本和它的双胞胎兄弟商业资本一样，是前资本主义社会的资本形态。

第二，高利贷资本的贷款对象。前资本主义社会的高利贷资本，贷款的主要对象主要是以下两种人：一是地主阶层分子；二是小生产者（农民和手工业者）。高利贷资本，一方面使富有的土地所有者破产，另一方面又吸吮小生产者的膏血，这两者都会引起货币资本的大量集中。

第三，高利贷资本的剥削程度很高。高利贷是高利贷者以利息的形式侵吞超过生产者最必要的生活资料的全部余额。马克思在分析借贷资本与高利贷之间的区别时，着重说明，高利贷的利息包括劳动者的全部剩余劳动，甚至还往往占有必要劳动，并说明借贷资本的利息只能在平均利润率和零之间上下波动。这样，就界定了私人借贷正常利率的量的界限，超过这个界限就是高利贷。

第四，高利贷资本的历史作用。一是高利贷资本使这种生产方式陷入贫困的境地，它不是发展生产力，而是使生产力萎缩。高利贷不改变生产方式，而是像寄生虫那样紧紧地吸在它的身上，吸吮着它的脂膏，使它虚弱不堪、精疲力竭，并迫使再生产者在每况愈下的条件下进行。二是高利贷在资本主义以前的一切生产方式中之所以有革命的作用，只是因为它会破坏和瓦解这些所有制形式。这一方面是由于封建主和小生产遭到毁坏；另一方面是由于劳动条件集中为资本。只有在资本主义生产方式的其他条件已经具备的时候，高利贷资本才表现为形成新生产方式的一种手段。三是高利贷资本和商人的财产促进了依赖于土地所有权的货币财产的形成。

（二）法律标准

理论标准只是一种抽象的量的规定，它还没有办法规定具体的量的界限。这就必须通过法律来确定，形成法律标准。法律标准是理论标准的具体化。要确定法律标准，首先必须确定如下五个方面较为准确的数据：(1) 不同地区不同产业的中等社会资金利率；(2) 不同地区的平均社会资金利润率；(3) 民间借贷的一般风险率；(4) 不同地区物价通货膨胀率；(5) 市场利率。

理论上说是如此，但在实际中要对高利贷做出一个量的科学规定，并非易事。马克思指出，在中世纪，各国的利率相差很悬殊，关于高利贷的概念差别也很大，有的地区收取100%的利息，被认为是高利贷，有的地区则规定法定为12.5%、43.3%等。[①] 可见，高利贷是一个因时期、地区不同而有差别的概念，对此很难有一个统一的衡量标准。

按照马克思的分析，平均利润率是利息率的最高限，可以理解为，把利润率作为100%，利息率应当小于100%。这是从总体上讲的，如果利率超过利润率，贷款人宁可停止经营，把资金存入银行，坐食利息。就个别借款者来说，利率是在借贷行为发生时由双方议定，某些借款人受主客观条件变化的影响，没有取得预期经济效益，甚至赔了本，都是常有的。但是，也得按事先讲定的利率付息，否则放款人的利益得不到保证，也就没人愿意放款了。利率的最低限是零，可以理解为大于零，这是十分明白的。但这里只能说明利率的上限和下限，还没有回答在0—100%之间的多大比重算合理。根据马克思的分析，借贷资本本身并没有内在的标准来确定它在利润分割中占多大的比重，市场利率的变化也不是以这一比重作为基础的，在资金

---

① [德] 马克思：《资本论》第三卷，人民出版社1975年版，第675—676页。

供求平衡的情况下，利率只能由习惯或法律的传统等因素来确定。也可理解为按照实际情况因地制宜。由于我国农村分散，经济发展不平衡，以及其他原因，客观上不存在全社会的平均利润率，国家银行的利息率也不能代表平均利润率。如上文所述，土地改革后中南区农村的私人借贷绝大部分是无利互助性质的，即使是有利借贷，其借贷利率也还是低于政府规定利率的。通过私人借贷，农民的生产生活困难得到部分解决。同时，随着农村信用社的发展，农村私人借贷利率有下降的趋势。因此，不能简单地认为农村自由借贷必然发展为高利贷，而对其进行限制。

农村私人借贷中存在的一些高利借贷不是高利贷。高利贷是通过贷放货币取得高额利息的资本，关键是把货币转化为资本，剥削他人，获取更多货币。马克思把古老形式的生息资本看作是高利贷，一般是指前资本主义社会的借贷资金，具有超经济剥削的性质。旧中国农村高利贷猖獗，地主和商人是主要的高利贷者，他们对农民进行高利盘剥。农民借债主要是为了解决生活困难，也可以说是"买命钱"，许多农民因此而家破人亡，受害极深。高利贷的剥削形式是极其明显的。土地改革后农村的私人借贷即使利率高一些，也与高利贷有着本质的区别。从当时的调查情况来看，农村私人借贷关系绝大多数发生在普通劳动群众之间，放款人不是货币资金的专业经营者，与过去的高利贷者有着本质的不同。借贷者与过去被迫受高利贷剥削有着本质的不同。土地改革后，从群众对高利贷的认识来看，一般除对放青苗及以款还款外，其他形式均不认为是高利贷。[①] 规定放债月利超过政府规定的利率的放债者视为高利贷者，在人们的观念中，高利贷就是资本主义与社会主义两条道路的斗争，就要进行打击，这样，在政治上和经济上都是不利的。在国家农贷、农村信用合作社的发展不能满足农民需求的条件下，对正常的自由借贷进行限制，不仅不会防止高利贷的产生，反而会产生更多的秘密高利借贷。如同在英国"爱德华

---

① 中国人民银行河南省分行：《三个行政村的高利贷活动情况调查简结》（1954年10月），河南省档案馆，J137—14—1078。

六世统治时期,宗教的热忱禁止所有的利息。但是,这种禁令,同其他同样的禁令一样,据说没有产生任何效果,是增加了而不是减少了高利贷的恶行。"①

土地改革后农村确实存在少数高利贷者,但是,我们要严格区分高利借贷和高利贷者,只对那些以营利为目的,一贯从事高利盘剥,并为其主要生活来源,严重危害人民生活,破坏国家金融政策的,才视为高利贷者。利率高低只构成高利贷者的主要数量因素,但是,经济行为是为高利贷者定性的主要依据,不能把高利借贷等同于高利贷。

## 第二节 农村私人借贷的信用、原因及用途

### 一 农村私人借贷关系的信用方式、借贷期限及还款情况

（一）农村私人借贷的信用方式

信用通常是指借款人的履约意愿和能力,它是债权人与债务人建立和维持借贷关系的基础。信用方式大体可分为三类:第一类是无须抵押的信用借贷,第二类是抵押借贷,第三类是预卖和赊借。

土地改革后农村的私人借贷主要通过以下三种方式借出:一是农民怕"露富",怕"说剥削",而在农户间较隐蔽的借贷。这种方式主要在亲戚好友或其他间接的关系中进行。"放债户与借债户多半属于亲戚家族或过去有较深厚私人感情。""借放双方,深恐三者知晓。"②借出户放远不放近,放外乡不放本乡。亲戚好友之间的借贷纯粹是一种信用借贷,不需担保或抵押,而借出户在外乡放债则要通过中介人的担保。二是在青黄不接或遭受灾荒时,通过乡村干部的政治

---

① ［英］亚当·斯密:《国民财富的性质和原因的研究》,杨敬年译,陕西人民出版社2001年版,第115页。

② 南漳县委调研组:《南漳县第二区消溪乡农业生产典型调查总结》(1953年3月),湖北省档案馆,SZ18—1—47。

动员的借贷，具有强借性质。农民认为，这是一种救济方式，借入户不打算还，借出户也不敢要。三是农村中的积极分子、雇贫农及孤寡老人公开地放债。这种方式一般不需要抵押，主要依靠信用借款，借时凭口约或字据即可通融。

从具体调查情况来看，据对河南省正阳县新丰集乡业围子村、巩县盐土村、鹿邑县一区四羊寨村三个村 1953—1954 年所发生的私人借贷关系的调查，在 111 笔折合人民币 812.92 元借债中，属于个人信用借贷的有 64 笔，占 57.66%，人民币 641.16 元，占 78.87%；通过保人借贷的有 47 笔，占 42.34%，人民币 167.26 元，占 20.58%。通过中人介绍借贷的有 1 笔，占 0.90%，人民币 4.5 元，占 0.55%。从借贷双方的关系来看，发生在本族之间的有 40 笔，占 36.04%；发生在亲戚之间的有 18 笔，占 16.21%；发生在一般群众之间的有 53 笔，占 47.75%。借贷关系发生在本村的有 70 笔，占 63.06%；与外村或城镇居民发生借贷关系的有 41 笔，占 36.94%。[①]

又如据对江苏省宜兴县云溪乡的调查，土地改革后借贷信用主要有以下三种形式：(1) 通过中人，如湾港村中农吴保华在 1951 年 6 月间借到外乡中农冯效大人民币 52 元，还时折稻 1280 市斤，请中农吴为华为中人，写票据，至冬天归还稻 1280 市斤，本利在内，不过双方言明不能讲出来，怕人家知道；鲸塘乡（邻乡）由负债人托中人向债主借猪，当时把猪提高估价，折好稻数，写票据，言明秋收时归还，这样双方有利。(2) 由亲戚、朋友、邻居等相互协商，自 3—4 斗至 2—3 石，不立票据，不找中人，而有利息，大部分是年利 80%，1 年 1 石米还稻 350 市斤，如上城圩 3 个组内有 7 户贫农借债，不过债主大部分是外乡外村的，债主中商人、中农占多数。(3) 在同一村中，亲朋邻舍，相互移借较普遍，期限较短，无票据、无利息，以实

---

① 根据河南省调查组《正阳新丰集乡业围子行政村高利贷活动调查简报》（1954 年 11 月 8 日，河南省档案馆）J137—14—1078、中国人民银行安阳中心支行《河南省安阳专区巩县盐土村高利贷调查报告》（1954 年 11 月 10 日，河南省档案馆）J137—14—1081、商丘专区分行工作组《调查私人借贷情况报告》（1954 年 11 月 11 日，河南省档案馆）J137—14—1078 整理。

物还实物。①

　　另据广东省临高县委办公室对该县南茶乡的调查，1953 年，全乡发生借贷关系的有 46 户，但除 1 户借贷出去 40 元，立契约，取利息 8 笔谷子（按时价值 16 元）外，全部是亲朋好友间的临时挪借，不立契约，不取利息的。②

　　由此可见，农村私人借贷的信用方式中，个人信用占优势地位。农村居民之间的借贷活动一个突出的特征是以亲朋邻居等血缘、地缘社会关系为依托，在一个或近或远的人伦社会关系范围内进行的，从信息经济学角度来看，这种借贷活动是一种信息相对较为充分的多次博弈活动，因而其交易成本相对较低，从而使个人信用借贷能够广泛流行，大大减少了抵押的可能性。

　　但不可避免的是，在农村私人借贷关系中也存在少数抵押借贷信用形式，如上文所提到的买卖青苗这种借贷形式，农民在青黄不接时，以田里尚未成熟的庄稼作为抵押向放债户贷得现金或实物。从土地改革后农村的调查情况来看，这种形式虽然在量上所占比重不大，但在各地均有发现，较为流行。如湖南省安乡县蹇家渡乡，1952 年，卖出青苗折合稻谷 5952 市斤，占私人借贷总数 110815 市斤的 5.37%。③

　　此外，在广东农村还存在另一种抵押借贷形式——典当。如顺德县外村乡，在该乡中心村及桂州镇有当押铺 3 间——公平押、春和押、裕丰押。铺主是由少数商人合股，资金从 1500 万元至数千万元。早在抗战前已开设，1953 年，海尾村农民出当给春和、公平两当铺共有 83 户，占全乡户数 26.4%，出当物资内含手表 6 块，布 9 丈，棉胎 6 张，蚊帐 3 个，毡 4 张，单夹被 4 张，土布衣服 255 件，纱绸衣服 30 件，冷衫 8 件，夹衣 20 件，绒衣 2 件，大缕 4 件，长衫 1 件。

---

① 苏南农工团三队二部：《宜兴县云溪乡关于农村借贷关系的调查材料》（1951 年 9 月 23 日），江苏省档案馆，3006—永—267。
② 中共临高县委办公室：《南茶乡生产调查报告》（1953 年），广东省档案馆，204—5—10。
③ 湖南省委农村工作部：《安乡县蹇家渡乡农村经济情况调查报告》（1954 年 1 月），湖南省档案馆，146—1—53。

当押期限是 15 天到 3 个月，月利 8 分，到期未续延当者可转当，而利息增至 9 分，到期不赎则断。当价仅值原物价格的 40%—50%。大多数农户出当物品多是因为一时急需而又筹借不来才出当。如新中农梁满开在 1952 年 11 月，因小孩有病要医治，其他农民没法周转，迫不得已才出当被面 1 张，衣服 1 套，当价 1.50 元，即月则已赎回。从不完整的材料看，出当户 57 户，衣服出当 242 件，当金共 266.50 元，当 1 个月的 14 宗，当 2 个月的 17 宗，当 3 个月的 45 宗，其中，曾延期转当的 12 宗，占总数的 15.78%，没法赎回被断掉的仅 2 宗，占总数的 2.63%。因生活困难而当卖逐渐破产的，还是极少数。从这里可以看出，农民对小额资金的周转是相当普遍的。据当铺反映，它们资金缺乏，供不应求，求当的人多，押金少。到 1953 年，公平押因资金周转不开而垮台。①

（二）农村私人借贷的借贷期限及还款情况

1. 农民的借贷的期限及偿还时间

据对河南省正阳县新丰集乡业围子村、巩县盐土村、鹿邑县一区四羊寨村三个村 1953—1954 年所发生的 111 笔私人借贷关系的调查，借款时间发生在上年 12 月至当年 5 月的有 85 笔，占 76.58%，发生在 6—9 月的有 25 笔，占 22.52%；发生在 10—11 月的 1 笔，占 0.90%。从还款时间上看，主要集中在 7—9 个月，共有 79 笔，占 71.17%。从其他几个省份的调查情况来看，农户大多是在青黄不接时期借，收割时还。从这些调查情况来看，农户的借贷时间与农作物的生产季节是较为一致的。冬春季为农村的荒月，农村缺粮户多，再加上冬春两季是农闲时间，农户的婚庆、房屋修建也较多地举办，这样，借贷发生的时间多集中在这几个月。6—9 月，在河南农村是小麦、玉米、黄豆等作物的收获季节，此时应是负债农户的还债时间较为集中的月份，但在这三个月中，农户借债仍占一定数量的比重，一方面说明部分农民生活贫困，入不敷出，仍然要借钱借粮解决生活困

---

① 《顺德县外村乡海尾村农村经济情况调查》，载中共中央华南分局农村工作部《广东省农村经济调查》（1954 年），广东省档案馆，204—5—68。

难；另一方面说明农民收获后，由于农业剩余少，手中积蓄少，还要借一部分钱来购买生产资料，为下一季生产进行投资，扩大生产规模作准备。从调查情况来看，前者是主要原因。至于还款，则以夏秋两季为多，因夏秋为作物的收获季节，正可筹集款项还款。

借贷和还款的时间较为集中，对债户显然存在诸多的不利。因为借贷旺季，金融最为紧张，借贷条件也最为苛刻；而收获季节多为还债的旺期，农产品大量上市，价格较低，使农户以低价出卖。

2. 借债到还债的时间

借贷期限所涉及的另一个问题是，从借债到还债的时间，这不仅关系到利率，也关系到债户的生产生活。

据对河南省正阳县新丰集乡业围子村、巩县盐土村、鹿邑县一区四羊寨乡前刘庄村和四羊寨村4个村1953—1954年所发生的217笔私人借贷关系的调查，借贷期限在6个月以下的有100笔，占46.08%；6个月至1年的有55笔，占25.35%；1年至1年半的有8笔，占3.69%；不定期的有44笔，占20.28%，其中，还有10笔占4.61%的借贷期限未见统计。就定期借贷而言，上述4个村借贷期限以6个月以下为最多，其次为6个月至1年，合计1年以下者接近借贷期限总数的71.43%。

其他各地的材料也说明短期借贷是一个普遍现象。如江西省九江县石门乡，借贷期限长的5个月，一般为2—4个月，短的1个月。[①] 广东省中山县榄边乡，农民间互通有无性质的借贷时间一般比较短，只有一个多月或两三个月时间。[②]

农户借债还债期限较短，会不会对他们造成很大的经济压力呢？从理论上讲，借贷期限短，对负债农户是不利的。如上文所述，土地改革后农户的借贷以小额借贷为主要形式，一般农户依靠自身当年的农副业收入就比较容易偿还当年的负债，因此，借债期短并不会对农

---

① 中共九江地委调查组：《九江县石门乡农村经济调查总结》（1954年7月31日），江西省档案馆，X006—2—6。

② 华南分局农村工作部榄边乡调查组：《广东省中山县榄边乡（大车、西江里两村）农村经济调查报告》（1953年12月25），广东省档案馆，204—5—12。

户形成太大的经济压力。下面观察土地改革后农户债务的偿还情况。

3. 农户还债情况

据对河南省正阳县新丰集乡业围子村、鹿邑县一区四羊寨乡前刘庄村和四羊寨村3个村1953—1954年所发生的私人借贷关系的调查,在借贷双方有明确约定期限的149笔借贷关系中,能如期偿还的有145笔,占97.32%,到期没有偿还的仅4笔,占2.68%。

又如江苏省溧阳县竹箐区王渚乡的调查,"1950年借贷的,大部分还了,由村政府及借贷委员会借的,尚未还清,这些按当时的凭据还清了,个别有困难的还不清者说服,另外订立了契约。即全乡54户,全部还清者46户,另立凭据者3户,另有5户是地主,在'土改'中宣布无效"。①

另据广东省中山县榄边乡调查,农民间互通有无性质的借贷时间一般比较短,只有一个多月或两三个月时间,待卖猪或有其他副业收入后马上还清。对于高利借贷,1952年共发生13笔,其中,已全部还清的有11笔,占84.62%,另有2笔,占15.38%,还了部分;1953年共发生17笔,其中,已还清的有12笔,占70.59%,5户未还,占29.41%。②

从调查情况来看,土地改革后绝大多数农民对所借债务能及时还清。如上文所述,农村的私人借贷主要发生在本乡本土,农民很清楚信誉对于借贷成功的重要意义,因此,若无特殊困难,都会尽全力偿还债务,为的是今后"再借不难"。对于高利借贷,群众仅在思想上不满,而对其在态度上仍说好的,所借均是积极归还,大多是从"讲人情,凭良心"去考虑对待,如有群众说:"人家借咱解决了困难,利再高,还能不还?"③ 农村私人借贷的贷款回收率高,用经典的

---

① 中共溧阳县委员会:《竹箐区王渚乡打通借贷关系的情况介绍》(1951年4月25日),江苏省档案馆,3006—永—267。
② 华南分局农村工作部榄边乡调查组:《广东省中山县榄边乡(大车、西江里两村)农村经济调查报告》(1953年12月25日),广东省档案馆,204—5—12。
③ 中国人民银行河南省分行:《三个行政村的高利贷活动情况调查简结》(1954年10月),河南省档案馆,J137—14—1078。

"囚徒困境"博弈可以解释这一现象：由于借款者和贷款者之间因长期和多次交易而建立起的相互信任和合作关系，不仅在抑制契约双方的道德风险方面具有效率，而且违规者还会因遭到社区排斥和舆论谴责而付出高昂代价。社区的约束力越强，成员之间合约的履行率就越高，借款者更重视偿还贷款，以便与其保持长期稳定的借贷关系。

至于债户筹集资金偿债的办法，从河南省正阳县新丰集乡业围子村来看，绝大部分靠农副业收入。

## 二 农民放债的原因

解放前，地主、富农完全以高利剥削为目的。如上文所述，"土改"后，农村各阶层农户都有放债行为，但随着新的生产关系的建立，农民放债的原因也发生了变化，具体来说，土地改革后农民放债主要有以下四个因素：

### （一）备灾防老

这些放债户主要是孤残老人，手有余资，无劳力不能投入生产，而以放债为生，或以农业为主以放债为补助，这种人公开放债，毫无忌惮。

据对河南省正阳县新丰集乡业围子村、巩县盐土村和鹿邑县一区四羊寨村3个村1953—1954年所发生的私人借贷关系的调查，放款者以中农、贫农中的孤寡老婆及雇农出身的单身汉为最突出，这一类放出户是5户，占放出总户数的11.62%，放出金额454元，占放出总额的29.17%，这些人大多无力从事生产。①

据对湖北省咸宁县周严和黄陂县伏马2个乡4个村调查，土地改革后因此而放债的有9户，占总放债户数28户的32.12%，放出粮食3955市斤，占总放出粮14111市斤的28.03%；②应城县义和乡土地改革后因此而放债的8户，占放债总户数16户的50%，放出粮3635市

---

① 中国人民银行河南省分行：《三个行政村的高利贷活动情况调查简结》（1954年10月），河南省档案馆，J137—14—1078。
② 湖北省农委：《孝感专区五个乡农村经济调查》（1953年3月），湖北省档案馆，SZ18—1—41。

斤，占总放出粮 8775 市斤的 41.38%；① 南漳县消溪乡雇农陈天如只有老两口 1952 年收入 15.4 石，生活富裕有余粮，有牛 0.5 头、犁一张，生产中困难不大，这类放债户有 7 户，占全乡 25 户放债户的 28%。②

（二）有余资为追求利润而放债

这些放债户多是新上升农户，这些农户由于地多、劳力强、收入多，不愿或不需扩大农业生产，年有盈余，或农业可维持生活，副业收入多，或家有人在外经商或工资收入多，年有结余。这些人一般顾虑较大，放债活动隐蔽。其他也有因一时手重活便放债生利的，户数虽多，但金额比重不大。除此之外，还有一些雇贫农和孤老残废者，他们放债时毫无顾虑，放债就要利。

在河南，如开封县双庙乡大牛寨村，1953 年，全村共放债 52 起，其中，转业军人安家费放债的 15 起，占总起数的 28.84%；妇女私房钱放债的 5 起，占 9.61%；卖羊收入、果木园及工人工资而放债的 27 起，占 51.92%。③ 温县马庄乡马庄村，1951—1953 年，放债者 21 户，其中，有剩余而放债者 14 户，19200 市斤；代亲友放债者 4 户，5400 市斤；地当出后放债者 1 户，1500 市斤；经商赚了钱放债者 1 户，2400 市斤；当长工放债者 1 户，600 市斤。放债户以贫农较多，占 11 户，其中，多已上升为中农或富裕中农。④

又如安徽省嘉山县明北乡富农赵捷芝，1952 年、1953 年、1954 年放出的 57 元，都是收麦前借出，收麦后收回，月利达 20%；富农荐会信 1951 年放债年均平均余额达 402.7 元。⑤ 肥西县竹西乡富农吴传道 1951 年放出粮食 20 多石，哈德门香烟 20 多条，1954 年放出平

---

① 应城县委调研组：《应城县义和乡农村经济调查》（1953 年），湖北省档案馆，SZ18—1—45。
② 南漳县委调研组：《南漳县第二区消溪乡农业生产典型调查总结》（1953 年 3 月），湖北省档案馆，SZ18—1—47。
③ 开封县双庙乡经济调查组：《开封县双庙乡经济调查总结（草稿）》（1954 年 1 月），河南省档案馆，J11—1—62。
④ 河南省委农村工作部温县经济调查组：《河南省温县马庄乡经济调查报告（草稿）》（1953 年 11 月），河南省档案馆，J11—1—62。
⑤ 《嘉山县明北乡的调查》，中共安徽省委农村工作部：《安徽农村典型调查（"土改"结束后至 1954 年）》（内部资料）（1956 年），第 51 页。

均余额 40 多元。漏划地主房文高，1952 年放债年均余额 102 元，1954 年时 72 元，月息 10%。新富农张余礼，年年都放"忙月米"（闲时把米放给困难户吃，到忙时替他做活，这是利债、雇工双重剥削）一石多。①

在湖北，恩施县高桥乡雇工说："我是当长工挣来的钱，应当要利息。"② 咸宁县周严和黄陂县伏马 2 个乡 4 个村因自己是雇贫农和孤老残废者而放债的 13 户，占放债户的 46.43%，借出粮 6611 斤，占放出总数的 46.85%；应城县义和乡因此而放债的 5 户，占 31.25%，放出粮 3005 市斤，占 34.21%；南漳县消溪乡因此而放债的有 6 户，占 24%。

在广东，1953 年，曲江县共和乡放债户中，以新富裕中农及新中农为多。在整个中农阶层中，放债者 32 户，其中，原为贫农者 18 户，中农 13 户，富裕中农仅 1 户。因为新升户他们的胆量大，顾虑少，尤其是乡村干部。③ 中山县榄边乡，西江里村债利生活者陈金杏，原在外洋，丈夫死后回来，一向靠放高利贷维持生活，本人不事劳动，是个五六十岁的寡妇，有"粮仓"之称。④

从调查情况来看，土地改革后为数极少的农户因放债经济地位得到上升，如河南商丘专区鹿邑县四羊寨乡四羊寨村中农刘金斗、刘金玉，在土地改革后生产年年有余，余资转为高利贷资本，放债收入甚至超过其农业收入，成为农村的新富农剥削分子。⑤ 湖北省咸宁县周严乡由中农水平上升到富裕中农和新富农的 4 户农民中，就有 2 户是

---

① 《肥西县竹西乡竹西、姚公两个选区的调查》，《安徽农村典型调查（"土改"结束后至 1954 年）》，第 134 页。

② 恩施县委调研组：《恩施高桥乡农村经济调查》（1953 年 3 月），湖北省档案馆，SZ18—1—47。

③ 中共中央华南分局农村工作部共和乡调查组：《曲江县共和乡农村经济调查》（1954 年），广东省档案馆，204—5—11。

④ 华南分局农村工作部榄边乡调查组：《广东省中山县榄边乡（大车、西江里两村）农村经济调查报告》（1953 年 12 月 25 日），广东省档案馆，204—5—12。

⑤ 商丘专区分行工作组：《调查私人借贷情况报告》（1954 年 11 月 11 日），河南省档案馆，J137—14—1078。

通过放高利贷而上升的。① 湖南省衡山县横岳乡，原雇农谭自堂、原中农陈其义土地改革后由放债而上升为新富农。②

（三）亲戚邻居之间的互助互济

总体上看，互助互济性质的借贷在农村私人借贷关系中是主要形式。上文已经做了较为详细的分析，在此不再赘述。

（四）干部动员而勉强借出

土地改革后，在农村私人借贷关系停滞的情况之下，有些区乡干部提出"团结友爱""互助互借"的口号，个别乡村干部、群众甚至好吃懒做的懒汉二流子找借口到有粮户强迫借贷，违反自愿。如湖北咸宁县周严和黄陂县伏马2个乡4个村因此而放债的1户，占放债户3.57%，借出粮1530市斤，占放出总数的10.84%；应城县义和乡因此而放债的1户，占6.25%，放出粮1530市斤，占17.42%。另据钟祥县延年、沔阳县杨步等11个乡的调查，土地改革后有40%的借出粮是强借性质③。在江苏溧水东芦乡，干部包办向2户富农借米1石7斗，分借给贫雇农，由干部出借条，并确定利息是加2。④

三 农民借债的用途

借贷用途实际上是反映借贷原因和借贷社会经济效果的重要指标。若借贷用于生产经营，属于生产性借贷；若用于生活消费和意外事故，则属生活性借贷。实际上，土地改革后农民的普遍贫困，已经说明借贷的原因是缘于生活困难，借贷用途必然是以生活性消费为主。下面考察农户各种借贷用途所占比重的情况。

在东北，据对松江省呼兰县孟井村，1948—1951年农村民间借贷的使用情况的调查，如表4-3所示。

---

① 咸宁县委调研组：《咸宁县第一区周严乡农村经济调查》（1953年3月），湖北省档案馆，SZ18—1—47。

② 中共衡山县委办公室调研组：《衡山县横岳乡农村经济调查报告》（1954年2月16日），湖南省档案馆，146—1—44。

③ 湖北省农委：《农村借贷情况与活跃农村借贷问题（草案）》（1953年），湖北省档案馆，SZ18—1—40。

④ 苏南区委员会农村工作委员会：《农村借贷问题调查》（1951年），江苏省档案馆，3006—永—267。

表4-3 1948—1951年松江省呼兰县孟井村农村民间借贷用途　　单位：%

|  | 1948年 | 1949年 | 1950年 | 1951年 |
|---|---|---|---|---|
| 生产方面 | 22 | 22.1 | 17.4 | 32.1 |
| 生活方面 | 78 | 71.7 | 65.4 | 51.4 |
| 其他方面 | — | 6.2 | 17.2 | 16.5 |

注：其他方面包括公粮、包耕费等。又1949年歉收，所以买吃粮占的比重大。
资料来源：《松江省呼兰县孟井村经济调查（1951年）》，载中共中央东北局农村工作部编《1950年—1952年东北农村调查选集》，东北人民出版社1954年版，第80页。

从阶层上看，1951年，该村贫农借债用于生产占14.5%，生活占79.1%，其他占6.4%；中农借贷用于生产占37.9%，生活占50.4%，其他占11.7%；富裕中农借贷用于生产占72.1%，生活占27.9%。从以上阶层的借贷用途来看，用于生产方面的比重是富裕中农大于中农，中农大于贫农，可以看出，富裕了的农民是愿意在扩大再生产上多投资的。又如据对辽南4个村的调查，74户借债户中，用于生产者21户，用于盖房者10户，用作吃粮者33户，用于婚丧疾病10户。[①]

在河南，据对14个乡6729户农户的调查，1954年，借债者1517户，其中，80%以上借债者为中农、贫农，共借入粮款（折麦）384277市斤。因生活困难借入者513户，占33.82%；因疾病死亡而借入者297户，占19.58%；因婚丧喜庆的64户，占4.22%；因投资生产的400户，占26.37%；其他原因的243户，占16.01%。[②]在温县马庄乡马庄村，1951—1953年，借债者共18户，小麦23010市斤，其中，因人多地少，粮食不够吃的11户，占61.11%，13650市斤，占59.32%；结婚借贷1户，占5.56%，2100市斤，占9.13%；生病借贷3户，占16.67%，4500市斤，占19.56%；打井买肥料3户，占16.67%，2760市斤，占11.99%。[③]在开封县双庙乡大牛寨

---

[①]《辽南四个村阶层关系变化的调查》（1951年），《1950—1952年东北农村调查选集》，第115—116页。
[②] 河南省农村工作部：《1954年农村经济调查总结（草稿）》（1954年），河南省档案馆，J11—1—55。
[③] 河南省委农村工作部温县经济调查组：《河南省温县马庄乡经济调查报告（草稿）》（1953年11月），河南省档案馆，J11—1—62。

村，1951—1953年，全村共借债99起，为生活困难而借债的34起，占34.34%；为交公粮而借的21起，占21.21%；为买牲口、肥料、农具而借的13起，占13.13%；因做生意赔钱借的8起，占8.08%。① 另据正阳县新丰集乡业围子村、巩县盐土村和鹿邑县一区四羊寨乡四羊寨村3个村1953—1954年所发生的私人借贷关系的调查，从借入用途来看，用于生活困难的（口粮）占借入总额的55.54%，用于生产投资的（买牲口、种子等）占23.12%，用于婚丧疾病的占7.34%，用于其他的（盖房、经营贩卖、付工资等）占14.0%。② 从河南省的调查情况来看，土地改革后农民借贷的原因和借贷用途是多方面的，但大多是迫于生活困难，在数量上，无论是户数还是借贷额用于口粮消费所占的比重最大，用于婚丧疾病的也占有相当比重，用于生产经营的所占比重不大，平均占20%左右。

在安徽，据嘉山县明北乡的调查，贫农贷入的原因是：（1）因底子空，生产资料缺乏，年年入不敷出，只得以借贷维持生活，如贫农赵学培，土地改革时分了12.1亩孬田，耕畜、农具皆无，年年收的粮食夏季接不上中秋，中秋接不上晚秋，因而年年借债；（2）因生死病嫁，生活发生困难，迫使其借债，如贫农周广祥1954年老婆生病，儿子娶媳妇，生活无法只得借债；又如贫农裴加喜，1951年死去1人，背债102.3元；（3）少数户为了添置农具，发展生产而借债；（4）少数懒汉生产不好，又浪费，生活困难，而年年背债，如贫农周克成，过去吃鸦片烟，解放后仍不积极生产，生活困难，年年背债；又如贫农王福堂1951年在明光镇借债5元，当即在街上下馆子吃去3元。中农贷入多的原因是：（1）部分中农怕"露富"，本来不需要借债也借债，如富裕中农丁正友，1954年养3头大肥猪、1头母猪和7—8只小猪，生活很富裕，但也借债8元；又如新上中农钱万荣，生活很富裕，他年年借债；（2）部分下中农因底子空，土地不好，劳动

---

① 开封县双庙乡经济调查组：《开封县双庙乡经济调查总结（草稿）》（1954年1月），河南省档案馆，J11—1—62。
② 中国人民银行河南省分行：《三个行政村的高利贷活动情况调查简结》（1954年10月），河南省档案馆，J137—14—1078。

收入少，生活有困难，如下中农张明文9口人，只有2个劳力，土地又不好，因而年年借债，1954年年均借入余额达67.12元；（3）少数因遇到了不可抗拒的天灾人祸，生活下降，迫使其借债维持生活，如上中农丁正基，1953年因遭受旱灾，粮食减收，1954年春荒无吃而借债，又如富裕中农陈相然，1953年遭旱灾，1954年遭水灾，老婆又死了，因而生活下降，靠借贷维持生活。① 又如肥西县竹西乡竹西、姚公两个选区对21户借债户的调查，借债的原因有以下三种：（1）底子空，生产生活困难的18户，借入217.8元，下中农焦福有，解放前年年遭匪患，8年被抢去9头牛，因而年年借债，解放后，1952年还欠债38元，1954年欠债52元；贫农周庆衡，1952年借合肥城内商人一包洋纱，折米2石，到1954年光利息就有4石米，而原借的债还在；（2）遭遇天灾人祸的6户，借入金额90.4元，贫农周孝伦，1953年因母亲死了，借债75元；（3）借债经营副业的1户，借入金额20元，新中农周庆凤为了搞副业、织布，1952年到合肥城内借了两包洋纱，折8石米；另外，有的系男婚女嫁而借债的，还有1户借债买田。②

在湖北，据对10个乡4971户的调查统计，借入者663户，借粮共计352682.75市斤，其使用情况如表4-4所示。

表4-4　　　　1953年湖北省10个乡农民私人借贷用途　　　　单位：%

| | 生产资料 | 生活资料 | 婚丧 | 疾病 | 修补房屋 | 其他 |
|---|---|---|---|---|---|---|
| 合计 | 18.08 | 42.79 | 20.04 | 6.03 | 8.89 | 4.17 |
| 雇贫农 | 16.10 | 44.80 | 21.87 | 5.79 | 8.75 | 2.78 |
| 中农 | 25.29 | 33.19 | 16.41 | 7.00 | 10.29 | 7.87 |

资料来源：湖北省农委：《农村借贷情况与活跃农村借贷问题》（1953年），湖北省档案馆，SZ18—1—40。

---

① 《嘉山县明北乡的调查》，《安徽农村典型调查（"土改"结束后至1954年）》，第61页。
② 《肥西县竹西乡竹西、姚公两个选区的调查》，《安徽农村典型调查（"土改"结束后至1954年）》，第135页。

从表 4-4 看出，农民借债以解决生活困难为主，借债用于生活者占借债总数的 42.79%，其中，雇贫农借债用于生活者占借债总数的 44.80%，中农用于生活者占借债总数的 33.19%，这也从侧面反映了当时部分农民生活贫困，不得不靠借债维持生活。借债用于投资生产者占借债总数的 18.08%，其中，雇贫农借债用于生产者占借债总数的 16.10%，中农占 25.29%。借债用于婚丧者占借债总数的 20.04%，在农民的私人借债用途中居第二位，这说明土地改革后农民的借债很大一部分用于非维持生存必需的消费，在这类消费中由于陋习而过于铺张，增加了负债，其中，雇贫农借债用于婚丧者的比重比中农用于此的比重高出 5.46 个百分点。

在调查的 10 个乡中，有 3 个乡借债用于生产者占 38%，用于生活者占 12%，投资生产的借债数比用于生活的借债数高 26 个百分点。主要原因是这些乡都接近城市，农村工商业及其他副业发达，大都投入副业生产，据这 3 个乡统计，共计借入粮 21514 市斤，用于副业生产者占 24.8%，用于农业生产者占 13.8%，投入副业的实数超过投资农业 1 倍。如汉阳梅福乡土地改革后借债户 15 户（雇农 1 户、贫农 10 户、中农 4 户）共计借谷 6138 斤，借入户的用途是：1 户雇农借谷 1110 市斤用于立家生产，5 户贫农借谷 1608 市斤投资生产，4 户贫农借谷 1615 市斤作了口粮，1 户贫农借谷 485 市斤用于生小孩，3 户中农借谷 960 市斤投资生产，1 户中农借谷 360 市斤用作结婚费用。①

在湖南，湘潭县清溪乡，1954 年借贷户数共 97 户，因生活困难的 52 户，占借债户数的 53.61%，其中，主要是贫农（占 24 户）；因生产需要而借债的 35 户，占 36.08%，其中，主要是中农（占 26 户，中农又以新中农为多）；因疾病死亡的 9 户，占 9.28%，主要是贫农（占 6 户）；婚嫁喜庆的 1 户（系中农），占 1.03%。② 常德县檀

---

① 汉阳县委调研组：《汉阳梅福乡农村经济调查》（1953 年），湖北省档案馆，SZ18—1—45。

② 湖南省委农村工作部：《关于湘潭县清溪乡经济情况调查材料》（1955 年），湖南省档案馆，146—1—175。

第四章　农村私人借贷形式、利率、借贷信用及借贷用途 | 179

树坪乡，1953年一个年度内，该乡所发生的借贷关系借债户151户，从负债用途来看，用于生活方面的123户，占81.46%；用于生产投资的12户，占7.95%；用于搞副业的7户，占4.64%；用于修建的5户，占3.31%；用于婚丧的4户，占2.65%。①另据4个乡的调查，1953年农户借贷用于解决生活困难的占借贷总户数的81%。②上述情况说明，目前一些困难户，生活困难还是主要的。

在江西，据对4个乡411户负债农户的调查，其负债原因是：(1)因生产收入少、生活开支大、家底空等原因缺乏口粮而负债的占65.2%；(2)婚丧喜庆和疾病就医的占19.97%；(3)因投资农业、副业而借债的占10.05%；(4)修建房屋的占1.72%；(5)因从事商业活动而负债的占0.73%；(6)其他特别原因占1.7%。③吉安县淇塘乡，1954年借债农户115户，其借债原因为：(1)因生活困难而借入的45户，占39.13%；(2)因疾病死亡的19户，占16.24%；(3)婚丧喜庆的14户，占12.17%；(4)投资生产、修建的33户，占28.69%；(5)投资商业、副业的4户，占3.49%。④信丰县胜利乡，1954年借债农户97户，借入债谷31794市斤，其借入原因是：(1)生活困难、开支大的36户，占37.11%，谷7297市斤，占29.24%；(2)婚丧喜庆的7户，占7.22%，谷3594市斤，占11.30%；(3)因疾病死亡而借债的10户，占10.31%，谷2967市斤，占9.36%；(4)临时周转的26户，占26.80%，稻谷6847市斤，占21.54%；(5)其他（投资副业、经营商业）18户，占18.56%，稻谷9080市斤，占29.56%。⑤崇义县黄沙乡，1954年借

---

①　中共常德县委会办公室调研组：《常德县檀树坪乡农村经济调查报告（初稿）》(1954年)，湖南省档案馆，146—1—62。

②　中共中央中南局农村工作部：《中南区5省35个乡1953年农村经济调查总结》(1954年7月)，湖北省档案馆，SZ—J—514。

③　同上。

④　江西省委农村工作部：《吉安淇塘乡农村经济调查总结》(1954年8月5日)，江西省档案馆，X006—2—3。

⑤　江西省委农村工作部：《江西省信丰县胜利乡经济调查报告》(1954年8月10日)，江西省档案馆，X006—2—4。

债农户130户，借债原因：（1）因生活困难缺口粮的31户，占借债户数的23.85%；（2）因疾病死亡而借债的7户，占5.38%；（3）因婚丧喜庆而借债的4户，占3.08%；（4）投入生产的37户，占28.46%；（5）投入生活开支的47户，占36.15%；（6）从事商业的4户，占3.08%。① 九江县石门乡，1954年负债农户115户，借入额折合稻谷31148市斤，从借债户借入原因来看：（1）因生活困难缺乏口粮的76户，占66.09%，15738市斤，占50.53%；（2）因疾病死亡买棺材的10户，占8.70%，5150市斤，占16.53%；（3）因婚嫁喜庆的2户，占1.74%，160市斤，占0.51%；（4）因添置农具、购买耕牛等生产投资的16户，占13.91%，4391市斤，占14.10%；（5）其他如缺做生意本钱或因赌博输钱的11户，占9.57%，5709市斤，占18.33%。② 从江西省的调查情况来看，土地改革后农民的借贷原因主要是生活贫困，借贷用途也主要用于生活消费方面。用于婚丧等铺张浪费的也占了相当比重，用于生产经营投资的比重不是很大。

在广东，据对中山县外沙乡62户负债农户的调查，其借贷原因及用途是：（1）因口粮缺乏而借贷的20户，占借入总户数的32.26%，其中，贫农10户，中农10户。例如，福隆围村梁凤桂，接近中农，全家4口，耕田15亩，家底很薄，生产又不大积极，连年亏欠，口粮不够，所以，1953年便借入稻谷1048市斤，并且其中有120市斤是出卖青苗的。（2）因天灾人祸、疾病而借贷的有18户，占借贷总户数的29.03%，其中，贫农6户，中农12户。例如，福隆围村萧琪，接近中农，全家3人，因失火烧了茅屋，妻子被烧死，发生严重困难，而借入稻谷818市斤。（3）因临时周转有困难的3户，占借贷户数的4.84%，其中，手工业1户，中农1户，富裕中农1户。（4）因生产投资、经营副业的14户，占借贷户数的22.58%，其中，接近中农的2户，中农9户，富裕中农3户。例如，安吉围吴

---

① 江西省委农村工作部：《崇义县黄沙乡经济调查材料》（1954年9月），江西省档案馆，X006—2—5。
② 中共九江地委调查组：《九江县石门乡农村经济调查总结》（1954年7月31日），江西省档案馆，X006—2—6。

金胜，中农，全家 6 口人，耕地 21 亩，生活上没有什么困难，想扩大生产投资，新装一只大艇，需用 170 多万元，因而借入稻谷 1600 市斤。(5) 因改善生活扩建新茅屋的 4 户，占借入户数 6.45%，其中，中农 3 户，富裕中农 1 户。例如，安吉围村富裕中农黄生利，原有稻谷借出，但 9 月扩建新茅屋，用去稻谷 2000 多市斤，所以又借入 1600 市斤。(6) 因经营商业的 1 户，占借入户数的 1.61%。例如，福隆围村富裕中农何广忠，原有剩余，但因经营买卖鱼花、鸡、鸭借入稻谷 980 市斤，用于补充资本。(7) 因结婚、大吃大喝的 2 户（中农），占借入户数的 3.26%，例如：安吉围村中农黄奕泉，原来够用不缺，但因本人大吃大喝，好奢华浪费，而致亏欠借贷。① 另据对曲江县共和乡 1953 年 64 户负债农户的调查，其借债的原因及用途是：(1) 生活有困难缺乏口粮者 30 户（其中，贫农 20 户，中农 10 户），占借入总户数 46.88%。如邓祖有（贫农）4 口人吃饭，2 个小孩，占有 10 亩田中有 6 亩是坏田。1953 年总收入折谷 3254 斤，每人平均 651 斤（去年多 1 个小孩），1953 年养猪又不顺，因此 1953 年春缺乏口粮借入 380 市斤；现虽勉强还清，但明年仍缺口粮。其中，中农缺乏口粮是由于劳力弱、副业收入少或不节约，一时周转不来，暂向别人借用（秋后即能全部清还）。(2) 因疾病死亡或天灾失收而负债者 13 户（其中，贫农 8 户，中农 4 户，富裕中农 1 户），占 20.31%。如贫农侯永福 4 口人，2 个劳动力，占有土地 9.37 亩。因为老婆病了 1 年多，至今仍未痊愈，医药费用了 240 斤谷，劳力缺少，猪又瘟死，天旱减产 15.6%，以致负债 480 市斤，估计要缺粮 1300 市斤。(3) 因婚娶或分家而增加了开销致负债者 12 户（其中，贫农 3 户，中农 7 户，富裕中农 2 户），占 18.75%。如中农夏贱发（原贫农），1953 年 6 月娶媳妇多用谷 1400 市斤，因此向别人借猪利谷 300 市斤以补足生活。又如贫农张永光、张永裕兄弟，1953 年分家，各人置了家具，因而负债 394 市斤。(4) 因添置耕畜农具而负债

---

① 中共中央华南分局农村工作部外沙乡调查组：《中山县第二区外沙乡农村经济情况调查报告》(1954 年 1 月 31 日)，广东省档案馆，204—5—12。

者4户（贫农、中农各2户），占6.25%。如贫农夏杵得原有耕牛1/4头，畜力不足，1953年花90万元买进1头大水牛，向政府贷款35万元仍不够用，又向私人借猪谷540市斤（需还本利1080市斤）。（5）投资副业的1户，占1.56%。中农侯彩芳向亲友借谷210市斤（无利），作锯木板资本。（6）用于吃喝的4户（指大吃大喝），占6.25%（其中，富裕中农1户，中农3户）。如大村富裕中农吴荣光，借横江村中农480市斤谷（4月借8月还，无利），用来买猪肉和酒吃。① 从广东省的调查情况来看，与中南区其他几个省份相比，虽然广东省农村经济发展水平相对较高，但土地改革后农民的借贷原因及用途与其他几个省的情形相差无几，这反映了农村经济发展水平的差距只在量上有比较意义，在质上，土地改革后一两年里农村经济发展水平普遍较低。农民由于家底薄、缺乏生产资料以及受生、老、病、死而丧失、缺乏劳动力或天灾的影响而导致生活贫困，仍需要依靠借贷解决。

又如据对广西10个乡的调查，从借入原因分析，因生活困难的最多，占49%，短期周转调剂的占22%，主要用于生产投资的占14%，婚丧疾病的占11%，其他原因的如建筑房屋等占4%，其中，因生活困难借贷的以贫农为多数，由于短期周转调剂的以中农为多。②

再如据对河北、河南、山西、吉林、广东、贵州、江苏7省16个县18个典型村（乡）的3435户农户调查，借贷用途因地区不同而有差异，吉林省因经济情况较好，加之人少地多生产需要投资大，因此借债用于生产（买车、马为主）的占72.7%，生活急需的占22.9%，修房、结婚、置衣服等占4.4%，而关内各省用于生活急需的占48.39%，生产的占30.2%，修房、结婚、置衣服的占13.87%，经商、买地的占2.88%，其他（还债等）的占4.66%。③

综上所述，土地改革后农民借债用途具有以下几个特点：

---

① 中共中央华南分局农村工作部共和乡调查组：《曲江县共和乡农村经济情况调查报告》（1954年1月），广东省档案馆，204—5—11。
② 《广西省农村调查》，载《八个省土地改革结束后至1954年的农村典型调查》，中共中央农村工作部办公室编印，1958年2月，山西省档案馆，21—8—1—2。
③ 卢汉川主编：《中国农村金融历史资料（1949—1985）》，第188页。

第一，借债以解决生活困难为主，反映了当时农民生活的普遍贫困，不得不靠借债来维持基本生活。

第二，借债用于生产经营者比重不大。其原因有：（1）负债者多为贫农和中农（以新中农为多），其借贷用途自然主要是为了应付生活开支和意外事故，从调查情况来看，中农借债用于生产经营的比重略高于贫农。（2）农户是否借债投资生产，还取决于自身经营能力以及对未来收入的预期，只有当预期未来收入利润足以弥补借贷利息时，农户才可能借债投资于生产。土地改革后，中国随即进行的农业集体化运动，使农户的土地所有权和经营权逐渐发生分离，农民逐渐地失去经营权，而且随时可能失去所有权。由此，农户减少了生产投入。（3）如上文所述，土地改革后国家农贷规模逐年扩大、农村信用社也逐年发展，且两者的贷款用途更注重生产，贷款利率也相对较低，作为有经济理性的农民，其生产性借贷可以选择利率更低的国家农贷和信用社贷款来解决，因此，从某种意义上讲，国家农贷和信用社贷款部分地替代了私人借贷中的生产性借贷用途。

第三，借债用于婚丧喜庆的占有相当比重，说明土地改革后农民的借债很大一部分用于铺张浪费。

第四，新区与老区当时的民间借贷用途相比较存在一定的差异。在"土改"完成较早的地区，经过四五年的恢复与发展，农村经济发展水平已有一定程度的提高，农民的生活困难逐渐得以解决，农户面临的困难主要是生产资料的不足，不能进一步扩大再生产，农村私人借贷也大多用于生产方面或用于生产方面的比重逐渐趋于上升。如据对吉林省农村的调查，1951年从借贷用途来看，"多用于扩大再生产方面"。又如黑龙江省海伦县第十六区永安村，1951年在借入粮中，其中用于生产者占53.8%，用于生活者占26%，用于婚丧者占4.2%，用于换好公粮豆及其他者占15.8%。[①]

---

[①] 《吉林省关于农村经济的综合材料》（1951年），《黑龙江省海伦县第十六区永安村、西安村经济调查》（1951年），《1950—1952年东北农村调查选集》，第60、130页。

## 第三节　农村私人借贷的社会经济效果

解放前，农村高利贷现象普遍，对债户有非常恶劣的影响，许多债户被高利贷者掠去土地，甚至出卖房宅家什，卖儿鬻女，甚至破产，有些高利贷者要求债户以人工做抵押，债户若到期不能如期还债，对高利贷者将形成人身依附关系。

小农经济的脆弱性，决定了除去维持劳动力生存及其再生产费用后，一部分小农往往只能部分甚至完全不能自给生产成本，于是借贷种子、肥料、耕畜乃至雇工费用，便成为完成再生产过程必不可少的内在要求。明清以来，小农依靠借贷完成再生产过程的实例已不鲜见，近代依然流行，土地改革后小农依靠借贷能否使再生产过程顺利进行呢？我们举例说明。

根据中共中央中南局农村工作部的典型调查，1952 年，湖北、湖南、江西 3 省贫农户均耕地 8.09 亩，生产成本（耕畜、农具、种子、肥料、饲料、副业及其他投资）共计折合稻谷 830.24 市斤，公粮负担 483.96 市斤，合计支出 1314.20 市斤，户均总收入 6307.34 市斤[①]，收支后可余 4993.14 市斤。又假如其生产投资全部是由借贷而来，并按年利 50%（已算高利）计算，需付息 415.07 市斤，如是则可盈余 4578.07 市斤。正如恰亚诺夫所指出，一个家庭式农场所投入的劳力或生产的作物，都很难分解为一个个的计算单位。小农往往把家庭全年的劳动视为一个整体，并把扣除了生产费用以后的收成视为一个整体的劳动成果或净收益。因此，我们很难确定家庭本身劳动的价值，再把这个数目从一年中减去来计算"净利润"。我们充其量只能勉强把当时农户家庭的生活费用（包括主食、副食、百货燃料及其他支出），当作家庭自身劳动的等值（自我雇佣的工资支出）。据调

---

[①] 中共中央中南局农村工作部：《中南区 1953 年农村经济调查统计资料》（1954 年 7 月），湖北省档案馆，SZ—J—517。

## 第四章　农村私人借贷形式、利率、借贷信用及借贷用途

查，1952年，湖北、湖南、江西3省贫农户均生活费用支出折合稻谷为4488.96市斤，如此可得当时贫农家庭的1952年的净利润为89.11市斤。由此可见，农村私人借贷（无论是低利、无利，还是某种意义上的高利贷）在小农家庭再生产过程中发挥了积极作用。

解放初期，农民的借贷原因主要是源于生活贫困，借贷用途主要是用于生活性消费，维持劳动力的再生产。不可避免的是，有些负债农户，由于债务负担增加，给生产生活带来一定的困难。如松江省呼兰县孟井村崔文焕，1949年因换马，1950年因治病，1951年因缺口粮、马料，历年借债，本利互滚，至1951年即负债7.4石，1951年总收入约为25石，除去日常开支外，只能付息，尚不能还本。李增，1949年起即借贷，至1951年共欠债20石粮，而1951年其总收入仅10石多，吃穿尚不能满足，更无力还债。又如潘殿臣，1949年为娶儿媳，1950年为借种子，1951年为盖房，连年借贷，至1951年欠外债28.6石，其总收入为42石，除去日常开支外，只能付息，尚不能还本。① 有没有农民因偿还债务而破产呢？下面我们以土地改革后农村的土地流转情况，来具体分析这一问题。

在东北，据对辽东省凤城县黄旗村调查，地权确定后，部分群众因迁移、丧失劳力和个别"二流子"出卖了土地，并且逐年增加。1949年卖出户5户（雇农1户，贫农2户，中农2户），15.5亩；1950年6户（贫农2户，中农4户），32亩。购入者：1949年6户（贫农5户，中农1户），买地18.9亩；1950年8户（贫农4户，中农4户），买地34.9亩。② 辽西省黑山县二区崔家屯村，1949年卖出土地者有15户（雇农1户，贫农12户，中农2户），卖出53.2亩；1950年20户（雇农2户，贫农12户，中农4户，富农2户），卖出88.5亩；1951年14户（贫农9户，中农4户，原地主1户），卖出51.8亩。1949—1951年合计出卖土地者49户，卖出土地193.5亩，出卖土地户数占全村总户

---

① 《松江省呼兰县孟井村经济调查》（1951年），载《1950—1952年东北农村调查选集》，第81页。

② 《辽东省凤城县黄旗村经济调查》（1950年），载《1950—1952年东北农村调查选集》，第31—32页。

数的 18.9%，出卖土地亩数占全村总亩数的 5.03%。出卖土地的原因：(1) 因天灾、害病的 11 户；(2) 娶媳妇、死人的 2 户；(3) 还旧债的 12 户；(4) 无劳力或缺劳力的 4 户；(5) 做买卖亏本的 3 户；(6) 买口粮的 1 户；(7) 因串换土地发生买卖的 6 户；(8) 好吃懒做的 9 户。① 又如据对黑龙江省海伦县第十六区永安村、西安村经济调查，1951 年永安村 14 户买入土地 19.47 垧，其中，13 户是中农，仅 1 户贫农买入 8.7 亩地。卖地者 6 户，卖出 8.7 垧，其中，5 户是贫农，仅 1 户中农卖出 2 亩。西安村 6 户买入 7.79 垧，其中，5 户中农，1 户贫农买入 1.16 垧；卖地者 6 户，卖出 7.79 垧，5 户是贫农，1 户中农仅卖出 8.2 亩地。卖地原因：多数是"老跑腿子"和部分遭天灾的户，如有 1 户投资很大种水田，水田遭灾无收，被迫卖地还贷粮，个别是二流子与回关内家的。土地典当情况，如表 4-5 所示。

表 4-5　　　　　1949—1951 年黑龙江省海伦县第十六区
永安村、西安村土地典当情况

| 年份 | 当入户 | 地数（垧） | 备注 | 当出户 | 地数（垧） | 备注 |
|---|---|---|---|---|---|---|
| 1949 | 15 | 25.14 | 只有 1 户贫农，当入 4 亩；中农 12 户，当入 19.14 垧；富裕中农 2 户，当入 5 垧 | 6 | 9.64 | 贫农 5 户，因病、缺劳力者 4 户，二流子 1 户，共当出 9.14 垧；中农 1 户因死人买棺材，当出 5 亩 |
| 1950 | 14 | 21.14 | 中农 10 户，当入 12.93 垧；富裕中农 3 户，当入 3.1 垧；新富农 1 户，当入 5.12 垧 | 6 | 8.04 | 贫农 4 户，原因同上；中农 1 户买马，1 户回关内，共 3 垧 |
| 1951 | 21 | 32.4 | 贫农 4 户，当入 3.05 垧地；中农 10 户，当入 13.27 垧；富裕中农 6 户，当入 10.92 垧；新富农 1 户，当入 5.12 垧 | 11 | 15.86 | 贫农 8 户，害病、缺劳力、食粮，当出 12.26 垧；中农 3 户，买马、交公粮 |

资料来源：《黑龙江省海伦县第十六区永安村、西安村经济调查》，载《1950—1952 年东北农村调查选集》，第 59—60 页。

---

① 《辽西省黑山县二区崔家屯村经济发展情况调查（1951 年）》，载《1950—1952 年东北农村调查选集》，第 99—100 页。

第四章 农村私人借贷形式、利率、借贷信用及借贷用途 | 187

再如松江省呼兰县孟井村经济调查,土地房屋的买卖从 1950 年开始发生,买卖总数量,土地为 9.9 垧,房屋 4.75 间,1951 年,土地为 4.9 垧,房屋为 2 间。出卖土地的只要是贫农,共卖出 11.34 垧,占卖出总数的 76.6%;其他阶层(迁走及转业户)卖出 3.46 垧,占 23.4%。买入土地的计贫农买入 1.27 垧,占买入总数的 8.6%;中农买入 13.53 垧,占 91.4%。出卖房屋的计农会卖出 1.25 间,贫农卖出 3.5 间,其他阶层(迁出户)卖出 2 间,共 6.75 间。全部都是中农购买了,出卖土地的 1 户贫农已下降为雇农。出卖土地房屋的原因,有以下几种:(1)好吃懒做,不事生产,逐年走向贫困而出卖的,如贫农李维经将"土改"分得的土地和房屋尽数卖出,现已下降为雇农。(2)因建筑房屋而出卖了一部分土地。(3)因迁走或转业而将土地或房屋出卖了。①

在山西,根据对 20 个乡的调查,土地改革结束后 1952 年的这一时期,共有 560 户出卖耕地 4126 亩,占总耕地亩数的 2.35%。其中,雇农、贫农 143 户,卖地 1083 亩;新、老下中农 281 户,卖地 2013 亩,合计占卖地总户数的 75.7%;占贫农和新、老下中农总户数的 10%。而新、老上中农 93 户卖地 543 亩,却有 270 户买地 1901.9 亩,除去卖出的土地,平均每户买回土地 5.03 亩。据阳高等 3 个乡 60 户卖地农民的调查:第一,因看病、埋人、死牲口、主要劳动力衰弱无力从事耕作,以及做小本买卖赔钱等原因而卖地者 36 户,占卖地户数的 60%,经济下降户多属于此类;第二,重要劳动力在外工作,当工人、教员、医生等,家无劳力,耕作困难者 12 户,占 20%;第三,远地换近地、坏地换好地者 8 户,占 13.33%;第四,地多,卖了多余的土地作其他用项者 4 户,占 4.67%。②又如据对山西忻县地委对 143 个村调查,143 个村中,共有 42215 户,715976 亩土地,土地改革以后,已有 8253 户农民出卖土地 39912 亩,占土地总数的

---

① 《松江省呼兰县孟井村经济调查》(1951 年),载《1950—1952 年东北农村调查选集》,第 79 页。
② 《山西省农村调查》,《八个省土地改革结束后至 1954 年的农村典型调查》,山西省档案馆,21—8—1—2。

5.57%。通过对卖地户的调查，出卖土地的原因有：（1）为调整生产而出卖者占19.15%；（2）因转移行业而出卖者占3.38%；（3）因生活困难而被迫出卖者占50.36%；（4）因办婚丧大事、遇有疾病和其他自然灾害袭击而出卖者占12.51%；（5）懒汉二流子好吃懒做把土地挥霍掉者占6.26%；（6）由于其他特殊原因（如农民存在变天思想把分到的土地出卖了，地主富农没有改造等）而出卖者占8.19%。从以上原因来看，因生活困难、天灾人祸袭击、懒汉二流子不劳动及其他原因而出卖土地者占卖地总户数的77.53%，占农村总户数的16%。①

在河南，据对50个乡993户的调查，在土地改革结束时，共有耕地15911市亩，每户平均16.02亩，1954年共有耕地16054市亩，比土地改革结束时增加了0.9%，耕地总数变化甚微，按1954年年末耕地占有数计算，调查户每户平均耕地16.17亩，人均3.22亩。农户卖出耕地者，各阶层都有，其中，贫农15户，共卖出耕地37.40亩，每户平均卖出2.49亩；中农13户，共卖出40.69亩，户均卖出3.13亩；富农4户，共卖出耕地28.68亩，户均卖出7.17亩；地主4户，卖出8.43亩，户均2.11亩；其他阶层1户卖出4.04亩。② 各阶层农户卖出耕地之具体原因不同，在出卖耕地的37户中，曾对其中27户出卖的具体原因加以了解，其详细情况如表4-6所示。

表4-6 "土改"后到1954年河南省27户农户卖地原因及数量

单位：户、亩

| 阶层 | 合计 | | 生活困难 | | 婚丧疾病 | | 缺乏劳动力 | | 还债 | | 不愿从事农业劳动 | |
|---|---|---|---|---|---|---|---|---|---|---|---|---|
| | 户数 | 亩数 | 户数 | 亩数 | 户数 | 亩数 | 户数 | 亩数 | 户数 | 亩数 | 户数 | 亩数 |
| 贫雇农 | 10 | 24.21 | 7 | 11.50 | 2 | 4.01 | — | | 1 | 8.70 | — | |
| 中农 | 10 | 30.87 | 3 | 13.80 | 2 | 8.07 | 3 | 2.77 | 1 | 1.57 | 1 | 4.66 |
| 富农 | 4 | 25.19 | 1 | 4.27 | 1 | 3.75 | 1 | 2.00 | — | — | 2 | 15.17 |

---

① 中共山西忻县地委：《关于农村阶层分化情况的调查报告》（1952年7月16日），载《1949—1952年中华人民共和国经济档案资料选编》（农村经济体制卷），第485—487页。

② 河南省统计局：《河南省农民家计调查资料汇编》（1956年1月），河南省档案馆，J107—1—132。

续表

| 阶层 | 合计 | | 生活困难 | | 婚丧疾病 | | 缺乏劳动力 | | 还债 | | 不愿从事农业劳动 | |
|---|---|---|---|---|---|---|---|---|---|---|---|---|
| | 户数 | 亩数 | 户数 | 亩数 | 户数 | 亩数 | 户数 | 亩数 | 户数 | 亩数 | 户数 | 亩数 |
| 地主 | 2 | 5.50 | 1 | 2.50 | — | — | — | — | 1 | 3.00 | — | — |
| 其他 | 1 | 3.55 | 1 | 3.55 | — | — | — | — | — | — | — | — |
| 合计 | 27 | 89.32 | 13 | 35.62 | 5 | 15.83 | 4 | 4.77 | 3 | 13.27 | 3 | 19.83 |

注：富农中有1户出卖耕地2次，原因不同，故分组户数不等于总户数。
资料来源：河南省统计局：《河南省农民家计调查资料汇编》（1956年1月），河南省档案馆，J107—1—132。

由表4-6观察可知，各阶层农户特别是贫雇农、中农两个阶层出卖耕地的主要原因是生活困难和婚丧疾病，由于这两个原因而卖出的耕地数量，贫雇农占其卖出耕地总数量的64.06%，中农占其卖出耕地总数的70.85%。因缺乏劳动力而卖地4.47亩，占卖出总数量的5.00%，因还债而卖地13.27亩，占14.86%。此外，因不愿从事农业劳动而出售耕地19.83亩，占22.20%。从调查情况来看，农户因生活困难及婚丧疾病是卖地的主要原因，因此而卖地的数量所占比重最大，倘若农户的这些困难都可以通过借贷来解决，相反则可避免出售对农户至关重要的生产资料——土地。这也从一个侧面反映了土地改革后农村私人借贷停滞的局面。而4户农户因还债而出卖的土地数量，只及土地改革结束时平均户均占有数量的20.71%。

在安徽，如阜阳县河东乡的调查，1952年卖地的仅有1户，贫农訾如章是因为给儿子娶亲卖地1.7亩；1954年有2户，中农和小土地出租者，主要因为地多劳动力少，生产消极，躲避负担。如中农阎治中5口人，33亩地，因怕负担，于1954年春卖地3.76亩。典出土地的1952年有6户，54年有9户，多为贫农和小土地出租者，主要原因大致分为三种：(1) 因婚丧者8户，如小土地出租者王光荣因母亲死而出典；(2) 因生活困难典出2户，主要是生产不积极，如薛殿英因不好好生产，生活困难，典出土地2.8亩；(3) 因地多劳少典出的

5户,均是中农和小土地出租者。① 又如据对肖县杨阁乡4个村1951—1954年的调查,卖土地的19户,其原因是:(1)因遭自然灾害的侵袭或收入不够维持生活的贫农1户,老小中农4户,老上中农1户,地主1户。(2)过去因底子空,负债过多的贫农1户。(3)因国家征用土地的贫农1户,老小中农2户,老上中农1户。(4)因婚、丧有病的新中农1户,老上中农1户。(5)因土地坐落在外乡或离家远耕作不便,或因自己原土地孬,卖孬田买好田的富农1户,地主1户,新中农2户,贫农1户,新上中农1户,老上中农1户。(6)为逃避负担而出卖土地的富农1户。典出土地的11户,其原因是:(1)因缺乏耕畜农具,过去底子空,还负债的贫农1户,老小中农1户。(2)因遭受自然灾害或因婚丧嫁娶的贫农3户,新上中农2户,下中农2户。(3)为更换土地,孬换好,远换近的新中农2户。② 再如据对肥西县竹西乡竹西、姚公两个选区的调查,出卖土地的原因有五:(1)贫农底子空,土地改革后在经济上未彻底翻身,生产、生活仍有困难,如贫农李广才5口人,土地改革分得7.5亩田,耕畜、农具全无,依靠人工换牛工,庄稼年年种得迟,产量提不高,收入少,生活困难,1952年青黄不接时,家里断炊,将1亩多地,以4斗米卖给了新上中农李广凤。类似这种情况的有11户,出卖土地15.1亩。(2)因天灾人祸的2户,卖出土地3.5亩,如贫农余章和6口人,11.9亩田,本来生活就困难,1953年父亲又死了,卖出1亩田。(3)劳动力少,土地多,为了减轻公粮负担而卖田的有4户,卖出土地18.8亩,如上中农张玉俊5口人,2个劳动力,有田30.8亩,耕种不了,1953年出租9亩,没有收到租,1954年便将出租土地全部卖掉。(4)卖孬田买好田的1户,卖远田买近田地5户,共调换土地

---

① 《阜阳县河东乡的调查》,载《安徽农村典型调查(土地改革结束后至1954年)》,第6页。
② 《肖县杨阁乡的调查》,载《安徽农村典型调查(土地改革结束后至1954年)》,第26页。

第四章　农村私人借贷形式、利率、借贷信用及借贷用途 | 191

16.6亩。(5) 国家征收的20户，计35亩田。①

在湖北，据对襄阳县谭庄、光化县白莲寺、宜城县龙兴3个乡的调查，1952年3个乡农户共典出土地23.13亩，占总田亩数13508.47亩的0.17%。典出原因是：婚丧疾病的占40%；因人多劳力少生活困难的占30%；因田多种不了，有顾虑而典出的占10%；因欠旧债的占10%；因好吃懒做的占10%。土地改革后买卖土地的很少，如光化白莲寺、宜城龙兴2个乡卖地的只有3户，共卖地3.76亩。卖地的原因是：一户因欠旧债还不起，即光化白莲寺乡中农李仁富欠贫农李成银的皮花28斤即抵卖地1.05亩；一户因底子薄，生产没搞好，又好吃懒做，秋收不久便没有吃的，背着乡干部暗地将3.1分地以3斗小麦的价格卖给外乡；另一户是土地在外乡自己不方便种植，而卖2.4亩地。② 又如据对孝感县赵湾乡、咸宁县马桥乡、襄阳县谭庄乡、随县庙湾乡、松滋县民主乡5个乡的调查，从1953年7月到1954年6月，5个乡共有61户农户出卖土地89.66亩，卖地的原因是：(1) 因生活困难的6户，占卖地总户数的9.84%，卖地6.94亩，占卖地总数的7.74%；(2) 因疾病死亡的7户，占11.48%，卖地11.81亩，占13.17%；(3) 因丧失劳力的6户，占9.84%，卖地8.95亩，占9.98%；(4) 因负债的3户，占4.92%，卖地4.28亩，占4.77%；(5) 因调换的27户，占44.26%，卖地46.55亩，占51.92%；(6) 因田远不便耕种的7户，占11.48%，卖地3.45亩，占3.85%；(7) 因婚嫁的3户，占4.92%，卖地4.71亩，占5.25%；(8) 因职业变动的2户，占3.28%，卖地2.97亩，占3.32%。③ 土地改革后，农民虽然获得了土地等生产资料，但部分

---

① 《肥西县竹西乡竹西、姚公两个选区的调查》，载《安徽农村典型调查（"土改"结束后至1954年）》，第134页。

② 湖北省农委：《襄阳专区四个乡借贷租佃典当买卖关系的调查》（1953年3月），湖北省档案馆，SZ18—1—41。

③ 根据湖北省委农村工作部《孝感县赵湾乡调查统计分析表》（1954年）、《咸宁县马桥乡调查统计分析表》（1954年，湖北省档案馆）SZ18—1—129、《松滋县民主乡调查统计分析表》（1954年，湖北省档案馆）SZ18—1—130、《襄阳县谭庄乡调查统计分析表》（1954年）、《随县庙湾乡调查统计分析表》（1954年，湖北省档案馆）SZ18—1—131整理。

农民由于底子薄、家底空及遭受天灾人祸的袭击在生活上还存在很大的困难，需要通过借贷来解决，在国家农贷不发达、农村信用社没有充分发展以及私人借贷处于停滞局面的情况之下，农民为了生存，只有出卖生产资料。以上调查中虽有农民由于还债而卖地的，但并不是把地卖完，并不导致破产。

另据中南局农村工作部的调查，1953年，湖北、湖南、江西三省14个乡有占农户总数的1.29%的农户出卖土地，出卖土地103.13亩（占土地总数的0.22%），有占总户数1.61%的户买入土地，买入土地126.83亩（占土地总数的0.27%）。在河南9个乡，有占农户总数的3.59%的农户出卖土地，出卖土地占土地总数的0.73%，有占农户总数的2.58%的户买入土地。总的来看，在中南局5个省（35个乡）有占农户总数1%—2%的户出卖土地，2%—3%的户买入土地。从湖北、湖南、江西三省看，卖地原因可基本分为三大类，第一类，因为严重困难（如疾病、天灾、负债、丧失劳动力）而卖地者占卖地总户数的56%；第二类，属于调剂性质（如调换、妇女出嫁、地多及职业变动等）占卖地总户数的40%左右；第三类，二流子卖地占4%左右。从上述三省买卖土地的阶层看，在卖地户中贫农占50%以上，基本上是因为困难；中农占40%，少数（约20%即卖地总户数的8%左右）出于困难。①

由此可见，土地改革后，虽然存在农民因负债而出卖土地的现象，但由此而导致的出卖土地的数量占农户出卖土地总量的比重较小。总体上看，土地改革后由于农户借贷的数额较小，同时农村经济逐年好转，农民收入逐年提高，还债能力逐步增强，绝大多数农户仅凭当年的农副业收入即可还清债务，因此，农民因偿还债务而导致破产的现象极少发生。农户出卖土地更多是由于其他原因所引起的，如调剂、生活困难等，如果说调剂性质的土地买卖便于农户生产经营和提高农业生产力，对农业生产的发展是有利的。那么由于生活困难或

---

① 中共中央中南局农村工作部：《中南区5省35个乡1953年农村经济调查总结》（1954年7月），湖北省档案馆，SZ—J—514。

偶遇天灾人祸而导致农民被迫出卖土地，则不仅不利于农业生产的发展，而且还会引起诸多的社会问题。如前文所述，中国农民传统的融资次序是先进行内源融资，再外源融资，最后迫不得已才考虑出卖自己的生产资料。传统上，中国农户是"俗尚守成，不轻卖产"的，农户之所以为生活所逼而出卖自己的命根子——土地，是在靠自身积累已无力解决面临的困难，同时又得不到外部资金（如国家农贷、农村信用合作社贷款及私人借贷等）支持的情况下，才做出的无奈之举。要解决这些农户的困难，一方面，需要政府大力扶助；另一方面，在国家财力有限的情况下，更重要的是，要大力提倡和活跃农村私人借贷，使农民之间通过互助互借，互通有无，来解决这些困难。

# 第五章　国家农村信贷

国家银行业务在农村的延伸是中国乡村借贷关系转型和现代化的标志之一。解放初期，为了活跃农村金融，促进农村经济的恢复与发展，国家大力举办了农村信贷（以下简称"农贷"）。① 这一时期，国家农村信贷在规模上是逐年增加的，在发放对象上倾向于照顾农村合作经济组织和广大贫困农民，在贷款利率上有逐年下降的趋势，在贷款用途上是为了解决农民的生产困难。总体来看，国家农村信贷（以下简称"农贷"）作为解放初期人民政府扶持和发展农村经济的重要措施之一，对当时农民的生产经营和农村经济的发展发挥了重要作用，但也存在一定的缺陷和不足。

## 第一节　20世纪50年代前期国家农贷政策的演变

### 一　国民经济恢复时期国家的农贷政策

解放后，由于老区经过土地改革，新区正在进行土地改革或减租退押斗争，农村的生产关系已经发生根本改变或正在改变，广大农民已经获得土地及生产资料，或者得到了减租退押的果实。同时，农村中由于十余年来的战争环境变成如今的和平环境，正常的产销关系和贸易路线逐渐恢复，并且有了发展。在此期间，政府也大力组织了城

---

① 国家农村信贷主要包括农业生产贷款、贫农合作基金贷款、救灾贷款、农产品收购贷款等方面，本章主要探讨前两个方面的农村信贷情况。

乡内外的物资交流和土产出口工作。因此,解放后的农村经济已发生了重要变化,在农村经济发展过程中,不断提出许多新问题,要求国家解决。随着农村经济的发展,大部分农民生活有所改善,修建、衣、食、住、婚嫁的要求也频繁起来,但是,还有一部分农民因为疾病、死亡、天灾的袭击而发生困难,甚至极小部分已经获得土地的农民因这样的困难而致丧失了土地,降低了生活水平。特别是新区的农民,生活困难的仍然不少。而各地农村的民间借贷又不发达,信用合作社还没有大量发展起来,农村私人借贷还是秘密的而且利息高。在老区,由于土地改革较早,农民生活有了改善,他们还需要在资金方面的帮助,但是已没有解放战争期间那样迫切。在有些解放不久的新区,农民虽然迫切需要国家帮助,但由于他们还没有组织起来,农贷还发不下去。国家银行虽然在有些地区通过流动小组或集镇营业所等办理了一些放款,但是还不普遍,还不能满足广大农村各种各样的临时资金需要。

在1950年3月第一次全国金融会议上,提出了农村金融工作,会议确定农贷"必须打破恩赐救济及平均分配的观点和方法,贯彻专款专用的方针"。贷款分配以老区为重点,"尽量贷给组织起来的农民或通过供销合作社贷放生产资料;新区则有条件有准备地重点发放"。[①] 此外,在这次会议上,还规定了农村行的五大任务,即:一是代理金库与扶持出口品生产;二是办理农贷及手工作坊、运输等副业贷款;三是组织与开展私人借贷,帮助合作社开展信用业务;四是开展集镇存款、放款业、汇款业务;五是试办储蓄、押放与押汇业务。

1951年5月第一届全国农村金融会议提出,对于农村金融工作国家银行必须贯彻"深入农村、帮助农民、解决困难、发展生产"的方针,并强调,国家农贷必须"专款专用"的原则,帮助农民"组织起来,提高技术、发展生产"。同时,为解决农村资金的调剂问题,要求各地国家银行应该在城关、集镇,特别是以集镇为据点,向周围农村办理周转性放款,用吸收来的存款解决农民在副业、手工业、运销等方面的临时性

---

① 南汉宸:《农村金融工作的重要意义和努力方向》(1951年5月10日),《1949—1952年中华人民共和国经济档案资料选编》(金融卷),第515页。

资金需要。另外，对于农民生活上的资金需要，如疾病、死亡、婚嫁、生育、子女教养所必需的费用等日常资金需要，亦予以照顾。①

1952年，中国人民银行、农业部在《关于1952年农贷工作的指示》中提出，贷款应在"促进组织、提高技术、发展生产"的原则下，结合爱国主义丰产运动与提高单位面积产量的方针，进行贷放。在贷款对象上，"尽量以群众（农民、渔民、牧民）组织为对象，鼓励其集体运行，有计划地从事生产……对于组织起来者可优先扶助，在利息上亦可酌予优待，以示奖励"。②

1953年7月9日，政务院发布《关于发放农业贷款的指示》，强调："农业贷款，必须按照各地生产季节及时发放，必须贷给生产及生活上有困难而要求贷款的农民，在组织起来的农民和个体农民之间必须作合理的分配。参加互助合作的，是雇农、贫农和中农，为了改进生产设备，实际较之个体农民需要较多的贷款，因而给组织起来的农民以比较多的帮助，是合理的和必要的。""各地还可以根据互助合作组织发展的不同程度和对互助组合作社适当照顾的原则，分别定出农业贷款在组织起来的农民和个体农民之间合理的分配比重。……此外，还应注意，对合作社互助组中一些个别农民如需要个别贷款时，亦应周到地予以照顾。"③

由此可见，国民经济恢复时期，国家农贷最明显的特点就是以组织起来的农户作为主要放款对象，并且强调"专款专用"。在发放农业贷款过程中，一些地方却出现了过分强调"专款专用"，向群众提供本不需要的设备贷款；片面理解"扶助生产"的口号，忽视群众生活、生产急需解决的困难；过多地贷给互助组、合作社，减少对个体农民中贫困农民的贷款问题。为纠正农业贷款中的错误倾向，1953

---

① 中国人民银行总行：《第一届全国农村金融会议的综合记录》（1951年5月），《1949—1952年中华人民共和国经济档案资料选编》（金融卷），第523页。
② 中国人民银行、农业部：《关于1952年农贷工作的指示》（1952年1月25日），《1949—1952年中华人民共和国经济档案资料选编》（金融卷），第612—613页。
③ 政务院：《关于发放农业贷款的指示》，《1953—1957年中华人民共和国经济档案资料选编》（金融卷），中国物价出版社2000年版，第303页。

年，政务院在《关于发放农业贷款的指示》中要求，"农业贷款，必须按照各地的生产季节及时发放，必须贷给生产上有困难而要求贷款的农民，在组织起来的农民和个体农民之间必须作合理分配，不得歧视个体农民，特别是未参加互助合作的新翻身贫困农民"，"必须根据农民的实际需要"发放贷款，"农业的款在地区间必须合理分配，对于灾区、贫苦山区和少数民族地区应予以照顾"。①

## 二 过渡时期总路线提出后国家的农贷政策

国民经济恢复后，中国选择了重工业优先发展的战略，开展大规模的工业化建设。过渡时期总路线提出后，国家开始对农业、资本主义工商业、手工业进行社会主义改造，在此背景下，国家农贷成为推动农业社会主义改造的重要工具。

过渡时期总路线提出后，根据当时的情况，中国人民银行提出："逐步扩大并合理使用农贷，发展信用合作，调剂农村资金，打击高利贷，以促进农业和手工业者的合作化，发展农业和手工业生产……以利于国家逐步实现对农业、手工业和资本主义工商业的社会主义改造。"② 1954 年，中国人民银行在农业贷款指示中，提出："对农业生产合作社既要适当地及时贷给其短期性的贷款，解决其一般生产资料困难，也要根据生产需要与国家资金力量，逐渐增长长期贷款，帮助其逐步进行农业基本建设和生产技术的改革，增加公有生产资料，帮助其扩大再生产，提高产量增加收入。对互助组的贷款，应按必要与可能分清缓急先后，扶持其巩固发展。对于参加互助合作组织的贫困农民，应予以关怀扶持，使其逐步改善耕作条件，而共同上升。""将农贷工作与生产互助合作运动结合起来，通盘考虑"，不过，也要求对互助合作组织和个体农民的贷款应按照政务院的指示办理。③ 中财委批转这一请示时，同

---

① 政务院：《关于发放农业贷款的指示》，《1953—1957 年中华人民共和国经济档案资料选编》（金融卷），第 303、305 页。

② 《人民银行工作检查的总结报告》（1954 年 4 月 7 日），《1953—1957 年中华人民共和国经济档案资料选编》（金融卷），第 3 页。

③ 《中国人民银行为发放 1954 年上半年农业贷款的指示》，《1953—1957 年中华人民共和国经济档案资料选编》（金融卷），第 306、307 页。

意农业贷款应着重于"农业生产合作化",也"要注意扶持贫农。除对整个合作社给予必要的贷款扶持外,对于合作社内的贫农社员也必须单独给予贷款扶持,对于未加入合作社的贫农也须注意扶持"。①

1955 年召开全国农村金融工作会议,会议再次强调农业贷款的重点是"扶持农业生产合作社","对农业生产互助组,主要是扶助贫困组员解决一般生产、生活困难,须以户为对象。对长期互助组(特别是准备转社的组),也可贷给大型农具,伙贷伙用","扶持个体贫农和有困难的中农"。② 1956 年,随着全国农业集体化高潮的兴起,国家银行的农贷政策又发生了变化,强调农业贷款要着重于推进农业合作化,提出:"农业信贷工作的中心应转到农业合作方面来。"③

总体来看,过渡时期总路线提出之后,国家农贷主要是围绕农业合作化这一中心任务来进行的,农贷的主要目标是促进农业合作化运动的进程,个体农户的资金需求往往被国家银行所忽视。

## 第二节 农业生产贷款的运作及绩效

解放后,为了恢复和发展农业生产,解决广大农民的生产生活困难,国家银行由于组织系统不完善,而依靠各地行政力量,由县逐级经区、乡、村分配到农户发放了一定数额的农贷。土地改革结束后,为了帮助刚刚翻身的农民预防和克服自然水旱虫灾,解决缺乏肥料、农具、耕牛、种子及开展副业、手工业生产的困难,恢复和发展农业生产,根据农村经济发展的需要和财力的可能,国家银行逐步在农村广大地区开展了农贷工作,并重点地举办小型水利贷款,用于挖塘修渠。

---

① 《中财委(农)批转中国人民银行总行关于农贷工作的报告》,《1953—1957 年中华人民共和国经济档案资料选编》(金融卷),第 311 页。
② 《全国农村金融工作会议总结报告》,《1953—1957 年中华人民共和国经济档案资料选编》(金融卷),第 313—314 页。
③ 中国人民银行行长办公室:《1956 年银行工作提要》,《1953—1957 年中华人民共和国经济档案资料选编》(金融卷),第 324 页。

## 一 农贷规模

从全国农贷发放数量来看,1950—1953 年上半年分别为 20868 万元、35489 万元、107550 万元、95976 万元。① 1952—1953 年中南区发放农贷额分别为 22545 万元、38514 万元。② 在湖北,1952—1955 年农贷资金的指标分别为 1667 万元、5372 万元、8120 万元、9400 万元。③ 1953—1956 年,农业贷款占国家信贷投资的份额分别为 4.9%、4.1%、4.9%、12.90%。④ 由此可见,国家农贷的规模是逐年递增的。

虽然土地改革后农业贷款发放的规模是逐年增加的,但是,过渡时期总路线提出之后,为了促进农业合作化的发展,国家加强了国营农业、农业合作社、生产互助组的贷款,帮助其巩固和发展,因此,虽然国家银行农贷规模增长较快,但个体农民在国家融资规模增长中所占比重小得多,随着农业集体化运动的展开,有的地区甚至有所下降。如据对河南、湖南、湖北、江西、广东 5 省 26 个乡调查,1953 年个体农民从国家银行融资规模比 1952 年下降了 30%(见表 5-1)。

表 5-1 1952 年、1953 年河南、湖南、湖北、江西、广东 5 省 26 个乡个体农民从国家银行农贷融资规模变化

|  | 1952 年融资数额(斤) | 1953 年融资数额(斤) | 1953 年为 1952 年的比重(%) |
| --- | --- | --- | --- |
| 河南 9 乡 | 54556 | 54278 | 99.49 |
| 河南、湖南、湖北、江西、广东 10 乡 | 682912 | 409148 | 59.91 |
| 广东 7 乡 | 319776 | 274381 | 85.80 |
| 合计 | 1057243 | 737807 | 69.79 |

注:借入单位:河南为货币、实物折合小麦市斤,其他 4 省为折合稻谷市斤。
资料来源:中共中央中南局农村工作部:《中南区 1953 年农村经济调查统计资料》(1954 年 7 月),湖北省档案馆,SZ—J—517。

---

① 中国人民银行总行:《三年来农贷发放情况》(1953 年 9 月 29 日),中国人民银行总行档案,Y 农村金融管理局,1953—永久—6。
② 中共中央中南局农村工作部:《中南区农村统计资料》(1954 年 8 月),湖北省档案馆,SZ—J—519。
③ 中国人民银行湖北省分行:《湖北省第一个五年计划金融统计资料汇编(1953—1957)》(1958 年 12 月),湖北省档案馆,SZ—J—755。
④ 《1953—1957 年中华人民共和国经济档案资料选编》(金融卷),第 5 页。

其中，河南省、湖南省、湖北省、江西省、河南省、广东省都是下降的。

又据湖北省、江西省及湖南省委农村工作部29个乡的调查，1952—1954（1955）年国家农贷发展情况如表5-2所示。

表5-2　1952—1954（1955）年湖北省、江西省及湖南省29个乡个体农民从国家农贷融资情况

| | 年份 | 调查户数（户） | 借入户数（户） | 借入户占总户数比重（％） | 借入金额（元） | 借入户户均借入（元） | 总户数户均借入（元） |
|---|---|---|---|---|---|---|---|
| 湖北12（11）个乡 | 1952 | 3355 | 1094 | 32.6 | 8103.27 | 7.41 | 2.42 |
| | 1954 | 3754 | 1051 | 28 | 10381.17 | 9.88 | 2.77 |
| 江西9个乡 | 1952 | 3638 | 987 | 27.13 | 6062.89 | 6.14 | 1.67 |
| | 1954 | 3651 | 999 | 27.36 | 8811.13 | 8.82 | 2.41 |
| | 1955 | 3660 | 816 | 22.30 | 7860.38 | 9.63 | 2.15 |
| 湖南8个乡 | 1953 | 3272 | 843 | 25.69 | 5191.06 | 6.16 | 1.58 |
| | 1954 | 3326 | 933 | 28.06 | 6658.63 | 7.14 | 2.00 |

注：湖北省1952年只是11个乡的数据，1954年是12个乡的数据。

资料来源：湖北省数据：根据《湖北省十二个典型乡调查统计表》（1955年，湖北省档案馆）SZ18—1—154整理。

广东省数据：根据中共华南分局《1955年典型乡、社调查统计表（之一）》（1956年，广东省档案馆）204—5—99、中共华南分局《1955年典型乡、社调查统计表（之二）》（1956年，广东省档案馆）204—5—100、中共华南分局《1955年典型乡、社调查统计表（之三）》（1956年，广东省档案馆）204—5—101、中共华南分局《1955年典型乡、社调查统计表（之四）》（1956年，广东省档案馆）204—5—102整理。

湖南省数据：根据湖南省委工作部《关于湘潭县清溪乡1952年至1954年经济情况调查分析表》（1955年，湖南省档案馆）146—1—176、省委农村工作部《关于湘潭县长乐乡1952年至1954年经济情况调查分析表》（1955年，湖南省档案馆）146—1—197、省委农村工作部《关于安乡县竹林垸乡1952年至1954年经济情况调查分析表》（1955年，湖南省档案馆）146—1—205、省委农村工作部《关于安乡县蹇家渡乡1952年至1954年经济情况调查分析表》（1955年，湖南省档案馆）146—1—204、省委农村工作部《关于沅陵县肖家桥乡1952年至1954年经济情况调查分析表》（1955年，湖南省档案馆）146—1—246、省委农村工作部《关于沅陵县蒙福乡1952年至1954年经济情况调查分析表》（1955年，湖南省档案馆）146—1—272、省委农村工作部《关于长沙县卷塘乡1952年至1954年经济情况调查分析表》（1955年，湖南省档案馆）146—1—153、省委农村工作部《关于长沙县草塘乡1952年至1954年经济情况调查分析表》（1955年，湖南省档案馆）146—1—165整理。

江西省数据：江西省委调查组：《关于全省（9个典型乡）经济调查综合表》（1956年），江西省档案馆，X006—2—13。

表 5-2 中，湖北省 1952 年和 1954 年统计的乡数不同，融资总规模没有可比性，可以用总户均借入额进行比较。1954 年与 1952 年相比，个体农民从国家银行融资总户均借入额增长了 14.5%，考虑到户数也会略有增加，总融资规模增长会稍高些。湖南省 1954 年与 1953 年相比，个体农民从国家融资总规模增长了 28.3%。江西省个体农民从国家银行的融资总规模 1954 年比 1952 年增长了 45.3%；1955 年比 1954 年下降了 10.8%。

表 5-1 与表 5-2 的资料表现的个体农民从国家银行融资发生转折的时间不同，表 5-3 中国家银行对个体农民的放贷从 1953 年就在下降。表 5-2 中，湖南、湖北、江西 3 省 1954 年比 1952 年或 1953 年都在上升，江西从 1955 年才开始下降。但反映一个基本情况是相同的，即随着农业合作化运动的不断推进，国家农贷对互助合作组织的倾斜力度越来越大，个体农民从国家银行融资的规模增长不快，与前文所述同期国家农贷发放总量的迅速增长形成非常鲜明的反差。

### 二 农贷对象

在 1951 年 5 月举行的第一届全国农村金融会议上，中国人民银行总行将农村放款（包括县支行一切放款在内）分为两部分：一是农业生产放款；二是一般周转性放款。农业生产放款包括农田、水利、种子、肥料、农具、牲畜、渔业、牧业、农场及各种特产作物的生产放款。农业生产放款由中央有关农业主管部门与中国人民银行总行根据各级政府与各级行反映的情况和初步计划，统筹决定并逐级调拨专款举办。国家农业贷款"必须专款专用不能直接分散给农户，防止用农贷转存，套取利息"。[①] 即农业生产放款是不直接对农户贷款，而是贷给地方政府、农业经济管理部门、国营农场及农业生产合作组织等。1951 年颁布的《中国人民银行农业生产放款章程》规定："借款对象以经营上列各种业务或制造有关生产资料之公司企业，各种合作社生产互助组织及农民团体，对积极从事劳动生产之个体农民亦得酌

---

① 《第一届全国农村金融会议的综合记录》（1951 年 5 月），《1949—1952 年中华人民共和国经济档案资料选编》（金融卷），第 608 页。

予放款；但对健全之合作社及农民团体得优先贷给。"① 该规定进一步明确了农业生产放款的对象，从上述规定不难看出，农贷的对象是非常广泛的，包括生产经营农资的企业、各种合作社（供销合作社、农村信用合作社、农业生产合作社）、农民团体（主要是国营农场及各种形式的农业生产互助组织）以及个体农民等。从互助合作组织与个体农民在农贷中所占的比重来看，一般是合作组织比单干多，据全国4个省的1个专区、3个县、12个区、5个乡、2个村的典型调查材料，1951—1953 年上半年贷款总数为 946272 元，其中，互助合作组织占 86.38%，个体农民占 13.62%。② 又如河南省南阳县李河乡1953 年农贷中，在贷放对象上，组织起来的合作组织占 85%，未组织农民占 15%。③ 开封县双庙乡双庙村，1953 年该村增贷到 965.84元，比 1952 年增加了 1 倍，主要是扶持农业生产合作社的发展，仅该社就贷出 563 元，占全村贷款的 58%。④ 江西省吉安县淇塘乡，1953 年国家农贷中，两个农业社占全部贷款的 53.75%，3 个互助组占全部贷款的 15.28%。⑤ 信丰县胜利乡，1954 年银行贷款面互助合作组织占 70%，未组织农民占 53%。贷款额互助合作组织户均贷入 21.26 元（含旧欠），未组织农民户均贷入 17.51 元。⑥

一般周转性的放款，包括城关及乡村的一般短期周转性的放款，主要解决农民生产上的困难，放款的范围包括农村群众一般生产与生活需要。这种放款的对象即为农村的广大农民。

---

① 《中国人民银行农业生产放款章程》（1951 年），《1949—1952 年中华人民共和国经济档案资料选编》（金融卷），第 619 页。

② 中国人民银行总行：《三年来农贷发放情况》（1953 年 9 月 29 日），中国人民银行总行档案，Y 农村金融管理局，1953—永久—1。

③ 河南省委农村工作部：《南阳县李河乡农村经济调查总结（初稿）》（1953 年 12 月），河南省档案馆，J11—1—61。

④ 开封县双庙乡经济调查组：《开封县双庙乡经济调查总结（草稿）》（1954 年 1 月），河南省档案馆，J11—1—62。

⑤ 江西省委农村工作部：《吉安淇塘乡农村经济调查总结》（1954 年 8 月 5 日），江西省档案馆，X006—2—3。

⑥ 江西省委农村工作部：《江西省信丰县胜利乡经济调查报告》（1954 年 8 月 10 日），江西省档案馆，X006—2—4。

当然，除国营及地方农林水利放款是针对单位组织外，农贷其他部分的最终贷款对象和受益人还是农民（包括参加各种互助合作组织的农民及个体农民）。1951—1953 年上半年，国家放出的农贷累计总额为 239015 万元，其中，国营及地方农林水利放款总额为 43707 万元，占 18.28%；对农民的放款为 195308 万元，占 81.72%。又如根据全国 6 个省中的 4 个县 2 个乡 22 个村的典型调查，1950—1953 年上半年，贷款总额为 748150 元，其中贫农贷款为 579029 元，占贷款总额的 77.39%，贷款户数为 51657 户，户均贷款 11.2 元；中农贷款为 165326 元，占贷款总额的 22.1%，贷款户数为 18100 户，户均贷款 9.1 元；其他成分贷款 3795 元，占贷款总额的 0.51%，贷款户数为 205 户，户均贷款 18.5 元。① 由此可见，当时的国家农贷主要照顾贫农和中农。

下面具体观察农村各阶层农民的农贷情况。

根据湖北农村工作部对 12 个乡 3754 户农户的调查，1952 年、1954 年国家农贷情况如表 5-3 所示。

表 5-3　1952 年、1954 年湖北省 12 个乡国家农贷发放情况

| 阶层成分 | 1952 年总户数 | 1952 年银行贷出 | | | | 1954 年总户数 | 1954 年银行贷出 | | | |
|---|---|---|---|---|---|---|---|---|---|---|
| | | 户数 | 占贷出总户数比重(%) | 金额(元) | 占贷出总额比重(%) | | 户数 | 占贷出总户数比重(%) | 金额(元) | 占贷出总额比重(%) |
| 雇贫农 | 1991 | 826 | 75.50 | 6147.11 | 75.86 | 944 | 323 | 30.73 | 3617.33 | 34.85 |
| 中农 | 1014 | 253 | 23.13 | 1898.07 | 23.42 | 2407 | 710 | 67.55 | 6673.12 | 64.28 |
| 其他劳动者 | 15 | 3 | 0.27 | 16.98 | 0.21 | 22 | — | — | — | — |
| 富农 | 156 | 6 | 0.55 | 23.37 | 0.29 | 185 | 10 | 0.95 | 58.27 | 0.56 |
| 新富农 | — | — | — | — | — | 12 | 2 | 0.19 | 11.80 | 0.11 |
| 地主 | 128 | 2 | 0.18 | 10.66 | 0.13 | 135 | 4 | 0.38 | 14.35 | 0.14 |

① 中国人民银行总行：《三年来农贷发放情况》（1953 年 9 月 29 日），中国人民银行总行档案，Y 农村金融管理局，1953—永久—6。

续表

| 阶层成分 | 1952年总户数 | 1952年银行贷出 | | | | 1954年总户数 | 1954年银行贷出 | | | |
|---|---|---|---|---|---|---|---|---|---|---|
| | | 户数 | 占贷出总户数比重(%) | 金额(元) | 占贷出总额比重(%) | | 户数 | 占贷出总户数比重(%) | 金额(元) | 占贷出总额比重(%) |
| 其他剥削者 | 51 | 4 | 0.37 | 7.08 | 0.09 | 53 | 2 | 0.19 | 6.30 | 0.06 |
| 合计 | 3355 | 1094 | 100 | 8103.27 | 100 | 3754 | 1051 | 100 | 10381.17 | 100 |

注：1952年只有11个乡的数据。

资料来源：《湖北省十二个典型乡调查统计表》（1955年），湖北省档案馆，SZ18—1—154。

国家银行对农民私人的贷款，尽管涉及农村各个阶层，但主要是扶助土地改革后的贫困农民，帮助他们解决生产、生活上的困难；其次是扶助生产中有困难的中农。因此，在农贷发放中贫雇农占了绝对比重。如表5-3所示，1952年得到国家银行农贷的贫雇农占本阶层农户总数的41.49%，贷款农户户均得到贷款7.44元，总户均得到贷款3.09元；得到国家农贷的中农占本阶层农户的24.95%，户均7.5元，总户均1.87元。两个阶层占得到农贷总户数的98.63%，占总金额的99.4%。1954年得到国家银行农贷的贫雇农占本阶层农户总数的34.22%，贷款农户户均得到贷款11.20元，总户均得到贷款3.83元；得到国家农贷的中农占本阶层农户的19.50%，户均9.4元，总户均2.77元。1954年与1952年相比，从贷款率、总户均贷款金额看，贫雇农仍是最高的，仍然是扶助的重点，但由于中农占总户数比重大大上升了，中农在贷款户中所占比重和贷款总金额都成为大头。另据宜都、石首、京山等县调查，1952年春耕农贷中，贫雇农占农贷总户数的84%—90%，中农占10%—16%，农贷中一般都照顾了困难最大的贫雇农。[①]

---

[①] 中国人民银行湖北省分行：《中国人民银行湖北省分行三年工作总结》（1953年2月27日），湖北省档案馆，SZ73—2—112。

从其他几个省份的国家农贷对象来看，1952年的农贷也是以贫雇农为重点扶持对象。河南省1952年农贷中贫农、中农合计农贷户数184844户，其中，贫农162777户，占88.06%；中农22067户，占11.94%。① 另据对河南省许昌专区五女店等7村调查，1952年农业贷款总额13380元，其中，贫农贷款户数为881户，贷款总额10970元，占农贷总额的82%，户均12.45元；中农贷款户数为224户，贷款总额2410元，占农贷总额的18%，户均10.76元。湖南南县维新乡，1952年农贷总额为1545元，其中，贫农贷款户数127户，贷款1218元，占农贷总额的78.83%，户均9.59元；中农贷款户数20户，贷款327元，占农贷总额的21.17%，户均16.35元。② 广东省7个乡，1952年获得银行贷款的农户481户，贷款4997.11元，其中，贫农272户，占贷款总户数的56.55%，贷款1577.80元，占贷款总额的31.58%；中农207户，占43.04%，贷款3193.31元，占63.90%。③

又据江西省9个乡的调查，1952年获得国家农贷的贫雇农占本阶层总户数的31.17%，占农贷总户数的69.50%，户均农贷6.37元，总户均1.99元；中农农贷户占本阶层总户数的27.75%，占农贷总户数的26.85%，户均农贷5.93元，总户均1.65元。两个阶层合计占农贷总户数的96.35%，占农贷总额的98.02%。1954年贫雇农农贷户数占本阶层总户数的28.42%，占农贷总户数的24.72%，户均农贷10.38元，总户均2.95元；中农农贷户占本阶层总户数的31.95%，占农贷总户数的72.51%，户均农贷8.44元，总户均2.67元。④ 1954年与1952年比较，贫雇农阶层的户均农贷额仍然比中农

---

① 中国人民银行河南省分行：《农业各项放款统计表》（1952年），河南省档案馆，J138—8—587。
② 中国人民银行总行：《三年来农贷发放情况》（1953年9月29日），中国人民银行总行档案，Y农村金融管理局，1953—永久—6。
③ 中共中央中南局农村工作部：《中南区1953年农村经济调查统计资料》（1954年7月），湖北省档案馆，SZ—J—517。
④ 根据江西省委调查组：《关于全省（9个典型乡）经济调查综合表》（1956年），江西省档案馆，X006—2—13整理。

要高，但是，在贷款率与两个阶层在贷款农户中所占的比重方面，情况恰恰与 1952 年相反，1954 年中农这两个指标方面都超过了贫农，这表明 1954 年农贷对象发生了细微的变化，即农贷的重点对象逐渐转向中农。这一变化，一方面固然与当时农村出现中农化趋势，中农成为农村的主要阶层有关；另一方面表明农贷也追求经济效益。总体上看，贫雇农和中农阶层仍然是国家农贷的照顾对象，1954 年这两个阶层的农贷户数占当年农贷总户数的 97.23%，农贷额占总额的 98.55%。国家农贷的扶助的重点对象是贫雇农和中农两个阶层，这与当时农村私人借贷主要发生在此两个阶层之间是不谋而合的，既反映了这两个阶层是当时农村社会、经济、政治的中坚力量，也说明了这两个阶层的困难在当时是最大的。

### 三 农业贷款期限及利率

（一）农贷期限

1952 年 9 月，中国人民银行区行行长会议把农贷又具体划分为三种形式，并且规定了三种形式的贷款期限及其利率：一是帮助贫雇农和有困难的中农解决一般困难的生产贷款，包括良种、饲料、小农具、肥料、药械、步犁等项目，期限在 1 年以下，有困难的尚可延期摊还，月息 1 分，对于困难较多的老区、少数民族区、灾区及烈属、军属，在利息及期限上均优予照顾（月息减为 7 厘 5）。二是支持农民组织起来，提高农业生产的农业设备贷款，包括马拉农具、抽水机、打井、水车、力畜等项目，期限为 3 年以下，分期偿还，月息 7 厘 5。主要贷给常年劳动互助组、生产合作社、集体农庄。三是活跃农村初级市场，解决农民生产、生活及其他困难的周转性放款。扶助集镇的基层供销社、手工业、商业等，以活跃初级市场来解决农民的问题；同时扶助农民的副业、运销事业，解决口粮及其他临时需要。期限为半年以下，月息 1.5 分。

对于上述三种贷款形式，国家虽然明确规定了贷款期限，但是，贷款到期时，大量贷款却不能悉数收回。据统计，1950—1953 年上半年，全国农贷分别发放 20868 万元、35489 万元、107550 万元、95976 万元，同期分别收回贷款 13218 万元、22681 万元、80299 万元、51233万元,收回总额分别占放出总额的63.34%、63.91%、74.60%、53.38%。① 另如河南省1952年夏季到期农贷催收情况是,政府委托贷粮55762623市斤,收回20774183市斤,占到期总数的38%,其中,潢川专区收回数仅占到期贷粮的12%;银行贷款5757944.43元,收回1858119.11元,占到期总数的32%,其中,南阳专区收回数仅占到期贷款的20%。② 1951年颁布的《中国人民银行农业生产放款章程》规定:"借款到期,借款人应将本息悉数还清,非有特殊情况,事先商得本行同意者不得展期,否则以逾期论。除另有规定者,应照规定利率加半收逾期息,并依据借约规定处理外,必要时本行得提起诉讼,追偿本息。"但对于确实无力偿还者,"不得逼迫确实无力偿还贷款的农民出卖土地、牲口、农具来还贷款"③,只能按照具体情况采取部分偿还,缓期偿还或续订新约的办法加以解决。贷款难以收回,这样,势必会影响下年度贷款的发放。

(二) 农贷利率

基于农业贷款的性质、用途及贷款期限的长短,1952年9月,中国人民银行制定了上述利率标准。此后,国家农贷利率又进行了多次调整,如1952年12月19日中国人民银行总行新修订的农贷利率为:(1) 用于增加农业设备、改进技术的放款(包括马拉农具、抽水机、打井、水利、水车、力畜、种畜等),利率为7厘5。(2) 一般农业生产放款(包括良种、饲料、水农具、肥料、药械、步犁等),利率为1分。(3) 周转性放款,利率为1.5分。④ 1953年10月13日,中央财经委员会又规定了新的农贷利率,"农业(包括渔业、畜牧业)贷款利率一般生产贷款原为月利1分(东北9厘),农副业贷款原为

---

① 中国人民银行总行:《三年来农贷发放情况》(1953年9月29日),中国人民银行总行档案,Y农村金融管理局,1953—永久—6。
② 中国人民银行河南省分行:《农业各项放款统计表》(1952年),河南省档案馆,J138—8—587。
③ 《中共中央关于发放农业贷款的指示(草案)》(1950年),《1949—1952年中华人民共和国经济档案资料选编》(金融卷),第603页。
④ 中国人民银行总行:《对于现行利率的补充和修订》(1952年12月19日),湖北省档案馆,SZ73—3—96。

月利1.5分，现规定为关内一律降为月利1分，东北9厘不变。设备性质贷款及优待利率仍为月利7厘5不变，东北马拉农具贷款利率另定。"① 总的来说，农贷利率是逐渐简化和降低的。与当时政府所规定的私人借贷利率及农村存在的互利性质的私人借贷的利率相比较，国家农贷的利率水平是非常低的。

### 四 借款手续及农贷用途

（一）借款手续

中国人民银行总行1951年颁布的《中国人民银行农业生产放款章程》规定："个体农民申请借款时应填具借款申请书，详细注明借款用途，以凭查核。""借款人须觅具经本行认可之保证人或由上级机关担保，农民组织及个体农民并得由当地人民政府担保，均负保证偿还全部债务之责，如本行认为有必要时，借款人需提供质押品，依本行质押放款办法办理之。"从以上规定不难看出，个体农民进行贷款的基本手续是：第一步，先由借款人填具借款申请书、借款用途表。第二步，到当地人民政府办理保证人调查表。第三步，将上述表格送交银行审查，如通过，即予贷放款项。

上述步骤看似简单，其实操作起来却异常烦琐。如河南省封邱县牛锁乡农民反映说："贷一次款得经过5道手续，群众申请，村乡介绍，乡干审查，银行批准，信用社办理手续。"因此，有跑10次贷不到款的。项城县大黄庄刘玉萍说："我贷款35元，足足跑了5趟，第一趟找乡长不在家，第二趟是立了借约，银行干部不在，他不盖章，贷不上款，第三趟又没见银行干部，第四趟才找见银行干部盖了章，这第五趟才在银行贷上款。"② 又如湖北省1952年春耕农贷的发放办法是：贷款分配到乡后，银行干部首先召集乡干部及农村金融委员会，讲明贷款政策、用途、对象，结合乡干部意见，再看该乡缺什

---

① 中央财经委员会：《关于调整人民银行利率的规定》（1953年10月13日），湖北省档案馆，SZ73—2—109。

② 中国人民银行河南省分行：《关于影响农村经济情况紧张及对资本主义工商业进行社会主义改造工作配合上对银行工作的检查》（1955年1月7日），河南省档案馆，J137—14—1083。

么、缺多少、哪些人缺，即大体确定贷什么、贷多少、贷给谁。然后召开乡的群众大会，大力宣传政策，打破各种顾虑，再与乡干部分别下去，召开农协小组会（或以湾为单位），酝酿讨论，明确认识，经过三比（比穷、比苦、比需要），自报公议，发现偏差，即予纠正，最后会同乡干部审核批准。① 在湖北省1952年上半年周转性贷款发放中，一些地方采取的办法是：经过三比（比成分、比困难、比劳动力）、三查，未贷以前先调查情况，报告小组评议，核定贷放，贷后对用途和效果再加以检查。② 同时，农民在贷款时要填具数个表格，这对当时识字率仅为33.3%的农民来说③，填具上述表格也是很困难的。如广东省中山县外沙乡泗隆围村有些群众反映说："借得那样麻烦，又要利息，又要坐车到区府去，有时花了半天时间还借不到。"④ 农户的借贷需求，往往不是长期稳定的需求，大都体现为临时急用，在临时"需求冲击"下，国家农贷的贷款手续烦琐，使部分急需借贷的农户望而却步。

（二）借款用途

总的来说，国家农贷主要用于解决农民的生产及其部分临时生活困难。从全国范围来看，1951—1953年上半年，国家农贷对农民放款中，农田水利贷款占11.27%，农具占5.19%，肥料占17.05%，种子占6.89%，牲畜占11.53%，农林副业占13.33%，手工业占3.43%，渔业占2.85%，其他（主要包括病虫药械、特产加工、生活、集镇私营工商业及农村信用合作社等）占28.46%。⑤ 河南省1952年农贷中，一般生产贷款占52.72%，设备贷款占38.62%，周

---

① 中国人民银行湖北省分行：《湖北省1952年发放春耕农贷总结》（1952年），湖北省档案馆，SZ73—2—98。
② 中国人民银行湖北省分行：《湖北省1952年上半年短期周转性放款总结》（1952年），湖北省档案馆，SZ73—2—98。
③ 中华人民共和国国家统计局编：《1954年我国农家收支调查报告》，第42页。
④ 中共中央华南分局农村工作部外沙乡调查组：《中山县外沙乡农村经济情况调查报告》（1954年1月31日），广东省档案馆，204—5—12。
⑤ 中国人民银行总行：《三年来农贷发放情况》（1953年9月29日），人民银行总行档案，Y农村金融管理局，1953—永久—6。

转性贷款占 8.66%，另有生产贷粮 14069118 市斤。① 河南开封县双庙乡双庙村，1952 年国家各种贷款 426.70 元，贷给富裕中农 3 户，计款 155 元，投入生产占 58.71%，生活费用占 38.06%，其他费用占 3.23%；贷给中农 9 户，计款 200.74 元，投入生产占 69.12%，生活费用占 30.88%；贷给贫农 9 户，计款 71 元，投入生产占 71.83%，生活费用占 7.04%，其他费用占 21.13%。② 另据湖北省荆门县曾集乡的调查，1952 年全乡国家贷款总额为 1682.40 元，其中，耕牛贷款 316 元，副业贷款 907.40 元，农村工商业贷款 145 元，种子肥料贷款 73.50 元，水利贷款 36 元，修建贷款 33 元，其他贷款 171.50 元。③

强调国家农贷主要用于生产经营，且必须"专款专用"，这是国家农贷区别于农村私人借贷的又一重要特征。但是，是否国家农贷都是"专款专用"了呢？现实情况并非如此，在湖北，滥用贷款的现象"各地均有发现"。④ 如 1952 年的春耕农贷中，通山县泥黄乡肥料款的 50% 被农民用于买粮食、油盐；黄陂县 14 区近 600 元的茶叶贷款全部用于生活费，计买谷占 60%，布占 20%，油盐占 10%，肉、面占 10%；黄陂县应家湾农会主席胡家堂等 3 人，贷得耕牛款不及时买牛，而转贷给地主生息；武昌县纸坊区丁字乡陈秀章、文秀安等将所贷豆饼全部卖掉，用来治病或买布、买小猪；武昌县汤泉乡民兵中队长马佃成将贷得的 100 斤豆饼转贷给别人，从中渔利 0.70 元。⑤ 在广东，1953 年曲江县共和乡有 10 户富裕中农得到农贷后转放高利贷。⑥

---

① 中国人民银行河南省分行：《农业各项放款统计表》（1952 年），河南省档案馆，J138—8—587。

② 开封县双庙乡经济调查组：《开封县双庙乡经济调查总结（草稿）》（1954 年 1 月），河南省档案馆，J11—1—62。

③ 荆门县委调研组：《荆门第八区曾集乡农村经济调查资料》（1952 年 12 月），湖北省档案馆，SZ18—1—6。

④ 中国人民银行湖北省分行：《湖北省 1952 年发放春耕农贷总结》（1952 年），湖北省档案馆，SZ73—2—98。

⑤ 同上。

⑥ 中共中央华南分局农村工作部共和乡调查组：《曲江县共和乡农村经济情况调查报告》（1954 年 1 月），广东省档案馆，204—5—11。

中山县外沙乡藕尾村农民卢养向政府贷款 5 元，原来是要搞副业的，后来却吃掉了。①

## 五 国家农贷的绩效与不足

### （一）国家农贷的绩效

国家农贷主要是用于解决农民的生产困难。如据河南省调查，1950—1952 年 3 年间，共发放各种形式的农贷 47767375.81 元，粮食 246919972 市斤。在耕畜方面，据河南省 6 个专区统计，共买耕畜 13434 头，1950 年可解决 947118 亩耕种困难，1952 年可解决 795720 亩耕种困难；在农具方面，据河南省 6 个专区不完全统计，1952 年：买大车 4362 辆，犁 19185 张，耙 82 张，盘耧 3462 张，其他农具 1492795 件；在肥料方面，共计购买 158631100 市斤，仅 1952 年即可肥田 660000 亩；在饲料方面，1951 年可解决 89096 头牲口两个月饲料的困难，1952 年购买 2950000 市斤，据 1 个专区的统计，可解决 10 万头牲口 1 个月的困难。② 河南省许昌县罗庄乡 1952 年遭受水灾、冻灾，1953 年又遭受霜灾，农民生活困难，全乡出卖了耕畜 39 头，以大牲畜换牲口的有 45 头。灾情发生后，在党和政府领导下，银行配合生产救灾的政策。在罗庄乡发放各种贷款共 8599 元，其中，水车贷款 1185 元，水井贷款 300 元，种子贷款 2550 元，肥料贷款 697 元，耕牛贷款 435 元，农具 43 元，副业 105 元，草料 2484 元，煤贷 800 元，这些贷款在帮助农民浇麦抢种、保畜度荒上起到一定的作用，安定了生产情绪，使农民顺利地渡过了灾荒。贫农槐秉河反映说："要不是政府救济粮和银行贷款，不仅牲口要卖掉，就是人也保不到开春。"③ 这表明银行配合生产救灾，起到了一定程度的作用。

在湖北，1952 年春耕农贷中，据孝感、荆州、宜昌等支行的统

---

① 中共中央华南分局农村工作部外沙乡调查组：《中山县外沙乡农村经济情况调查报告》（1954 年 1 月 31 日），广东省档案馆，204—5—12。

② 中国人民银行河南省分行：《农业各项放款统计表》（1952 年），河南省档案馆，J138—8—587。

③ 中国人民银行总行工作组：《关于许昌县罗庄乡农贷减免缓收工作的典型调查报告》（1953 年 7 月 13 日），河南省档案馆，J137—4—825。

计,共贷犁、耙、镰等大小农具 49185 件,耕牛 4043 头,饼肥 6304761 市斤,灰肥 903900 市斤,谷种 5388443 市斤,棉种 423000 市斤,麻种 2150 市斤,烟种 582 市斤,修制新旧水车 11967 乘,开茶园 2226 亩,新植茶树 15000 株。农民获得这些生产资料,解决了生产上的极大困难,为今后提高单位面积产量准备了物质条件。① 1952 年,夏季大别山区缺雨,银行先后发放抗旱贷款 206 万元,对抗旱产生了重大作用。后因湖北省大部分地区 80 多天不雨,造成 507 万人口地区的灾荒,继而决定发放生产救灾贷款 500 万元,灾区贸易收购贷款 500 万元。② 1954 年夏季,湖北、湖南、河南、江西遭受严重水灾,全中南区受灾人口 2776 万余人,受灾面积 6718 余万亩(其中,重灾面积 3126 万余亩,重灾区人口 1376 余万人),灾情发生后,中国人民银行中南区行发放了大量的救灾专款来进行生产救灾。自 6 月下旬以来,共计下拨贷款指标 3311 万元(河南省 510 万元,湖北省 1331 万元,湖南省 937 万元,江西省 487 万元,武汉市 46 万元)。另外,总行 8 月底增拨湖南省 920 万元。截至 9 月上旬,上述 4 省 1 市共放出救灾贷款 2040 万元。③ 在一定程度上解决了农业生产资料困难,稳定了灾民的生产情绪。

广东省中山县外沙乡,1953 年国家贷款总数 2851 元,其中,水利贷款共 1600 元,占国家贷款总数的 56.12%;肥料贷款 1001 元,占 35.11%;种子 250 元,占 8.77%。贷款对农业生产起了很大的作用,在一定程度上解决了农民生产上的困难。特别是水利贷款,支持了农民修好水利获得丰收。因此,农民都很满意。如农民黄生利说:"政府真关心我们,'土改'分了田,又贷款给我们修好水利,否则

---

① 中国人民银行湖北省分行:《湖北省 1952 年发放春耕农贷总结》(1952 年),湖北省档案馆,SZ73—2—98。
② 中国人民银行湖北省分行:《湖北省分行三年工作总结》(1953 年 2 月 27 日),湖北省档案馆,SZ73—2—112。
③ 中国人民银行中南区行:《七、八月份工作综合报告》(1954 年 10 月 5 日),湖北省档案馆,SZ73—3—246。

我们哪里有今年的丰收！"①

归纳上述资料，农贷的具体作用主要体现在以下四个方面：一是用于购买农具、牲口、肥料、种子等农业生产资料，促进了农业生产力的发展，提高了农业产量，增加了农民收入；二是促进了一些地区家庭手工业、副业的发展，农民获利增多；三是在贷款的帮助下，农民自有资金投入生产的比重增加；四是兴建了一些农田水利设施，农业生产应付自然力破坏作用的能力不断增强。

土地改革后，国家的农贷规模呈上升的趋势，而且农贷面广，覆盖农村各个阶层（当然是以贫雇农、中农为重点），同时，国家农贷的利率一般月利在 1% 左右，较私人借贷的正常利率水平低。因此，农民愿意通过贷款来发展生产，国家农贷对发展农业生产的作用，说明在生产资金方面，国家农贷在一定程度上代替了私人借贷关系。

（二）国家农贷的不足

1. 农贷资金不能完全满足农民的资金需求

解放后，中国选择了以优先发展重工业为目标的赶超战略，重工业作为资金密集型产业，需要大量的资金支持。而当时中国的经济发展水平很低，资金十分短缺，需要依靠农业来积累资金，在这种情况之下，国家不可能对农业提供大规模的贷款。与此同时，当时农业生产力发展水平也是极其低下的，资金稀缺，农民对资金的需求非常旺盛，虽然国家的农贷每年是逐渐增加，但仍不能满足农民之需。如湖北省 1952 年春耕农贷中，很多地方农民反映贷款金额太小，麻城县福田乡贷农具 358 件，群众反映还需要百倍以上，该县有田 123636 石，现有耕牛 53323 头，尚缺牛万余头。湖北省 1952 年耕牛贷款 45 万元，以 80 元 1 头牛计算，尚不足 6000 头。肥料贷款也是如此，贷得少量肥料，不知用到哪里，如蒲圻县六区埠头乡九组雇农赵××，分得田 1 石 4 斗，贷麻饼 100 斤，只好用到秧田，其余田没有肥料。②

---

① 中共中央华南分局农村工作部外沙乡调查组：《中山县外沙乡农村经济情况调查报告》（1954 年 1 月 31 日），广东省档案馆，204—5—12。

② 中国人民银行湖北省分行：《湖北省 1952 年发放春耕农贷总结》（1952 年），湖北省档案馆，SZ73—2—98。

2. 农贷是用于生产的专项贷款，管理较为严格

生产性农贷强调"专款专用"，不得移作他用。但是，贷款与实物却常常未能很好地挂钩，导致一些农贷并没有很好地发挥作用，影响了贷款的效果。如湖北省1952年春耕农贷中的耕牛贷款，在黄冈、荆州、大冶等专区很多行耕牛贷款下去后，当地牛少，外地又不准购买，因而买不到牛；石首县农民到湖南买牛，也不准出境，因此导致当地耕牛价格上涨，公安县牛价上涨1倍。阳新县个别户因买不到牛，还回了贷款。①

农贷期限除设备、水利贷款外一般较短，特别是副业贷款期限才三个月。农民反映说，"刚借到又要还"。同时，银行贷款手续烦琐，回笼贷款具有强制性，一些农民反映政府贷款有些死硬，还款时不能拖延一天，如农民说："政府贷款，每月都要利息，交还时谷子又要干又要净！"② 还款时间多是在粮食收割后，此时粮食价格低，农民卖粮还款不划算，虽然利息轻但农民吃亏大。如湖北省应山县墩子唐乡六组农民在春季修塘时不敢接受贷款，农民蔡远林说："我不借，到要还时一下办不到不好搞，不如不借好。"③

3. 国家农贷对农村严重困难农户扶持不够

国家在选择贷款对象时虽然重点是贫雇农，但一般是家底薄、生产资料不足，或遇天灾人祸，却有劳力，有经营能力，贷款后能在短期获得收效的农户。那些既缺乏生产资料，也缺乏劳动力、经营能力差的最困难的农户反而不易得到贷款或不敢去贷款。如1952年湖北省春耕农贷中，通山、保康、浠水等县农贷干部认为，"'土改'满足了贫雇，贷款可满足中农"，"中农贷了能还，贫雇不能还"。结果中农农贷户占总贷户的32%—40%；鄂城7个区农贷对象

---

① 中国人民银行湖北省分行：《湖北省1952年发放春耕农贷总结》（1952年），湖北省档案馆，SZ73—2—98。
② 中共中央华南分局农村工作部外沙乡调查组：《中山县外沙乡农村经济情况调查报告》（1954年1月31日），广东省档案馆，204—5—12。
③ 应山县委调研组：《应山县墩子唐乡农村经济基本情况调查报告》（1953年1月），湖北省档案馆，SZ18—1—44。

中，中农占60%。①

又如广东省廉江县深水垌乡，1953年贷款给石灰窑1050元，而耕牛农具只有450元，家底较厚善于经营烧石灰副业的得到了贷款扶持，而缺乏耕牛农具的贫雇农生产困难无法解决。中山县榄边乡1953年的农贷，中农35户贷款（折谷）3077市斤，贫雇农26户贷款（折谷）3173市斤，贫雇农中开始下降户11户，得到国家农贷的只有1户，数量42市斤谷，严重困难户50户，得到贷款的只有8户，数量607市斤谷。南海县夏南乡，中农黎毫、黎忠向银行借80元做贩牛生意（以自产自销，走漏税收），获利780元（包括漏税180元）。严重困难户黎学坚，1953年青黄不接时已把棉被、衣服等当了60元做口粮，5月时向银行借10元买肥料，乡干部只批准5元。严重困难户黄鉴，病势很重，屡次向银行借贷也贷不到。② 以上这些偏向，对农村困难户扶助不够，因而他们的生产生活更加困难。

4. 国家农贷存在平均主义

由于一些干部存在片面的"群众观点"，怕得罪人，不少地区发生了农贷平均分散的现象。如湖北省1952年春耕农贷中，广济县周口乡的耕牛贷款500元，按7组平均分配，内有1组11户只贷得73元，还不够买1头牛的。监利县城厢区有18个乡，肥料贷款分配了17个乡，因分得太散，连群众也不愿贷了。礼山县观音乡将种子贷款平均每户0.33元分配，因贷款太少，群众买不到需要的东西。③ 农贷本来有限，应该集中使用，但由于贷款中存在的平均主义倾向，从而使一些应得到贷款或应多得贷款的农户未得到应有的扶助，因此，不能解决这些人的困难，影响了农贷的效果。

5. 国家农贷不能满足农民多样化的借贷需求

农贷主要是用于生产的专项贷款，而农民的借债用途多种多样，

---

① 中国人民银行湖北省分行：《湖北省1952年发放春耕农贷总结》（1952年），湖北省档案馆，SZ73—2—98。

② 中共中央华南分局农村工作部编：《广东省农村经济调查》（1954年4月），广东省档案馆，204—5—68。

③ 中国人民银行湖北省分行：《湖北省1952年发放春耕农贷总结》（1952年），湖北省档案馆，SZ73—2—98。

除用于生产外，还大量用于口粮、婚丧喜事、疾病、修补房屋及做生意等，由于国家当时的财力有限，农贷不可能满足农民多样化的借贷需求。就生产性借贷而言，农民进行生产借贷必须要考虑成本收益问题，私人借贷利息高，农民就会减少甚至不进行生产借贷。所以，国家农贷虽然增加了农村的生产资金，但对私人借贷关系影响有限。

除以上诸多因素之外，国家农贷还存在其他一些偏向，如发放不及时、贷款计划与农民的需求相矛盾、贷款对象偏重于互助合作组织而对单干农民扶持不够等，正是由于国家农贷存在诸多的偏向，使国家农贷对农村私人借贷的替代作用非常有限。因此，为了最大限度地解决农民的生产生活困难，促进农村经济的发展，必须更好地开展农村私人借贷，使其与国家农贷一起同时发挥作用，而不是试图打击和取缔农村私人借贷。

## 第三节　贫农合作基金贷款的运作及绩效

20世纪50年代中期，为扶助贫困农民走合作化道路，帮助贫农解决入社基金困难，加强中农、贫农的团结，促进农业合作化的发展，国家发放了"贫农合作基金贷款"。

### 一　贫农合作基金贷款的缘由

1954年年初，全国第三次互助合作会议和《中共中央关于农业生产合作社的决议》的传达贯彻，与粮食统购统销政策、党在过渡时期总路线的宣传教育同时展开。由此，当年春中国农村很快掀起了一场大办农业合作社的热潮，是年底，全国农业合作社已经发展到48万余个。由于在办社过程中步子过快、盲目贪多求大的倾向，引发了一些干部的强迫命令、简单粗暴的作风，违背了办社自愿互利的原则，在耕畜和大型农具入社作价等问题上对中农利益的侵犯，使农民对合作社普遍产生了吃"大锅饭""合伙生产""二次土改"的误解，产生了对生产资料"归公"的恐慌，进而引起了社会的混乱。

农业生产合作社是农村群众在党的领导下自愿结合的一种经济组

织,因此,农业生产合作社在筹集资金时,必须贯彻自愿互利的原则,做到既不使贫农吃亏,又不损害中农的利益。要实现自愿互利,在组织生产时,就必须采取股份基金制的办法,大家合理平摊股份基金,上缴生产合作社作为大家进行共同生产所需的基金。但是,很多贫农以及部分新、老中农中的下中农,经济力量还很薄弱,他们在开始参加农业生产合作社时首先会在经济上遇到困难,这些困难的一方面是负担农业生产合作社当年生产费用的平摊价款;另一方面是负担业已折价归生产合作社的主要生产资料平摊价款,这些困难如不能很好地帮助解决,就不能提高贫农社员在生产合作社内的政治地位和经济地位,或会因为照顾贫农而产生损害中农利益的偏向,而这对于加强贫农、中农之间的团结,鼓励中农向生产合作社投资及巩固、发展农业生产合作社都是不利的。

贫农和中农在农业生产合作社中彼此关系上的主要问题,就是土地和生产资料的报酬多少问题(当然还有分配问题)。解决这一问题就要求坚决贯彻互利的原则,不使贫农或中农任何一方在经济上受到损害。因此,除土地以外的生产资料,如果转归农业生产合作社集体所有,就需要按照公平合理的市价给予报酬,不能无偿地归合作社,而且价款偿还期限不能过长。中农由于占有较多的生产资料,故在农主生产合作社中的投资较贫农多,因而中农最关心的问题除折价合理之外,就是这种生产资料的价款何时归还以及贫农是否均摊。而贫农由于家底较薄,同中农均摊这些生产资料是有困难的,因此也就会影响贫农的入社积极性以及在合作社内的政治地位和经济地位。

针对当时情况,中国人民银行总行关于当时的农村信贷工作提出:"为了保证贯彻互利政策,加强贫农、中农之间的团结,对交不起生产投资及股份基金的贫农,原则上不予减免,可给予贫农合作基金贷款。"① 毛泽东指出:"对于贫农,国家要贷点款,让他们腰杆硬

---

① 《中国人民银行总行关于当前农村信贷工作中几个主要问题的报告》(1955年1月22日),《1953—1957年中华人民共和国经济档案资料选编》(金融卷),第346页。

起来。在合作社里面，中农有牲口、农具，贫农有了钱，也说得起话了。"① 1955 年 6 月 2 日，中国人民银行总行发出《关于办理贫农合作基金放款的通知》，指出："今后国家对农业生产合作社的放款，除了基本建设放款和临时生产费用放款外，特另增设贫农合作基金放款一项，以帮助贫农解决初参加合作社时筹措入社费用的困难。"② 此后，国家银行开始发放贫农合作基金贷款。

## 二 贫农合作基金贷款的运作

由于发放贫农合作基金贷款是一项新的工作，各地开始在运作中缺乏经验，工作较为混乱，为了统一认识，加强此项工作的管理，中国农业银行总行于 1955 年 8 月 11 日、26 日针对各地此项贷款运作中提出的问题，两次做出批复，明确了贷款对象、用途、期限、利率及发放措施等。

（一）贷款对象

按照政策规定，贫农合作基金贷款的对象是现有贫农及个别缴纳股份基金确有困难的新、老中农中的下中农。属于上述对象的烈士家属、军人家属、老弱残疾、缺少劳动力、经常依靠救济、偿还能力极低的贫苦社员，他们大都是现有贫农中的极贫户，在缴纳股份基金有困难时，政策规定，不但应贷给贫农合作基金贷款帮助解决，并且由于他们经济上升缓慢，偿还能力较弱，在贷款期限上还给予适当照顾，酌予延长。对于过去小商贩或城市贫民，现在已入社参加农业生产，其经济地位处于现有贫农状况者，在缴纳股份基金有困难时，也可以贷给贫农合作基金贷款。至于目前经济上并未下降的中农（上中农）临时缴纳股份基金有困难时，不能贷给贫农合作基金贷款，但可贷予一般贷款给予短期周转。贫农合作基金贷款占一般参加农业生产合作社户数的 30% 左右，如山西省 77 个农业生产合作社的调查统计，1955 年贫农合作基金贷款共批准贫农 1129 户，新中农 299 户，贷款

---

① 毛泽东：《关于农业合作化问题的讲话》，《农业集体化重要文件汇编（1949—1957）》（上册），第 331 页。
② 卢汉川主编：《中国农村金融历史资料（1949—1985）》，第 86 页。

户占总户数的 25.1%。①

(二) 贷款用途

贫农合作基金贷款是专门用于解决贫农社员缴纳股份基金的困难。股份基金包括生产费股份基金（准备当年的肥料、种子、草料等生产开支）和公有化股份基金（已经折价归农业生产合作社的主要生产资料，如耕畜、大农具等平摊价款）。由于这是国家扶持贫苦农民入社的一项专项贷款，因此不得用于其他用途。至于农业生产合作社的基本建设贷款、临时周转性贷款以及社员个人生活贷款等，则应在其他农贷项目中另行解决。

(三) 贷款利率、期限

1952 年 9 月，中国人民银行区行行长会议提出了相应的贷款期限和利率：一是帮助贫雇农和有困难的中农解决一般困难的生产贷款，期限在 1 年以下，有困难的尚可延期摊还。月息 1 分，对于困难较多的老区、少数民族地区、灾区及烈属、军属，在利息及期限上均优先照顾，利息减为 7 厘 5。二是支持农民组织起来、提高农业生产的农业设备贷款，期限为 3 年以下，分期偿还，月息 7 厘 5，主要贷给常年互助组、生产合作社、集体农庄。三是活跃农村初级市场、解决农民生产、生活及其他困难的周转性放款，期限为半年以下，月息 1.5 分。②与上述农贷的期限和利率相比，贫农合作基金贷款的期限较长，利率较低。一般的期限为 5 年，在第二个生产年度结束以后（第三年）开始归还，5 年还清，个别归还有困难的还可根据实际情况酌予延长；贫农合作基金贷款为照顾贫苦农民的困难，月利仅 4 厘，以示优待。

(四) 贷款额度

每户贫农所需的贷款额度，根据每户贫农社员在合作社内应分摊的股份基金多少，在首先发挥贫农社员自有资金作用的情况下，按照多缺者多贷、少缺者少贷、不缺者不贷的原则发放。如广西扶绥大塘

---

① 中国人民银行山西省分行：《在帮助农业合作社合理确定股份基金的基础上放好贫农合作基金贷款》，载"农村金融"编辑委员会编《做好贫农合作基金贷款积极支援农业合作化运动》，中国财政经济出版社 1956 年版，第 50 页。

② 卢汉川主编：《中国农村金融历史资料（1949—1985）》，1986 年 10 月，第 50 页。

第二社在进行该项贷款时，社委初步摸出困难户 21 户，审核实际有困难的 17 户，占贫农总户数的 48%，其中，14 户全部贷款解决，平均每户 10 元，有 3 户能自筹一部分，不足的部分给予贷款解决，如梁桂户负担 10.6 元，自筹 5.6 元，贷给 5 元解决，其他还有 20 户贫农能自筹就不给予贷款。① 又如福建省海澄县大众农业社，1955 年贫农合作基金贷款，共计贷给贫农社员 22 户（占贫农社员总户数的 88%）375 元，户均 17 元，最高 40 元，最低 6 元。②

贫农合作基金贷款应在合理确定农业社股份基金的基础上发放，但是，从当时各地的情况来看，农业生产合作社对股份基金筹集方法与标准，规定不一，有按社员户和人口分摊的，有按劳力和地亩分摊的，有按牲口和地亩分摊的，也有仅按劳力或地亩分摊的。因此，各地发放贫农合作基金贷款的额度也存在一定的差异。如据河北省的 8 个农业社调查，1956 年贫农合作基金贷款每户平均 20 元以下的 4 个社，平均 30—40 元的 2 个社，平均 80 元以上的 2 个社，其中，南宫县王家屯社平均每户仅 16.15 元，而秦皇岛市海鲨社户均达到 85.75 元。③ 另据江西省 9 个农村生产合作社的调查，1956 年贫农合作基金贷款每户平均 20 元以下者 2 个社，平均 20—30 元的 6 个社，平均 50 元以上的 1 个社，其中，万年县五星社每户仅 13.9 元，而吉安县淇塘社户均却达到 54 元。④

（五）贷款的发放与收回

按照当时的政策规定，贫农合作基金贷款，每户贫农一般只能申请一次，用于解决当年分摊生产费股份基金和当年偿还的公有化股份基金。如果农业生产合作社将全部耕畜农具采取一次折价归社、分年

---

① 广西省扶绥县委农村工作部、中国人民银行扶绥县支行：《扶绥大塘第二农业社建立股份基金制及发放贫农合作基金贷款的做法与经验》，《广西农村金融工作通讯·农村金融工作增刊》1955 年第 1 期。

② 林小岑：《海澄县支行发放贫农合作基金贷款的经验和做法》，《中国金融》1955 年第 18 期。

③ 《河北省农村调查》，《17 个省、市、自治区 1956 年农村典型调查》，中共中央农村工作部办公室编印，1958 年 2 月，第 85 页。

④ 《江西省农村调查》，《17 个省、市、自治区 1956 年农村典型调查》，第 337 页。

归还的办法，贷款只帮助缴清当年应分摊的部分，自第二年以后应分摊部分，主要由社员自己解决，一般不再给予贷款，但对少数缴纳确有困难者，仍给予贫农合作基金贷款解决。贷款由本人提出申请，经过合作社内群众评议同意后，由合作社统一汇总送交银行办理。贫农合作基金贷款属于私贷公用的一种贷款，贷款由贫农社员个人负责偿还，须由个人立约承贷，以明确债权债务关系，同时，此项贷款是指定用于入社时应缴付所分摊的当年生产费用及已经折价归社的主要生产资料价款，所以，必须交合作社统一使用，不得由社员个别使用。同时，为了加强对贷款的监督与到期收回，此项贷款由合作社统一承办借贷及偿还手续。

贫农合作基金贷款于1955年7月各地开始试点发放，到1957年，共放出7.3亿元，约帮助4000万户贫农和下中农（占当时全国农户1.1亿户总数的36%多一点）缴纳了入社股份基金。从1957年就有些社员开始陆续归还，到1958年8月，共收回1.2亿多元。① 从贫农合作基金贷款占各项农贷的比重来看，据统计，截至1956年10月底，该年全国累计发放农贷31.3亿多元，其中，用于农业社基本建设和生产费用贷款占49.7%，社员个人及个体农民生产、生活贷款占17%，贫农合作基金贷款占19.3%，国营农场贷款占10.7%，渔牧业贷款占3.3%。② 由此可见，当时的贫农合作基金贷款占各项农贷中所占比重较大，有力地支持了农业生产合作化的发展。

贫农合作基金贷款原规定由农民个人承借承还，1958年下半年，当时既考虑到贫农社员的负债一般较重（除贫农合作基金贷款外，还有一般生产、生活贷款），又考虑到这种贷款是由农业生产合作社集体使用，因此，为了减轻原来贫农社员的债务负担，更好地鼓励他们的生产积极性，国务院便把原来由个人归还的规定，修改为由人民公社统一归还。据统计，从1958年9月至1959年5月底，全国由人民

---

① 卢汉川主编：《中国农村金融历史资料（1949—1985）》（1986年10月），第87页。
② 《中国人民银行总行1956年农贷工作总结和1957年农贷工作意见》（1957年3月15日），《1953—1957年中华人民共和国经济档案资料选编》（金融卷），第429页。

公社归还的此项贷款 1.3 亿多元,到 1959 年 6 月底,尚未收回的部分还有 4.7 亿多元。在执行一段时间后,各地又感不妥,中国人民银行总行拟重新改归承借社员本人偿还。为此,中国人民银行总行党组于 1959 年 7 月 13 日向中央呈送了《关于收回贫农合作基金贷款问题的报告》,指出:"第一,人民公社实行三级核算以后,主要财权已下放到生产队,公社今后收入不多(按 4.7 亿多元计,每个公社约需负担 1.8 万元);第二,自从农业生产合作化以来,社员经济情况已经有了变化,原来的贫农,有不少已经上升到中农的经济水平,现在尚未归还的为 4.7 亿多元,如果由 4000 万户社员分别归还,每户平均约为 12 元,两三年还清,可以负担得起;第三,在农业生产合作化时期,股份基金由全体社员平均分摊,中农交,贫农也交,这是当时贯彻贫农、中农互利原则的一项重要政策,如果改由公社归还,有的中农可能有意见。因此,贫农合作基金贷款也应按照'谁借谁还'的原则由社员个人归还,不要由人民公社归还。"① 国务院批转了此报告,1960 年 1 月 6 日,中国人民银行总行发出《关于贫农合作基金贷款由谁归还的问题通知》,指出:"(1)贫农合作基金贷款,应根据谁借谁还的原则,由贷款的贫农自己归还,现在还不清的缓期归还。(2)公社化以后,由公社代还的贫农合作基金贷款,还没有归回结清的,可以退回公社。"②

在遭遇 1959 年、1960 年连续两年灾荒后,贫农和下中农生产生活更加困难,为了减轻他们的负担,进一步发挥农村基本群众的生产积极性,中国人民银行总行报请中央同意,决定免收贫农合作基金贷款。1961 年 4 月 30 日,总行颁发《关于免收贫农合作基金放款的通知》,规定:过去已经归还了的,一律不再退回;未收部分是否免受,可由中央局或由省、市、自治区党委决定(因各地收回贷款的多少不同,要进行免收的工作就不一样),决定免收的,取消此项债权债务关

---

① 卢汉川主编:《中国农村金融历史资料(1949—1985)》,第 87 页。
② 中国人民银行金融研究所编:《中国货币金融史大事记》,人民中国出版社 1994 年版,第 395 页。

系,退还借据;过去由公社或生产队代社员个人归还了的,现在社队尚未从社员手中收回的,由银行退还给社、队;原来贷给富农、富裕中农,或贷款被干部贪污占用的,不免收,由原借款人或占用资金的个人负责偿还。据黑龙江省的统计,截至1961年4月30日,黑龙江省共收回贫农合作基金贷款3440万元,占应收额的70.1%,贷款余额为1469万元;是年末,免收工作结束,黑龙江省共计免收贫农合作基金贷款为1443万元,其余不符合免收条件的26万元,转作社员生活贷款。[1] 1965年,中国人民银行对全国历年的农业贷款工作进行了一次系统的清理检查,其中发现贫农合作基金贷款5亿元由于国家豁免而未收回,即约占该项全部贷款总额(含利息)的61.21%,未能收回。[2]

### 三 贫农合作基金贷款的绩效与不足

(一)贫农合作基金贷款的绩效

贫农合作基金贷款支持了入社贫农,从而推动了互利政策的贯彻,加强了贫农、中农之间的团结,对于搞好合作社生产,促进合作社的巩固与发展具有重要的作用。

1. 加强了贫农、中农之间的团结,鼓舞了社员的生产积极性

如据对1956年10月底15个省3.8亿多元的贫农合作基金贷款的分析,共扶持了1961.5万多户,平均每户贷款19元,贫农反映,这是一项"给贫农撑腰的贷款",是"帮助贫农进入社会主义的路费",提高了贫农在社内的经济地位和政治地位,增强了贫农走农业生产合作化道路的信心,发挥贫农在合作化运动中的支柱作用。由于贷款帮助贫农缴纳了股份基金,并偿还了当年应当偿还给中农折价入社的生产资料的长款部分,打消了中农的顾虑。他们满意地说:"这样才公平合理",鼓舞了中农投资的积极性,加强了中农、贫农的团结。[3] 又

---

[1] 黑龙江省农村金融志编纂委员会编:《黑龙江省农村金融志》,中国书籍出版社1992年版,第78页。

[2] 《当代中国》丛书编辑部编:《当代中国的金融事业》,中国社会科学出版社1989年版,第147页。

[3] 《中国人民银行总行1956年农贷工作总结和1957年农贷工作意见》(1957年3月15日),《1953—1957年中华人民共和国经济档案资料选编》(金融卷),第430页。

如安徽阜阳板桥乡毛桥、吕庄、李庄三个农业社中有 38 户贫农社员欠入社股份基金无力缴纳,中农怕贫农缴不起,自己吃亏,形成贫农、中农之间不团结,生产情绪不高,通过对三个社贷款 665 元,帮助贫农缴纳了股份基金后,贷款贫农朱新友说:"这项贷款解决了我入社的困难,我要以搞好生产的实际行动来感谢毛主席。"中农看到政府给予贫农社员贷款的支持,也表示今后要好好地与贫农靠近,努力生产把社搞好,吕庄农业生产合作社得到贷款后,组织了 20 个劳动力,拉犁 5 天种完 120 亩荞麦,挖塘泥 280 大车,捞杂草 3000 多斤。① 山西省农业生产合作社社员普遍反映:贫农合作基金贷款真是有两利(贫农、中农两利)、三合算(贫农、中农与社合算),如贫农社员李应池说:"我以前感到拿不出投资理短,社里有啥事也不敢过问,今天政府给咱贷款投了资,我以后可要努力生产,积极管理社务。"中农杨尧山说:"我自入社后因投资不合理,心里就背了个怕投资吃亏的包袱,所以今春只投肥料、种子,没投资现款,这次确定了股份基金,心里有了底,我现在可要将短的 16 元股金交齐。"合作社干部张富说:"过去投资少,拉不起套来,现在大家投资力量大,合作社就好办了。"② 又如浙江省嘉兴新农乡根桥社贷款后,"全社 41 个劳动力即有 40 个劳动力都出了工,劲头很大"。③

2. 增加了投资,促进了农业生产的发展及贫困农户收入的增加

由于贫农合作基金贷款帮助贫农解决了缴纳股份基金的困难,贯彻了互利的政策,减少了合作社的负债,使合作社有力量偿还中农投资,于是就可以打消中农向社内投资的顾虑,鼓励中农投资的积极性,进而促进农业生产的发展。并且由于实行了股份基金制度,可以进一步壮大合作社的资金力量,扩大再生产。如据江西省 9 个社的调

---

① 中国农业银行安徽省分行:《正确掌握贷款政策,发放贫农合作基金贷款》,《做好贫农合作基金贷款积极支援农业合作化运动》,第 59 页。
② 中国人民银行山西省分行:《在帮助农业合作社合理确定股份基金的基础上放好贫农合作基金贷款》,《做好贫农合作基金贷款积极支援农业合作化运动》,第 47—48 页。
③ 中共浙江省委农村工作部:《关于贫农合作基金贷款发放工作的几点经验总结》,《浙江农村工作通讯》1955 年第 66 期。

查，1956年共筹集生产资金220648.54元，其中，生产周转资金（出售农副产品）73368.37元，占33.25%；生产费股份基金（实物折合）52673.35元，占23.87%；各种生产贷款49040.03元，占22.23%；农产品预购金29684.42元，占13.45%；公积金6545.13元，占2.97%；社员投资（大部分是实物）5528.66元，占2.72%；贫农合作基金贷款3051.00元，占1.17%；上年转来的生产费757.58元，占0.34%。上述资金总额中，政府的经济扶助占36.85%，合作社和社员筹集部分占63.15%。① 又如河北邢台县心长村，在没有发放贫农合作基金贷款前贫农无力缴股份，中农不肯投资，1955年春需要投资800元，实际只投了300余元，发放贫农合作基金贷款后，贷了250元贷款，就又增加投资2500多元。② 生产投资的增加，促进了农业生产的发展，进而提升了各阶层农户，尤其是贫困农户的收入。根据对吉林、辽宁、陕西、湖北、江西等省合作社的典型调查，整理如表5-4所示。

表5-4 1955年、1956年合作社中贫农、中农人均纯收入变化情况

| | | 贫农 | 新下中农 | 老下中农 | 新上中农 | 老上中农 |
|---|---|---|---|---|---|---|
| 吉林 21社 | 1955年人均纯收入（元） | 43.65 | 61.57 | 50.20 | 65.96 | 55.19 |
| | 1956年人均纯收入（元） | 76.12 | 70.96 | 68.71 | 79.86 | 66.34 |
| | 1956年比1955年增减（%） | 74.38 | 15.25 | 36.87 | 21.07 | 20.20 |
| 辽宁 3社 | 1955年人均纯收入（元） | 32.66 | 55.45 | 62.18 | 68.84 | 73.47 |
| | 1956年人均纯收入（元） | 89.05 | 98.52 | 94.08 | 74.19 | 106.73 |
| | 1956年比1955年增减（%） | 172.66 | 77.67 | 51.30 | 8.82 | 44.74 |
| 陕西 9社 | 1955年人均纯收入（元） | 61.29 | 79.44 | 68.07 | 91.61 | 91.61 |
| | 1956年人均纯收入（元） | 77.05 | 102.51 | 81.70 | 85.88 | 109.43 |
| | 1956年比1955年增减（%） | 25.71 | 29.05 | 20.03 | 5.29 | 19.46 |

① 《江西省农村调查》，中共中央农村工作部办公室编：《17个省、市、自治区1956年农村典型调查》（内部资料）（1958年2月），第305页。
② 《中国人民银行总行关于当前农村信贷工作中几个主要问题的报告》（1955年1月22日），《1953—1957年中华人民共和国经济档案资料选编》（金融卷），第425页。

续表

|  |  | 贫农 | 新下中农 | 老下中农 | 新上中农 | 老上中农 |
|---|---|---|---|---|---|---|
| 湖北 15 社 | 1955 年人均纯收入（元） | 53.00 | 67.00 | 64.00 | 82.00 | 76.00 |
|  | 1956 年人均纯收入（元） | 64.00 | 75.00 | 71.00 | 89.00 | 82.00 |
|  | 1956 年比 1955 年增减（%） | 17.19 | 11.94 | 12.50 | 8.54 | 7.89 |
| 江西 9 社 | 1955 年人均纯收入（元） | 48.75 | 54.91 | 59.65 | 65.35 | 60.31 |
|  | 1956 年人均纯收入（元） | 56.97 | 62.88 | 63.97 | 75.77 | 64.50 |
|  | 1956 年比 1955 年增减（%） | 12.20 | 14.51 | 7.24 | 15.94 | 6.94 |

资料来源：根据中共中央农村工作部办公室《17 个省、市、自治区 1956 年农村典型调查》（内部资料）（1958 年 2 月）第 12、30、127、219、320 页整理。

如表 5-4 所示，调查合作社中贫农、新老下中农 1956 年比 1955 年的人均增收幅度总体上要高于新老上中农，也从一个侧面反映了贫农合作基金贷款对于农户增收具有一定的促进作用。

3. 推动了农业合作社的巩固与发展

贷款帮助贫农缴纳了股份基金，鼓舞了中农投资的积极性，加强了中农、贫农的团结，进而推动了农业生产合作社的巩固与发展。如浙江省诸暨东白乡第十六农业社原规定农具折价入社 5 年归还，但两年来既没有折价，又没归还过，农具多的人（主要是中农）不满，反映"农具没收去了"。社员也不爱惜农具，河泥船、竹垫放在外面，任凭风吹雨打。通过贫农合作基金贷款搞股份基金，端正了政策，社员反映说："现在合作社像泰山一样巩固了。"萧山通济乡通过贫农合作基金贷款，端正了农具入社、投资等政策，胜利、群乐、建丰、定远 4 个合作社坚决退社的社干部也稳定下来，原有 12 户坚决退社的社员有 7 户放弃了退社的打算，原有 20 户消极动荡的社员转变为积极态度，生产情绪提高，合作社得到巩固。[①] 又如陕西泾阳同官张村中农张立民原先在建社时怕入社把牲口农具带进去，合作社垮了，没人负责，五区一乡贫农路东礼以前怕缴不起股份基金未入社，看到发

---

① 中共浙江省委农村工作部：《关于贫农合作基金贷款发放工作的几点经验总结》，《浙江农村工作通讯》1955 年第 66 期。

放贫农合作基金贷款后,解除了顾虑,积极要求入社;岐山焦六乡发放此项贷款后,就有 23 户农民(其中中农 15 户)自愿报名入社,并有 20 余户农民积极扩组联社,准备建立新社。①

(二) 贫农合作基金贷款的不足

如上所述,贫农合作基金贷款政策基本得到了贯彻和执行,对促进农业生产合作社的巩固和发展等方面发挥了重要作用。但毋庸讳言,在此项贷款的实践中,一些地区也发生过错误和偏向。

1. 贷款对象不当

贫农合作基金贷款的对象是现有贫农及个别缴纳股份基金确有困难的新、老中农中的下中农。但有些地区也给中农发放了贫农合作基金贷款,如陕西宜川四区 17 个农业社贷款 2140 元,贷户 192 户中有中农 76 户贷款 546 元。②又如河北丰润王兰庄区,有 3995 元(占贷款总数的 17.7%)贷给了中农或其他不应贷款的户;徐水东良乡新兴农业社 19 户贷款中有 6 户贫农、6 户新中农、7 户中农;不应贷而贷了的户中干部居多,如藁城丽阳乡共 22 贷户中,9 户不当,内有干部 6 户,共贷款 185 元,团结作社副社长李秋来,仅牲口折价款就有 120 元,不欠投资款,又贷款 30 元;宁津六区贷给了一个准备清洗的地主 30 元。③再如浙江萧山盛园乡 66 户社员贷款 23 户,据检查有 10 户新中农是不该贷的,寿昌卜家蓬少山高级社 7 户老中农得到贷款,有 6 户是不该贷的。④

2. 不少地区发生平均分配

一些干部执行此项贷款政策时,怕引起中农不满,影响团结,有的说:"他们(贫农)欠政府几十元都没有还,现在又来这个政策",由于受这些错误思想的影响,有些地区产生了平均发放的现象。如河

---

① 中国农业银行陕西省分行:《发放贫农合作基金贷款工作情况》,《做好贫农合作基金贷款积极支援农业合作化运动》,第 44 页。

② 同上书,第 45 页。

③ 中国农业银行河北省分行:《贫农合作基金贷款情况、经验与问题》,《做好贫农合作基金贷款积极支援农业合作化运动》,第 55 页。

④ 中共浙江省委农村工作部:《关于贫农合作基金贷款发放工作的几点经验总结》,《浙江农村工作通讯》1955 年第 66 期。

北省临漳六区范庙村 10 户的一个合作社贷款 300 元,不分贫、中农每户 30 元;定县四区大杨庄乡窦福贵农业社 5 户贷款 250 元,不论困难大小,每户 50 元。① 又如陕西敦化红旗农业社贷款 232 元,按户平均分配。②

3. 贷款用途不当

按照政策规定,贫农合作基金贷款的用途仅限于帮助那些确实无力缴清股份基金的贫困农户缴清股份基金,属于专项贷款。但是,在实际操作过程中,此项贷款却被移作他用,影响了贷款的效果。如陕西岐榆林五区常家沟农业社贷款 265 元完全用于买口袋跑副业;霞县赤牛爪社贷 120 元,将 76 元偿还了私人债务;更严重的是合阳县临河农业社将贷款 130 元分给社员看戏挥霍浪费。③ 又如河北省河间一、四、五、十四个区 209 户的调查,共贷款 9700 元,其中用于生活、缴公债款、干部浪费和存着没用者,占 8%;武邑四区王文太社 6 户贷款 94 元,借给了 3 户社员做过节费;南宫五区小六社贷款 130 元,全部存入信用社;安国张各庄曙光社贷款 213 元,用 160 元贩卖葫芦瓢,余下的零花了。④

除此之外,贫农合作基金贷款在运行过程中还存在其他一些偏向,如发放的大量贷款不能收回,造成呆账、死账,最终还是由国家承担;又如一些地区对贷款的基本目的、意义不明确,单纯任务观点,没有发动群众,因此产生了不少副作用。如有的贫农得到贷款后盛气凌人,趁机报复,讽刺中农;还有的贫农不愿要贷款,以不能揩中农油为憾事。中农贷不到款消极不满,装穷叫苦,不积极向社投资,甚至讽刺得到贷款的贫农,和贫农、合作社干部对立,有的辱骂合作社干部。此外,还有发放不及时、贷款额度与农民的需求相矛盾

---

① 中国农业银行河北省分行:《贫农合作基金贷款情况、经验与问题》,《做好贫农合作基金贷款积极支援农业合作化运动》,第 55 页。
② 中国农业银行陕西省分行:《发放贫农合作基金贷款工作情况》,《做好贫农合作基金贷款积极支援农业合作化运动》,第 44 页。
③ 同上书,第 45 页。
④ 中国农业银行河北省分行:《贫农合作基金贷款情况、经验与问题》,《做好贫农合作基金贷款积极支援农业合作化运动》,第 56 页。

等。可以说,上述偏向存在于贫农合作基金贷款过程的始终,从而影响了此项贷款的效果。对此,人民政府和银行部门一直在不断地进行纠正。在此项贷款的整个运作过程中,绩效与偏向同在,恰恰反映了这项工作的矛盾性、艰巨性、复杂性和不平衡性。

国民经济恢复后,中国选择了重工业优先发展的赶超战略,从此工业与农业的矛盾开始凸显。优先发展重工业,由于投资大、周期长及吸纳的农业劳动力有限等特点,农业提供的剩余不能满足工业需要的矛盾从1953年就开始尖锐起来。在这种情况下,中央和毛泽东设想通过制度的变革来加速农业的发展,解决"农业拖工业后腿"问题,这就是实行统购统销和农业生产合作化。但是,在20世纪50年代中期,广大农民经济力量还很薄弱,部分农户无力缴纳入社时所需分摊的股份基金,针对这种情形,国家发放了大量的贫农合作基金贷款,目的是一次性地解决贫农与中农生产资料差别的问题,此举无疑对扶助农村弱势群体、推动农业生产合作化及农业生产的发展具有重要的作用。

国家在开始大规模的工业化建设之后,在财力紧张的情况之下,投入大量的农贷资金用于支持农村扶贫开发和推进农业生产合作化的发展。一方面,由于是贷款而不是直接拨款,这样,可以减少国家的负担;另一方面,由于贷款毕竟要还,因此,不是十分困难的农户也不一定去争,此后由于农村经济发生困难,这项贷款最终被核销,但时过境迁,农户想争也没法争了。然而,大量的贷款被核销,影响了国家农贷资金的使用效率,助长了农村一些贫困农民片面地认为贷款都是可以不还的,把国家贷款视作救济的观念,而缺乏依靠自身力量发展农业生产的积极性和主动性,同时也不利于农村金融的发展。现在看来,随着农村经济的发展、农民收入水平的不断提高,当时即使这些贷款不予以核销,把账留下来,农民最终还是可以偿还的。这样,对农村信用的发展具有积极作用。

# 第六章 农村信用合作组织

解放初期,农村信用合作组织的建立和发展,是新中国乡村借贷关系转型和现代化的标志之一,也是农村金融体系的重要组成部分。信用合作组织的借贷有利于农户的生产生活经营活动,推动了农村经济的恢复与发展,但其也存在一定的缺陷。

## 第一节 20世纪50年代前期农村信用合作组织的发展状况

中国乡村合作社,是从20世纪20年代初华洋义赈会办理河北信用合作事业开始的,直到1927年国民政府成立以前,河北信用合作社的发展一直是独放光芒,而南方只有少数合作社成立。国民政府成立以后,其他省份尤其是长江中下游地区有了较快的发展。民国时期,就合作社的推动力而言,一是政府自上而下的推动;二是银行等金融机构的支持;三是乡村赈济团体和乡村建设团体的推动,而在1937年以后,最后一种力量基本消失。民国时期,虽然农村信用合作社这一现代金融组织有了一定程度的发展,但是,由于其力量微弱,再加上经营管理中的种种弊端,未能取代传统借贷尤其是高利贷的优势地位,在农民的借贷来源中,传统的私人借贷仍占据重要地位。据调查,20世纪三四十年代,在湖北、湖南及江西的农户各种借贷来源中私人借贷平均在40%左右,最高年份竟达到70%左右。① 由于受政

---

① 李金铮:《民国乡村借贷关系研究》,人民出版社2003年版,第49页。

府更迭的影响，解放前夕，国民政府在乡村所推行的信用合作社消失殆尽。

中国共产党领导的信用合作事业的发展，有着很长的历史。毛泽东在《湖南农民运动考察报告》中，就讲到消费、贩卖、信用三种互助组织。1930年以后，在中央苏区创建了信用合作组织。在土地革命和抗日战争期间，一些敌后根据地的信用合作组织，有了较快的发展。在1944年陕甘宁边区，就有88个供销合作社根据群众的需要在社内附设了信用部，兼营信用业务，到1947年，在解放区已有880多个信用合作组织（社和部）。由于战争、物价不稳等因素影响，到1949年差不多都停办了，仅剩下20多个勉强维持。信用合作事业在集中农村闲散资金、促进农业生产发展、打击高利借贷、调剂有无、活跃农村经济等方面都有积极的作用。但它的普遍发展则是在解放之后。

土地改革后，农户分得了土地和部分生产工具，生产积极性大大提高了。其一，随着生产的发展，农民又有了新的更大的资金要求，有的要开渠，有的要打井，把旱田变成水田。水田增多了，又要有更多的肥料，为了精耕细作也需要添置新式农具、换壮牲口等。总之，为了多打粮食，就要改革落后的工具，采用新技术，这是广大农民的普遍要求。由于农业生产的积累较慢，要想购置新式农具、换壮牲口，单个农户仅靠自己的力量很难解决，这些资金不足的问题，需要通过借贷来解决。其二，农业生产具有很强的季节性，季节之间相隔的时间较长，需要用钱的地方很多。比如，准备春耕，要添置和修理农具；夏收秋收前，要购买收割农具、下追肥等，手头总有不方便的时候，这样的问题也需要靠借贷来解决。其三，长期以来，在落后生产力水平下，小农经济具有脆弱性、不稳定性，难以抵御各种灾害的侵袭，偶遇天灾人祸，往往无力应付，常处于破产的边缘。因此，就有必要组织农村的闲散资金来解决农户上述的诸多困难。

解放后，受减租减息及土地改革的影响，农村私人借贷处于停滞的状态。当时的农村民间借贷主要是农民为了应付一年一度的饥荒或其他生活费用的临时支出，私人借贷的停滞使农民很难渡过难关，埋怨"四门紧闭,借不到钱"。对此,中央和地方各级人民政府一方面积极倡导自由借贷,另一方面增加国家农贷,再一方面试图通过发展各种形式的农村信用合作组织来组织农村闲散资金,使农村居民之间相互调剂资金有无,以此来活跃农村金融,解决农民生产生活困难,促进农村经济恢复与发展。

1950年3月,在第一届全国金融会议上确定了信用社试办的方针和任务,会议指出:"农村信用合作社,是我们与广大人民群众的桥梁,是组织农民自助互助的基层信用组织,今年可在老区人民银行机构较健全,合作工作有几处之省份(如山西、河北、察哈尔、山东、河南等)先典型试办,以吸取经验。"① 在试办阶段,信用合作的组织形式是多种多样的,主要有以下四种形式,即信用合作社、信用部、信用互助小组、原有的组织形式(当时农村中各种私人借贷的原有组织如合会等仍可存在,并鼓励其扩大互助范围)。

1951年5月,中国人民银行召开第一次全国农村金融工作会议,会议决定大力发展农村信用社,会后,中国人民银行颁布了《农村信用合作社章程准则草案》《农村信用互助小组公约草案》和《农村信用社试行记账办法草案》,这些草案明确规定:信用社是农民自己的资金互助组织,不以营利为目的,组织形式可以多样化;优先向社员发放贷款,银行为信用社提供低息贷款支持;实行民主管理,社员代表大会是最高权力机构;赢利优先提取公积金、公益金和教育基金,社员股金不以分红为原则,如分红,则不超过20%;银行以低息贷款来扶持信用社的发展。

1951年下半年开始在全国进行信用合作的试点。试点工作采取"典型试办、取得经验、逐步推广"的办法,充分尊重各地条件的差异,允许地方根据自己的条件和经验,试办不同的信用合作组织模式,不搞"一刀切"。

20世纪50年代前期,农村信用合作社的发展可分为1950—1953年试办阶段和1954年起大发展阶段两个阶段。1950年6月国家统一

---

① 卢汉川:《中国农村金融历史资料(1949—1985)》,第154—155页。

财经之后，物价稳定，部分地区进行土地改革，为开展信用合作创造了条件。此时，中国人民银行总行首先联合全国合作社总社在华北地区开始试办信用合作社，是年底，河北、山西等省组织了信用社105个。另外，还有439个供销社内建立了信用部，以及33个信用小组。1951年5月，中国人民银行总行召开了第一届全国农村金融会议，会议提出，信用合作工作是农村金融工作的重要工作之一。到1951年年底，全国有538个信用合作社，比1950年增加了4倍多，信用部达到953个，比1950年年底增加1倍多，信用小组达到542个，比1950年年底增加15倍之多。1952年，部分地区的重点试办进入普遍发展，到1952年年底，信用合作社达到2271个，信用部1578个，信用小组16218个。1953年，中国人民银行总行在布置农村金融工作时提出，逐步推广信用合作社与高利贷作斗争，本年底达到9418个社，组织社员即达597万人。信用部达到2069个，信用小组为3994个。1954年3月，中国人民银行总行召开了全国信用合作座谈会，根据过渡时期总路线的精神，统一了对信用合作社的认识，推动了信用合作社的迅猛发展。到1954年年底，发展到124068个社，比1953年年底增加了12倍多，社员达到7200余万人，信用部达到2384个，信用小组发展到21281个，比1953年年底增加4倍多。① 截至1956年5月底，全国已有97.5%的乡建立了116196个信用社，入社农户9127万多户（占全国农户总数的77.2%），社员146295218人；信用社自有资金已达8.4亿元，内股金2.6亿多元，存款余额近5.8亿元。②

农村信用合作社，从本质上讲，应该是农民之间实现信用互助的合作经济组织。合作经济组织的核心原则就是自愿、民主、互助互利。自愿原则即入社自愿，退社自由。民主原则就是无论社员在合作社内拥有多少股金，在投票上实行一人一票，所有合作社社员享有平等的权利。互助互利原则，就是合作社的经营主要为社员服务，不以营

---

① 中国人民银行农村金融管理局：《农村信用合作历年发展情况》（1955年），中国人民银行总行档案，Y农金局，1955—长期—5。
② 中国人民银行农村金融管理局：《关于农村信用合作的发言》（1956年），中国人民银行总行档案，Y农金局，1956—长期—6。

利为目的。解放初期,农村信用合作社大量兴办之后,却渐渐偏离合作经济组织的基本原则,信用社办社的自愿性、民主性逐渐淡薄,政府干预越来越强,官办趋势日益强化。① 解放初期,信用合作工作由中国人民银行和供销合作社共同领导,以后改由中国人民银行领导。

  解放初期,农村信用合作社的兴起,首先是政府大力推动的结果。1950年8月,中国人民银行召开区行行长会议时,提出"对信用社可重点试办";"各分行可选择条件较好的地方,进行试办";"在试办过程中,应抽出一定的力量,采取各种形式"。② 1951年5月,第一届全国农村金融会议指出:"开展农村信用合作社工作,应以县支行为领导中心,积极巩固与提高现有的信用合作组织,并重点扶助开展新的信用合作社(部),普遍开展各项信用互助组织,建立新的借贷关系。"③ 1953年12月26日通过的《中国共产党中央委员会关于发展农业生产合作社的决议》,进一步指出:"农业生产合作社、农村供销合作社和农村信用社是农村合作化的三种形式。这三种合作互相分工联系和相互联系,从而逐步把农村经济活动与国家的经济建设计划联系起来,逐步在生产合作的基础上,改造小农经济。"④

  为了推动农村信用合作社的发展,国家银行在业务上给予信用合作社以极大的支持。中国人民银行各地分支行指导信用社开展业务活动。在信用合作社建立初期,国家银行还指定专人指导其账务,帮助信用合作社健全会计制度;信用合作社组织存款较多时,可转存国家银行,国家银行给予优惠的存贷款利息;国家银行尽量委托信用合作社办理银行业务。⑤

---

  ① 赵学军:《中国金融业发展研究(1949—1957年)》,福建人民出版社2008年版,第115页。
  ② 《人民银行区行行长会议关于几个问题的决定》,《1949—1952年中华人民共和国经济档案资料选编》(金融卷),第541页。
  ③ 人民银行总行:《第一届全国农村金融会议的综合记录》,《1949—1952年中华人民共和国经济档案资料选编》(金融卷),第546页。
  ④ 《中国共产党中央委员会关于发展农业生产合作社的决议》,《农业集体化重要文件汇编(1949—1957)》上册,第224页。
  ⑤ 人民银行总行:《第一届全国农村金融会议的综合记录》,《1949—1952年中华人民共和国经济档案资料选编》(金融卷),第549页。

## 第二节　农村信用合作组织的运作

农村信用合作社是农民直接参与的农村基层金融组织，是国家银行贷放农民的纽带和中间环节，是农村金融网的重要组成部分。信用合作社的业务包括存款存实、放款放实、代理业务和信托业务四个方面，与农民借贷有较多的联系。信用合作社的资金有三个来源：一是社员的股金；二是农户的存款；三是国家银行的贷款。信用合作社的存贷业务可被看成一种有组织的农村民间资本盈余的调剂。根据各地农村信用社的业务开展情况，并与当时的国家农贷相比，可以看出信用合作社的业务具有以下三个特点。

### 一　放款对象

国家农贷的重点扶助对象是雇贫农和部分在生产上有困难的中农，与此不同，信用合作社的放款对象主要是以本社社员为主，在满足了社员的需求之后，资金如有多余，也可以贷给非社员。因此，信用合作社的放款对象面也很广。如据对山西省20个乡20个信用合作社的调查，各阶层贷款情况大致如表6-1所示。

表6-1　1954年山西省20个乡20个信用合作社贷款情况

| | 贷款户 | 占本阶层比重（%） | 贷款额（元） | 占贷款总额比重（%） | 户均贷款（元） |
|---|---|---|---|---|---|
| 雇贫农 | 264 | 31.92 | 5291.93 | 11.70 | 20.05 |
| 新下中农 | 565 | 33.71 | 14457.01 | 31.95 | 25.59 |
| 老下中农 | 502 | 28.39 | 11588.51 | 25.61 | 23.12 |
| 新上中农 | 107 | 30.92 | 2743.22 | 6.06 | 25.64 |
| 老上中农 | 276 | 24.75 | 9584.19 | 21.18 | 34.73 |
| 过去的富农 | 40 | 16.80 | 1171.78 | 2.59 | 29.29 |
| 过去的地主 | 21 | 10.70 | 373.15 | 0.83 | 17.97 |
| 其他剥削者 | 2 | 25.00 | 36.00 | 0.08 | 18.00 |

资料来源：《山西省农村调查》，载《八个省土地改革结束时到1954年的农村典型调查》，山西省档案馆，21—8—1—2。

从表 6-1 可以看出，山西省的信用合作社贷款对象涉及各个阶层，但重点照顾了雇贫农和中农，占雇贫农阶层 31.92% 的雇贫农获得了贷款，仅次于新下中农的 33.73%，但贫农户均获得贷款金额要小于中农，其原因是雇贫农生产上还存在许多困难、生活贫困，信用合作社考虑到其偿还能力，所以贷款数额相对要少。

另对河南省 10 个信用社的调查，1954 年放款对象中农（现成分）户数最多，占放出总户数的 53.83%；其次为贫农，占 26.92%；富裕中农因富力强而放款较少，占 18.65%；其他各阶层一共占 0.6%。①

## 二 放款内容、额度、期限及贷款利率

信用合作社的放款内容主要包括以下三个方面：（1）农业放款（实），包括肥料、种子、农具、牲畜、农药、开渠、修渠、水车修理等。（2）副业放款（放实），包括农具制造、加工、运输、纺织、饲养、榨油、磨粉、商贩等。（3）其他放款（实），包括婚丧、嫁娶、疾病、生活急需等。与国家农贷相比，信用合作社的放款内容与之大同小异，但各自的侧重点却有所不同，国家农贷主要用于解决农民生产上的大宗借贷需求，如水利、耕畜、农具、药械等。信用合作社由于资金的限制，其主要侧重一些资金少、见效快的"短、平、快"项目，即主要用于解决农民一般的生产困难以及日常生活上的困难。从 1956 年 1—5 月全国农村信用社放款用途汇总情况来看，生活贷款 3.9 多亿元，占 49.37%；生产贷款 3.3 多亿元，占 41.77%；设备贷款约 0.7 亿元，占 8.86%。②

信用合作社的放款额度以不超过社员最高的信用额度为限，从各地信用合作社的调查情况来看，信用额度是与社员入股股数的多少挂钩的。放款期限一般根据生产情况及季节性决定，即一般的农业不超过 6 个月，副业不超过 3 个月，生活急用不超过 3 个月。与国家农贷的期限相比，信用合作社的期限要短些，以"额小、面宽、期限短"

---

① 河南省农村工作部：《1954 年农村经济调查总结（草稿）》（1954 年），河南省档案馆，J11—1—55。
② 中国人民银行农村金融管理局：《关于农村信用合作的发言》（1956 年），中国人民银行总行档案，Y 农金局，1956—长期—6。

为其放款的基本原则。

信用合作社的利率一般稍高于银行利率,并参照当地的自然利率,但比自由借贷的利率要低,随着业务的开展,利率呈下降趋势。从全国来看,存贷款利率变化情况大致如表6-2所示。

表6-2　　1953—1954年农村信用合作社存贷利率变化情况

| 年份 | 放款利率 | | | 存款利率 | | |
| --- | --- | --- | --- | --- | --- | --- |
| | 高 | 低 | 一般 | 高 | 低 | 一般 |
| 1953 | 4分 | 4厘 | 2.2分 | 3分 | 3厘 | 1.2分 |
| 1954 | 2分 | 5厘 | 1.5—1.8分 | 2.2分 | 3厘 | 6厘—1.2分 |

资料来源:中国人民银行农村金融管理局:《农村信用合作历年发展情况》(1955年),中国人民银行总行档案,Y农金局,1955—长期—5。

又如1954年据对河南省14个乡调查,信用合作社农副业放款利率为1.5%—2.1%,生活放款利率为1.8%—2.4%,虽较银行放款利率高,但与私人借贷(一般在5%以上)比较,低很多。[①] 另据江西省9个乡的调查,1953—1955年,信用合作社放款利率的变化情况是:1953年,最高为2.1%,一般为1.95%,最低为1.3%;1954年,最高为2.1%,一般为1.9%,最低为1.3%;1955年,最高为2.1%,一般为1.8%,最低为1.3%。[②] 又如江西省吉安县淇塘乡,银行耕牛贷款为月利0.75%,其他为月利1%;信用合作社的贷款利率过去规定是1—2月的为1.8%,2—3月的为1.95%,4月以上的为2.19%;自1954年4月起规定,不分时间长短,均为1.8%。私人借贷利率最高月利为17%,一般为2%—5%,最低为2%,但无利借贷也有。[③]

### 三　贷款手续

中国人民银行1951年8月颁布的《农村信用合作社业务规则范

---

[①] 河南省农村工作部:《1954年农村经济调查总结(草稿)》(1954年),河南省档案馆,J11—1—55。

[②] 江西省委调查组:《关于全省(9个典型乡)经济调查综合表》(1956年),江西省档案馆,X006—2—13。

[③] 江西省委农村工作部:《吉安县淇塘乡农村经济调查总结》(1954年8月5日),江西省档案馆,X006—2—3。

本（草案）》规定了信用社贷款手续，即："社员申请贷款（实）首先应提出简单用途、计划、数额、期限等，交社员小组评议，并由小组长介绍到社办理借款手续，经审查核准后贷给。非社员申请贷款（实）须提出村政府机关或团体介绍函件及简单用途、计划、数额、期限等，经理事会及银行同意后办理借款手续。社员与非社员贷款（实）除由小组长及介绍人负责监督使用外，并须另觅本社认可之承还保证（一、二）人，负保证偿还责任。"[①] 与土地改革后农村广泛存在的以个人信用为主要形式的私人借贷相比，信用合作社的贷款手续与国家农贷一样，也是非常烦琐的。

## 第三节　农村信用合作组织的绩效与不足

### 一　农村信用合作组织的绩效

农村信用合作组织是农村金融体系中的重要组成部分，是乡村借贷关系转型的重要标志之一，是对旧式借贷格局的突破。信用合作组织的绩效，主要表现在以下两个方面：

（一）部分地解决了农民生产生活困难

随着农村信用合作社业务的发展，信用合作社的贷款不仅扶持农民解决生产困难，也帮助解决生活困难。1953—1954年，全国农村信用合作社业务发展情况如表6-3所示。

表6-3　　1953年、1954年农村信用合作社业务发展情况　　单位：元

| 年份 | 股金 | | 存款 | | 放款 | |
| --- | --- | --- | --- | --- | --- | --- |
| | 总额 | 社均 | 总额 | 社均 | 总额 | 社均 |
| 1953 | 12012200 | 1375 | 59568700 | 6324 | 63371600 | 6727 |
| 1954 | 128779800 | 1038 | 506655700 | 4086 | 306501100 | 2472 |

资料来源：中国人民银行农村金融管理局：《农村信用合作历年发展情况》（1955年），中国人民银行总行档案，Y农金局，1955—长期—5。

---

① 《农村信用合作社业务规则范本（草案）》（1951年8月），湖北省档案馆，SZ73—3—88。

1954年信用合作社自有股金加存款金额为287707100元,平均每社为2320元,如把信用部存款余额4302500元和信用小组的存款余额2957200元加上,则信用合作组织1954年保持的资金力量为294966800元。① 由于农村信用合作社是农民自己的信用合作组织,农村信用合作社的发展并展开业务,必将对促进农业生产和副业、手工业的发展,对帮助和解决农民生活困难,具有重要作用。

如据调查,1954年上半年,山西省2762个信用合作社发放贷款465万元,共计帮助购买牲口13000多头、各种肥料426万市斤、种子44万市斤、牲口饲料34万市斤、大小农具17200余件、大车1700余辆、猪牛9000余头,并解决了24000余户贫困农民的口粮、疾病等困难。② 又如该省12个信用合作社的调查,1954年贷款中,用于生产的占58.5%,用于生活的占41.5%。从作用来看,以鹿家庄乡信用合作社为例,两年半以来,这个信用合作社通过贷款扶持群众购买和调换牲口120头,修理和购买大车72辆、水车3部、新式步犁6张,修建水井5眼,其他农具373件,买化学肥料3217斤、杂肥5200担等;还帮助235户解决了修房、看病等生活困难。③

在湖北,据湖北省农村工作部1955年7月对9个乡9个信用合作社(4个社是1952年土地改革后建立的,5个社是1953年统购统销后建立的)的调查,参加信用合作社的农户共计1801户占调查总户数2787户的64.62%。信用合作社建立后,结合生产季节,根据社员需要,积极开展了业务活动。据9个乡调查区的统计,存款累计6707元,余额2306元,放款累计9321元,余额5319元,通过贷款业务,支持了社员生产,解决了社员生活困难。④ 据对付湾等5个乡的不完

---

① 中国人民银行农村金融管理局:《农村信用合作历年发展情况》(1955年),中国人民银行总行档案,Y农金局,1955—长期—5。

② 中国人民银行农村金融管理局:《四年来信用合作社工作报告》(1954年9月10日),中国人民银行总行档案,Y农金局,1954—长期—2。

③ 《山西省农村调查》,《八个省土地改革结束时到1954年的农村典型调查》,山西省档案馆,21—8—1—2。

④ 湖北省委农村工作部:《湖北省十二个典型乡调查统计表》(1955年),湖北省档案馆,SZ18—1—154。

全统计，贷款总户数 1505 户，占社员总户数的 83%，贷款总额为 24221 元，其中，农业生产贷款 7149 元，占贷款总额的 29.52%，计购买肥料（折饼）86393 市斤，耕牛 57 头，种子 15197 市斤，农具 217 件。生活贷款 15687 元，占贷款总额的 64.76%，帮助 864 户社员购买粮食 139071 斤，贷款 955 元，帮助 89 户社员医病；贷款 924 元，解决 31 户社员婚丧困难；贷款 573 元，帮助 16 户社员修建房屋。副业贷款 1385 元占贷款总额的 5.72%。①

在湖南，如长沙县草塘乡信用合作社于 1954 年 3 月成立，在当年就贷出 2779 元，其中，贷款 1566 元，帮助 170 户解决了全部或部分种子、肥料、农具、耕畜、饲料等困难；贷款 507 元，帮助 58 户购进和饲养了 60 多头生猪；贷款 706 元，帮助 89 户修建房屋，买进口粮，治好疾病，或讨进老婆，料理了丧事。②

江西省吉安县淇塘乡，该乡信用合作社于 1952 年 5 月成立，至 1954 年 6 月入社户数共有 233 户，占全乡总户数的 61.97%，有 585 股，每股 2 元。在 1953 年 7 月至 1954 年 6 月一年中共发放生产、生活贷款 118.50 元，解决了 23 户农民的困难，其中，贫农贷款户数占贷款总户数的 78.26%，占贷款总数的 80.38%；中农占贷款总户数的 21.74%，占贷款总数的 19.62%。其中，耕牛贷款占 12.96%，肥料贷款占 10.54%，种子贷款占 4.03%，其他（生活、副业等）占 72.47%。③

在广东，据 1954 年对台山、龙川、中山、南海 4 县 12 个信用合作社的调查，其中，11 个社统计，共贷出贷款累计 142270 元，其中，生活贷款 42908 元，生产贷款 65016 元，副业贷款 11514 元（分类统计缺两个社数字）。龙川县五顶社 1952 年 9 月成立至 1953 年年底，共贷出 18631 元，帮助当地农民购买了耕牛 25 头，肥料 4400 多斤及

---

① 湖北省农村工作部：《孝感、浠水、江陵、当阳和谷城等县信用合作社情况调查表》（1955 年 7 月），湖北省档案馆，SZ18—1—161。

② 湖南省委农村工作部：《关于长沙县草塘乡经济情况调查材料》（1955 年），湖南省档案馆，146—1—166。

③ 江西省委农村工作部：《吉安县淇塘乡农村经济调查总结》（1954 年 8 月 5 日），江西省档案馆，X006—2—3。

许多大小农具；1953年春荒时，组织该社农民到江西挑牛骨，既解决了群众生活困难又解决了肥料问题。此外，信用社又贷给朱仙富互助组30元购买耕牛使互助组不至于因缺耕牛而耽误生产。台山半侨半农区青山社18个月来共贷给社员11000多元，不仅解决了群众生产生活困难，且经常有3000元存入国家银行。较坏的社如龙川汤湖社，自1953年2月成立至1953年年底，共贷出3896元，贷款农民共254户（占该乡总户数的37%），其中贷款买耕牛16户，养猪67户，购买农具4户，医病、埋葬、生育34户，挑担、烧石灰等119户。其他各社贷出款数解决群众困难比汤湖社更大。①

从上述各省农村信用合作社的调查情况来看，随着信用社的建立及业务的开展，确实解决了农民生产、生活上的诸多困难，尤其是农民日常生活中的口粮、房屋修建以及婚丧嫁娶等借贷需求，信用合作社都给予了一定程度的解决，而这些借贷需求也正是农村私人借贷发挥作用的地方，在农村私人借贷中占有相当的比重，农村信用合作社的发展必将对私人借贷产生影响。

（二）对农村私人借贷产生一定程度的冲击

农村信用合作社的发展对农村私人借贷的影响主要表现在以下两个方面：

1. 在农民借贷来源中所占比重不断增加

如上文所述，土地改革后农村信用合作社的发展速度很快，如1954年年底，中南区的河南、湖北、湖南、江西4省建社的乡已占总乡数的70%左右②，其中，湖北省1954年年底建社乡占总乡数的89.1%，基本上达到乡乡建社。随着信用合作社的普遍建立及开展业务，农村信用合作社的自身实力和放款额也随之不断增加，如据江西省9个乡的调查，1953年信用合作社社员占全乡总户数的29.72%，股金5375元，存款1035.37元，放款7591.59元；1954年，信用社

---

① 华南分局农村工作部第三处、广东省人民银行农金科调查组：《台山、龙川、中山、南海4县12个信用合作社情况的调查综合报告》（1954年），广东省档案馆，204—5—39。
② 中国人民银行总行：《全国农村金融会议总结报告》（1955年3月），中国人民银行总行档案，Y农金局，1955—永久—6。

社员占全乡总户数的 70.20%，股金 10911 元，存款 2090.78 元，放款 12992.02 元。①

信用合作社的资金来源除社员所交的股金以及国家银行贷款外，还大量吸收农村游资，这样，势必会减少农村私人借贷的资本供给，进而增加了信用合作社贷款的资金供给，导致信用合作社在农民的各种借贷来源中所占比重呈现不断上升的趋势。如据湖北、湖南、江西 3 省 10 个乡的调查，1952 年、1953 年，在农民借贷款项来源中，信用合作社所占比重分别为 7.18%、26.73%；广东省 7 乡，1952 年、1953 年在农民借贷来源中，信用合作社所占比重分别为 7.01%、10.60%。②又如江西省余干县，1951—1954 年，在农民借贷来源中，信用合作社所占比重分别为 0.7%、24.6%、25%、35%。③另据河南省 26 个村的调查，1951—1953 年，在农民借贷来源中农村信用合作社所占比重分别为 12.71%、7.41%、11.45%（1953 年绝对数较 1951 年增加 26.6%）。④

信用合作社在农户借贷来源中所占比重逐渐上升的结果是导致农村私人借贷渐趋萎缩。如据湖北省农村工作部 1955 年 7 月对 3 个县 3 个乡 541 户农户的调查，建社前后农村私人借贷的变化情况如表 6-4 所示。

表 6-4 的资料说明，信用合作社建立前有 164 户农户发生私人借贷关系，占调查总户数的 30.31%，建社后有 148 户发生私人借贷关系，占调查总户数的 27.36%，比建社前下降 2.95 个百分点。建社前私人借出总金额为 2314.23 元，建社后为 965.92 元，比建社前减少 58.26%。建社前发生高息借贷的户数有 106 户，其中，借出户数 37 户占总借出户数的 67.27%，借出金额 1824.21 元占总借出金额的 78.83%。

---

① 江西省委调查组：《关于全省（9 个典型乡）经济调查综合表》（1956 年），江西省档案馆，X006—2—13。
② 中共中央中南局农村工作部：《中南区 1953 年农村经济调查统计资料》（1954 年 7 月），湖北省档案馆，SZ—J—517。
③ 中国人民银行农村金融管理局：《农村信用合作历年发展情况》（1955 年），中国人民银行总行档案，Y 农金局，1955—长期—5。
④ 河南省农村工作部经济调查办公室：《河南省农村经济调查报告（草稿）》（1954 年 5 月），河南省档案馆，J11—1—55。

表6-4　　　　湖北省3个乡农村信用合作社成立前后
私人借贷情况的变化

| | 建社前 | | | | 建社后 | | | |
|---|---|---|---|---|---|---|---|---|
| | 借出 | | 借入 | | 借出 | | 借入 | |
| | 户数（户） | 金额（元） | 户数（户） | 金额（元） | 户数（户） | 金额（元） | 户数（户） | 金额（元） |
| 高息借贷 | 37 | 1824.21 | 69 | 1846.40 | 8 | 202.50 | 13 | 106.90 |
| 低息借贷 | 3 | 104.80 | 9 | 122.05 | 15 | 420.48 | 27 | 338.50 |
| 无利借贷 | 15 | 385.22 | 31 | 500.16 | 35 | 342.94 | 50 | 498.05 |
| 合计 | 55 | 2314.23 | 109 | 2468.61 | 58 | 965.92 | 90 | 943.45 |

注："高息借贷"是指月息超过三分的借贷，为避免"高利贷"语意的争议，不使用"高利贷"这个概念。

资料来源：湖北省农村工作部：《孝感、浠水、江陵、当阳和谷城等县信用合作社情况调查表》（1955年7月），湖北省档案馆，SZ18—1—161。

又如据湖北省蒲圻县47个信用合作社的调查，未建信用社前，有792户放出高利11317元，稻谷3875石；建社后，只有41户放出高利，资金减少到1266元，稻谷234石。① 当然，农村私人借贷的萎缩，一方面，确实是因为信用合作社借贷的绝对值有所增加，产生了一定的替代作用；另一方面，如第三章所述，又与诸多因素相关，是这些因素共同作用的结果。

2. 带动了私人借贷利率水平下降

信用合作社普遍建立后，随着存贷业务的开展，与农民的金融联系逐渐趋于密切，在农民各种借贷来源中的比重呈上升趋势。由于信用合作社的利率水平较农村私人借贷的正常利率水平低，在一定程度上对农村私人高息借贷产生了冲击，带动了农村私人借贷利率水平的下降。如中国人民银行总行对全国其他地区的典型调查材料，如表6-5所示。

---

① 中国人民银行湖北省分行：《湖北省四年来信用合作工作总结（初稿）》（1955年2月2日），湖北省档案馆，SZ73—2—223。

表 6-5  农村信用合作社建立前后私人借贷利率下降典型调查情况

| 省 | 县 | 乡（村） | 建社前<br>（1953年）利率 | 建社后<br>（1954年）利率 | 下降<br>（%） |
|---|---|---|---|---|---|
| 山西 | 左云 | 朱家窑 | 10分 | 无利 | 100 |
|  | 左云 | 南八里村 | 4.2分 | 1.9分 | 54.8 |
| 河南 | 济源 | 三十五社区 | 8分 | 2分 | 75 |
|  | 新乡 | 苗庄村 | 12分 | 3分 | 75 |
| 安徽 | 合肥 | 市郊 | 5分 | 2.5分 | 50 |
|  | 当涂 | 平晓乡 | 5分 | 2.5分 | 50 |
|  | 肥西 | 两村口、源头2村 | 20分 | 3分 | 85 |
|  | 凤台 | 王大郑子选区 | 10分 | 3分 | 70 |
|  | 滁县 | 徒当乡 | 10分 | 3分 | 70 |
| 湖南 | 新化 | 文川乡 | 15分 | 3分 | 80 |
| 吉林 | 扶余 | 仁安乡 | 7分 | 3分 | 57.3 |

资料来源：中国人民银行农村金融管理局：《总行关于私人借贷及高利贷情况的综合材料及各地典型调查》（1955年），中国人民银行总行档案，Y农金局，1955—长期—5。

表 6-5 显示，在农村建立信用合作社后，当地农村私人借贷利率发生很大程度的下降。又如表 6-4 所示，湖北省 3 个乡建社后发生高息借贷的户数有 21 户，其中，借出户数 8 户占总借出户数的 13.79%，借出金额 202.50 元，占总借出金额的 20.96%。另据湖北省农村工作部 1955 年 7 月对谷城付湾、江陵将台等 5 个乡 817 户的调查，信用合作社建立后，高息借贷已受到很大的削弱，借出户比建社前减少 74.1%，金额减少 80.05%；借入户比建社前减少 63.9%，金额减少 69.7%。从各个乡的情况来看，因建社时间迟早和业务开展的好坏不同，高息借贷下降程度也不相同。如江陵县将台乡（老社）建社后高息借入户数下降了 97.98%；恩施县滴水乡 217 户调查户中只有 1 户借入 19 元；当阳县胡场乡（新社）建社后高息借贷的借入户数只下降 44%，借入金额下降了 42%，建社前高息放出户数 6 户，放出 292 元，建社后高息放出户还有 4 户，放出 250 元，户数仅下降

33.33%，金额减少 14.38%。①

从对其他几个省份的典型调查来看，在建立了信用合作社的地区，私人借贷利率也下降了。如山西省左权县寒王镇未建立信用合作社前，私人借贷月息 8 分，信用合作社成立半年后，就逐渐降低到 2 分；山西省武乡县上广志、壁唐等村已使绝大部分私人借贷利息接近信用社的利息。②又如陕西宝鸡县文厂乡的调查，1952 年有高息借贷者 9 户，贷款年均余额 120 余元，利率 20%—50%；1953 年增为 18 户，贷款年均余额 500 余元。自 1953 年信用合作社成立后，先后帮助 42 户贫困农民还高利借贷 823 元，有力地打击了高息放贷，目前已无高息放贷者了。③长沙县草塘乡，建社后（1954 年）私人借贷利率由过去的月息 2—4 分降到月息 2 分以下。④江西省余干县，1951—1954 年，随着信用合作社的发展，农村私人借贷的利率不断下降，一般高息借贷利率（月息）由 1951 年的 30% 下降到 1954 年的 10%，互利性质的一般借贷利率由月息 1.5% 下降到 1.2%。与此同时，农村私人借贷中高利借贷所占比重也由 1951 年的 86.46% 下降到 1954 年的 25.71%。⑤浮梁县益田乡，自 1952 年信用合作社成立以来，私人借贷利率由 1952 年最高的月利 6%，降至 1954 年最高月利 4%。⑥吉安县淇塘乡，自 1952 年 5 月成立信用合作社以来，高利贷（以月利超过 5% 为界限下同）的变化情况是：1953 年放青苗每担 3.8—4 元，现金月利为 15%，1954 年放青苗每担 4—4.5 元，现金月利

---

① 湖北省农村工作部：《孝感、浠水、江陵、当阳和谷城等县信用合作社情况调查表》（1955 年 7 月），湖北省档案馆，SZ18—1—161。

② 《我省农村信用合作社事业大发展已有近千个信用合作机构》，《山西日报》1952 年 6 月 4 日第 2 版。

③ 《陕西省农村调查》，《八个省土地改革结束时到 1954 年的农村典型调查》，山西省档案馆，21—8—1—2。

④ 湖南省委农村工作部：《关于长沙县草塘乡经济情况调查材料》（1955 年），湖南省档案馆，146—1—166。

⑤ 中国人民银行农村金融管理局：《农村信用合作历年发展情况》（1955 年），中国人民银行总行档案，Y 农金局，1955—长期—5。

⑥ 江西省委调查组：《浮梁县益田乡调查报告》（1955 年 10 月），江西省档案馆，X006—2—11。

10%，1955年现金月利10%，总的趋势是随着信用合作社的发展而下降的。据乐家庄全村66户调查，1953年，借高利的有21户，占全村总户数的31.85%，借青苗43担，高利贷170元以上；1954年借高利的13户，占全村总户数的19.6%，借青苗12担，高利借贷90元左右；1955年，借高利的户数5户，占全村户数的7.57%。① 又如据广东省4县12个信用合作社的调查，凡已建立了社的乡，高利借贷则大大减少甚至完全消灭。如龙川县富围乡1952年春荒全乡共借猪肉410斤，1953年1月，组织信用合作社后没有人借猪度荒，完全消灭了高利借贷。汤湖乡中塘村1952年未建社前，全乡120户，借高利的有30多户，共借出猪肉400多斤；1953年信用合作社建立后，只借过10担谷，完全没有借猪肉的了。②

解放后，在中国共产党和各级人民政府领导下建立的农村信用合作社，它一方面是群众自己的合作金融组织，吸收了农村中的闲散资金，再按照政策和社员群众的需要贷放出去，促进农业、手工业生产的发展，解决农民日常生活困难；另一方面又和国家银行的农村机构组成统一的农村金融网，在国家银行的领导下，根据国家的金融政策进行业务活动，同农村高利借贷作经济斗争。信用合作社的建立并开展业务活动，部分地替代了私人之间借贷，同时，使私人借贷的利率下降，如此一来，致使私人借贷中的借贷形式发生变化，即高息借贷呈下降趋势，低息借贷和互助性质的无息借贷逐渐增加。

当然，如前文所述，从更大规模的调查材料看，到农业集体化高潮前，中南区各省农村私人借贷规模虽有所缩小，但缩小程度有限，这表明农村信用合作社的发展对农村私人借贷关系的影响也是有限的。

## 二　农村信用合作组织的不足

（一）信用合作社资金供给紧张

如上文所述，大部分信用合作社是在过渡时期总路线贯彻之后发

---

① 江西省省委调查组：《吉安淇塘乡典型乡社的调查报告》（1955年），江西省档案馆，X006—2—11。

② 华南分局农村工作部第三处、广东省人民银行农金科调查组：《台山、龙川、中山、南海4县12个信用合作社情况的调查综合报告》（1954年1月），广东省档案馆，204—5—39。

展起来的，特点是结合运动，大量突击，发展快而工作粗糙，许多地方在组织时只重数量，不重质量。同时，由于信用合作社的建立时间不长，还不能全面覆盖广大农村，加之管理经验不足，业务开展中也还存在一些问题，信用合作社在群众中未完全树立信誉，有的信用合作社发展并不好。如在河南省，过渡时期总路线贯彻之后发展起来的新社约有65%存在大量的问题。① 其首要表现是资金紧张，业务不开展，不少社不仅无力贷款，而且无法应付提款。如河南郸城县11区，有11个信用合作社及1个信用合作小组，除大柳寨社有资金667元，巴集组有544元外，其余10个社只有资金227元。② 另如湖北省江陵县将台乡四、五选区的信用社社务情况调查，建社4年来，存款户51户，占调查总户数347户的14.7%，存款总额为1816元，平均每户35.6元。以1954年来看，共卖余粮866000斤，折币45900元，但1954年秋到1955年7月之前共存款1486元，只占余粮款的3.24%。③ 又如广东省龙川县富围社1953年1月成立到年底只吸收存款13户2068元，其中绝大部分是公款；中山县永宁社存款最多时只有510元，而对该乡1个小组（全乡共12个小组）摸底，有不用的闲散资金2000元以上。④ 产生这种状况的一个主要原因是信用合作社存款利率过低，如上述广东省的几个信用合作社，存款利率都跟着银行跑，现行活期存款月利率4厘5，定期存款1个月以上7厘5，3个月以上8厘，6个月以上9厘。由于存款利率低，从而，一方面，使农户感觉存款不划算，不能刺激存款；另一方面，农户认为银行比信用合作社靠得住，不存信用合作社而存银行。这样，就影响了信用合

---

① 中国人民银行河南省分行：《信用合作社座谈会议总结报告》（1954年5月），河南省档案馆，J137—14—1071。

② 中国人民银行河南省分行：《关于农村资本主义高利贷向灾民猖狂进攻的情况报告》（1954年），河南省档案馆，J137—14—1081。

③ 湖北省农村工作部：《孝感、浠水、江陵、当阳和谷城等县信用合作社情况调查表》（1955年7月），湖北省档案馆，SZ18—1—161。

④ 华南分局农村工作部第三处、广东省人民银行农金科调查组：《台山、龙川、中山、南海4县12个信用合作社情况的调查综合报告》（1954年1月），广东省档案馆，204—5—39。

作社的存款业务，造成其资金供给紧张。

造成信用合作社资金供给紧张的另一个主要原因是，借款农户拖欠严重，影响了信用合作社的资金周转。如据湖北省襄阳专区15个信用合作社的调查，1955年冬季到期贷款3556户，金额82548元，已收回户占41.8%，金额占到期总额的68.4%。谷城县茶庵社1952—1954年过期未收回的贷款达1752元，已超过其自有资金。① 另据湖北省江陵县将台、浠水县望城等5个乡统计，1955年7月，共有放款余额12943元，到期和过期的有6249元，占48.29%。其中，孝感县太子、谷城付湾2个乡过期1年以上的占余额的30.5%。② 又如湖南长沙县草塘乡信用合作社，1954年年底放款余额1631元，贷户204户，其中，过期户167户，过期款（1—6个月）997.50元，占放款余额的61.84%。③

由于以上两个原因，使信用合作社存款存不进来，放款收不回来，造成信用合作社资金供应紧张，导致其在解决农民的借贷需求方面的能力存在很大的局限性。

（二）借贷手续烦琐、期限短

信用合作社贷款手续烦琐，如据广东省南海县东二乡信用合作社调查，农民贷款时须经过4—5道手续：组长介绍，理监事审核，农会加核，理事主任批准，群众感到麻烦。④ 从一些信用合作社的调查情况来看，普遍存在贷款期限规定过短的情况，与农业生产周期不相适应。如河南省荥阳县曹李信用合作社，规定贷款期限最长不超过3个月，不少社员反映"期限短，还不上，不敢贷"。⑤ 广东省南海县

---

① 中共襄阳地委农村工作部、人民银行襄樊中心支行：《襄阳专区关于15个乡信用合作社的调查报告》，《湖北农村金融》1956年第1期，第24页。
② 湖北省委农村工作部：《湖北省12个典型乡调查报告》（1956年4月），湖北省档案馆，SZ—J—526。
③ 湖南省委农村工作部：《关于长沙县草塘乡经济情况调查材料》（1955年），湖南省档案馆，146—1—166。
④ 华南分局农村工作部：《南海县信用合作社调查报告》（1954年1月20日），广东省档案馆，204—5—39。
⑤ 中国人民银行河南省分行：《荥阳县曹李信用社调查报告》（1952年10月5日），河南省档案馆，J137—7—467。

东二乡信用合作社,放款期限规定是最长 3 个月。但是,如春耕时借款施基肥,到夏收后还款,就需要 4 个月;搞副业喂猪,要 6 个月以上才可出卖。如果期限太短,不是到期不能还款,形成拖欠习惯,使农民不敢借款,影响生产。1953 年春耕时期,就有不少农民因 3 个月期限太短,在收获前无法还款,因而不敢借款下基肥,减少了收成。①

农村私人借贷,借贷双方直接见面,不受时间及地点限制,一旦通过面谈达成协议,立即就可完成借贷活动,且随借随还,无须各种审查审批手续。同时,私人借贷是借贷双方在平等、自愿的基础上产生的,借贷数量、时间及方式都完全根据借贷双方的需求而定。因此,有的农民嫌信用合作社手续烦琐,借还期短,怕到期还不起,宁愿借高利贷。②

(三) 对困难农户扶持不够

信用合作社是广大农民群众在信用流通流域互助合作的经济组织,它想长期健康发展,既要有资金来源,也要保证资金的正常流转,通过信贷业务的开展,略有赢利。因此,对于那些经济贫困而缺乏信用能力的农户来说,又往往难以从信用合作社获得信贷,有的甚至无力交纳股金不能入社。如 1955 年湖北省望城、将台、太子、付湾 4 个乡还有 126 户贫农没有加入信用合作社,其中因无力缴纳股金而未批准入社的即有 78 户,占未入社户数的 61.90%。有些信用合作社怕贫农贷款多,还不起,因此排斥贫农贷款。据浠水县望城、孝感县太子 2 个乡 833 户的统计,贫农,新、老下中农贷款 3973 元,每户平均贷款 15.50 元;新、老中农贷款 684 元,每户平均 12.9 元,老上中农贷款户占 8.9%,而每户平均却达 17.15 元;还有 40% 左右的贫农和新、老下中农根本没有得到信用合作社的贷款扶植,因有的信用合

---

① 中共中央华南分局农村工作部:《南海县信用合作社调查报告》(1954 年 1 月 20 日),广东省档案馆,204—5—39。
② 《新会县北洋乡几种关系及农民的资本主义自发势力的调查》,中共中央华南分局农村工作部编:《广东省农村经济调查》(1954 年 4 月),广东省档案馆,204—5—68。

作社干部认为贷给贫农是进了"死水坑"。①

另据湖北襄阳专区15个信用合作社的调查，社干部认为："贫农是填不满的坑，贷给贫农多了的社资金周转不动，富裕农民还款快，好收。"在贷款时，对中农大多是有求必应，对贫农表现态度冷淡，扣金额，卡期限。襄阳县马棚社贷给富裕农户50笔，而贫农王颇均要求贷款12次却分文未贷。保康县三坪乡社，一个老婆婆，为了贷款还向社干部磕头，贫农反映："这是有钱人的信用社。""有钱人贷款张下嘴，穷人贷款跑断腿。"②又如湖南省湘潭县清溪乡信用合作社，社干部认为，贫农贷款是"要钱笑嘻嘻，还钱扯赖皮"。对贫农贷款总是不放心，要保人，看家底。如贫农李先桂借款，会计要主任批，主任要支书作保证，支书、主任批准后，会计还不放心，又跑到他的家里看见喂了一头猪，才把钱借给他。③尽管在当时上述情况被批评为业务观点，没有贯彻正确的阶层路线，但实际上，信用合作社作为正式的金融组织，不可能没有进入的"门槛"，不可能不考虑借贷者的信用能力。与私人借贷相比，它少了浓厚的感情、面子色彩，从这一点上看，又不可能完全代替私人借贷。

（四）信用合作社的官商化趋势

由于解放初期农村信用合作社的兴起，主要是人民政府推动的，这样，一方面促进了信用合作组织的较快发展，另一方面由于政府对信用合作组织的干预过多，导致官商化所故有的弊病逐渐凸显。一是有些地方农村信用社在开展业务方面出现了强迫命令的现象。1951年2月，东北区曾报告说，农村信用合作工作中存在强迫命令的作风，"强迫老乡存粮与摊派"。④ 1954—1956年，实现农村信用合作化过程

---

① 湖北省委农村工作部：《湖北省12个典型乡调查报告》（1956年），湖北省档案馆，SZ—J—526。

② 中共襄阳地委农工部、人民银行襄樊中心支行：《襄阳专区关于15个乡信用合作社的调查报告》，《湖北农村金融》1956年第1期。

③ 湖南省委农村工作部：《关于湘潭县清溪乡经济情况调查材料》（1955年），湖南省档案馆，146—1—175。

④ 人民银行东北区行：《1950年农村信用合作工作总结》，《1949—1952年中华人民共和国经济档案资料选编》（金融卷），第564页。

中，强制命令现象更为严重。二是一些农村信用社过度依赖国家银行。虽然中国人民银行第一次农村信用合作会议确定了"信用合作社不是官办而是民办的",但农村信用社迅猛发展的推动力并非出自群众的自发行动,而是出自各级政府的行政行为。因此,尽管新建的信用合作社看起来是民办的,但却带有诸多的官商习气。① 许多社民主管理不健全、财务管理混乱、社干部过多、开支过大、徇私舞弊等,这些都是长期需要解决的问题。

诸多不利因素的存在,不仅影响了信用合作社的有序发展,也影响信用合作社在农村金融中发挥更大的作用。正是基于以上因素的影响,再加上农村私人借贷自身所具有的特点,使农村信用合作社不能完全替代私人借贷。

## 第四节 农民融资结构分析

在 20 世纪 50 年代前期的农村金融体系中,国家银行的力量最为强大,特别是在国家财政经济状况得到好转后,农贷发放规模增长较快。在土地改革完成后农村私人借贷停滞的情况下,国家农贷在个体农民融资的来源中占有重要地位。但是,国家农贷的重点不是个体农民,随着农业合作化运动的展开,国家农贷向互助合作组织倾斜的力度不断加强,在个体农民融资中的地位有所下降。农村信用合作社起步晚、基础差,但发展很快,在个体农民融资体系中日益发挥着重要的作用。私人借贷是个体农民的传统融资形式,在经过土地改革这场大的社会经济变革后曾经处于呆死状态。由于政府的政策鼓励一度有所恢复,但发展时间不长就发生了逆转。

**一 国家农贷、农村信用合作社和私人借贷的运作特征比较**

为更清晰地了解当时国家农贷、农村信用合作社和农村私人借贷

---

① 赵学军:《中国金融业发展研究(1949—1957 年)》,福建人民出版社 2008 年版,第 116 页。

的运作特征，三者相对比的结果如表 6-6 所示。

**表 6-6　国家农贷、农村信用合作社和农村私人借贷的运作特征比较**

| | 国家农贷 | 农村信用合作社 | 农村私人借贷 |
|---|---|---|---|
| 组织形态 | 高度集中管理，依靠众多分支机构使业务分散化 | 受国家银行和当地政府的领导，管理较为松散 | 高度分散化，组织结构松散，众多供给者无序竞争 |
| 贷款对象 | 以农村合作经济组织为主，兼顾个体农户，重点照顾雇贫农 | 以合作社社员为主，兼顾非社员，面广 | 农村各阶层农户 |
| 贷款期限 | 一般农业生产贷款 1 年以下，设备贷款 3 年以下，周转性贷款半年以下 | 一般在半年以下，甚至更短 | 一般在半年以下，有的更长 |
| 贷款利率 | 较低 | 高于国家农贷、低于私人借贷正常利率 | 多种利率并存 |
| 贷款用途 | 生产占绝大比重 | 侧重生产，兼顾生活 | 消费、生产各个方面 |
| 贷款手续 | 烦琐，环节多 | 烦琐，环节多 | 简便快捷 |
| 信用方式 | 担保、契约 | 担保、契约 | 个人信用为主 |
| 贷款金额 | 相对较大 | 小额 | 小额占绝大多数 |
| 其他特征 | 忽视文化条件，重视社会、政治条件 | 忽视文化条件，重视社会、政治条件 | 重视地缘、社区和亲疏关系 |
| 经济作用 | 有助于经济的动态增长，但通常不能提供自我发展的启动资金 | 有助于经济的缓慢增长，一般能提供自我发展的启动资金 | 作为本土部门，只能通过提供自助贷款，主要维持缓慢的经济增长 |

如表 6-6 所示，在农村金融体系中，国家农贷、农村信用合作社和私人借贷在组织形态、贷款对象、贷款期限、贷款利率、贷款用途、贷款手续等业务运作方面，均存在一定的差异。同时，由于当时人民政府对农村金融政策也在不断调整，由此决定了在 20 世纪 50 年代前期，农村个体农民的融资来源结构是处在不断变动之中。

二　农民融资结构分析

根据中共中央中南局农村工作部对 5 省 26 个乡的调查，1952—

1953 年，个体农民融资情况变动情况如表 6-7 所示。

表 6-7　中南 5 省 26 个乡 1952—1953 年农村个体农民融资结构　单位：%

| | 1952 年 | | | 1953 年 | | |
|---|---|---|---|---|---|---|
| | 私人借贷 | 国家农贷 | 农村信用合作社 | 私人借贷 | 国家农贷 | 农村信用合作社 |
| 河南 9 乡 | 33.57 | 48.24 | 18.19 | 29.65 | 52.47 | 17.88 |
| 湖北、湖南、江西 3 省 10 乡 | 30.72 | 62.10 | 7.18 | 36.29 | 36.98 | 26.73 |
| 广东 7 乡 | 37.14 | 55.85 | 7.01 | 48.49 | 40.91 | 10.60 |
| 合计 | 32.96 | 59.22 | 7.82 | 40.28 | 39.23 | 20.49 |

资料来源：中共中央中南局农村工作部：《中南区 1953 年农村经济调查统计资料》（1954 年 7 月），湖北省档案馆，SZ—J—517。

表 6-7 中，各省的情况略有区别，但汇总起来看，个体农民融资结构变动的情况是：1953 年与 1952 年相比较，由于私人借贷有所恢复，个体农民从私人借贷融资占的比重有所上升，从 32.96% 上升到占 40.28%。农村信用合作社的业务发展最快，占个体农民融资的比重从 1952 年的 7.82% 上升到 1953 年的 20.49%。由于私人借贷的停滞，信用合作社的力量还比较薄弱，国家银行的力量强大，1952 年国家农贷在个体农民的融资结构中就已达到相当比重。而 1953 年，私人借贷和信用合作社放款都在增加，国家银行对个体农民放贷规模却在下降，据 1953 年上述 26 个乡调查农户，从国家银行农贷融资折合稻谷（小麦）合计 737807 斤，比 1952 年的 1057243 斤，减少 30.21%[1]，导致国家农贷在个体农民融资结构中的比重有所下降。

以下再以湖南、江西、湖北、山西及福建等省为例，分析到农业集体化高潮前，个体农民融资结构进一步的变化趋势概括如表 6-8 所示。

---

[1] 中共中央中南局农村工作部：《中南区 1953 年农村经济调查统计资料》（1954 年 7 月），湖北省档案馆，SZ-J-517。

表6-8　　1954（1955）年湖南、江西、湖北、山西及
福建省29个乡个体农民融资结构　　　　单位:%

|  |  | 私人借贷 | 国家农贷 | 农村信用合作社 |
| --- | --- | --- | --- | --- |
| 湖南8乡 | 1954年 | 40.17 | 21.72 | 38.11 |
| 湖北12乡 | 1954年 | 31.27 | 31.16 | 37.57 |
| 江西9乡 | 1954年 | 27.21 | 29.42 | 43.37 |
|  | 1955年 | 22.67 | 24.14 | 53.19 |
| 山西20乡 | 1954 | 3.13 | 42.94 | 53.93 |
| 福建8乡 | 1954 | 29.41 | 31.10 | 39.49 |

注：由于这几个调查是在1955年和1956年进行的，对1954年之前的年份的调查是属于追溯性的，没有形成关于1952年、1953年农村信用合作社放贷情况的系统资料。可以用表5-8的数据互为参考。

资料来源：湖北、广东、湖南、江西等省数据来源同表5-2。

山西省数据：中共山西省委农村工作部编：《"土改"结束时期·1952年·1954年山西省20个典型乡调查资料》，1956年5月印，山西省档案馆，第6805号。

福建省数据：《福建省农村调查》，中共中央农村工作部办公室编：《八个省土地改革结束后至1954年的农村典型调查》，1958年2月，福建档案馆，21—8—1—2。

表6-8的资料来源与表6-7属于不同的调查，表现出的农民从各种放贷主体融资的结构不具有严格的可比性，但表现的大体趋势是相同的，即农村信用合作社在个体农民融资结构中的地位不断上升。1954年，湖北、湖南、江西3省都达到40%左右，山西省和江西省分别在1954年、1955年超过50%，成为个体农民的重要融资来源。国家银行的农贷占有重要地位，但作用相对下降。私人借贷在个体农民的融资结构中，比重是逐渐下降的，1954年湖北、湖南、江西3省在30%—40%，江西省1955年只有20%多一点，而山西省私人借贷的比重只占3%左右。

在中国乡村借贷体系中，传统的私人借贷始终占据主导地位，20世纪50年代前期，随着国家银行业务在农村的延伸及农村信用合作社的建立，在农村形成了私人借贷、国家农贷与农村信用合作社三者并存的乡村借贷体系，向农户提供了多层次的金融供给。在农村新的

金融体系中，国家银行、农村信用合作社等现代金融组织的放贷在个体农民的融资中已占有日益重要的地位。湖北、江西等省的调查表明，到农业集体化高潮前的1954年，个体农民从现代金融组织的融资比重已达到70%左右，湖南省稍低，也达到近60%，占据了主导地位，私人借贷已退居次要地位。笔者没有对近代农村金融问题做过系统的研究，但仅就接触的文献看，尽管国民政府时期也举办过农贷和兴办农村信用社，但成效有限。而新中国在建立短短几年的时间里，农村现代金融体系的建设就取得了重要的成效。

在新的农村金融体系中，个体农民从国家银行得到的贷款主要被要求用于生产性用途，只有少量的周转性贷款，并严格要求专款专用。信用合作社贷款的用途比较广泛，主要包括：（1）农业放款（实），包括肥料、种子、农具、牲畜、农药、开渠、修渠、水车修理等；（2）副业放款（实），包括农具制造、加工、运输、纺织、饲养、榨油、磨粉、商贩等；（3）其他放款（实），包括婚丧、嫁娶、疾病、生活急需等。主要用于生产经营，同时兼顾消费用途。20世纪50年代前期，农村民间借贷主要用于消费，也有小部分用于生产经营。不同的融资途径满足了个体农民在生产经营、生活消费等多方面的需要。

个体农民从国家银行和农村信用合作社获得贷款，不仅缓解了农村资金的匮乏，而且压缩了高息借贷的活动空间。国家银行农贷的利率，用于农业生产的一般为7厘5到1分，周转性放款利率为1.5分。[①] 并且农贷利率逐渐简化和有所降低。农村信用合作社的贷款利息要略高于国家农贷。解放初期，信用合作社的利率一般稍高于银行利率，并参照当地的自然利率，但比私人借贷的利率要低，并随着业务的开展，利率呈下降的趋势。解放初期，中国农村从传统的民间借贷因袭下来的借贷利率一般为3—5分，在实际借贷中，既有无利低息的友情借贷，也有超过5分的高息借贷。随着国家农贷的发放和农

---

① 中国人民银行总行：《对于现行利率的补充和修订》（1952年12月19日），湖北省档案馆，SZ73—3—96。

村信用合作社业务的开展，私人借贷部分被取代，利率降低，高利借贷更是大大减少。在新的农村金融体系中，将国家农贷、信用合作社放贷和私人借贷的利率综合计算，农民融资利率平均水平下降，减轻了农民的利息负担。

在个体农民的融资来源中，国家银行和农村信用合作社作为正式金融组织，为了保障资金运转的效率与安全，管理严格，贷款手续烦琐，强调专款专用，进入门槛高，因此，不能完全满足各阶层农民多方面的融资需要。私人借贷作为农村传统的融资形式，其非友情借贷部分的确存在高利贷倾向，但它又有信用评价成本、实施成本、监督成本低的优点，加之金额不大、灵活方便，与较低农业生产力水平、农民生产生活的分散性相适应，在当时的历史条件下仍有生存的空间，其在农村金融体系中仍有特殊的、不可替代的作用。实际上，农村私人借贷关系大大减少，是在实现农村集体化后。但此时私人借贷关系的减少，不是由现代金融组织如银行、信用合作社的业务所取代，而是由于农村集体经济组织实行了生产资料统一支配，收入分配大体平均的生产资料所有制及分配方式，致使借贷资金的供给与借贷需求都相应减少。当然，即使是在农业社和人民公社时期，农村集体经济也不可能把农民的生活问题都包下来，在此期间，农民群众之间的相互借贷甚至高利借贷仍然长期存在。

# 结　语

**一　20世纪50年代前期乡村借贷政策演变的特点与经验**

解放初期，为了减轻农民的债务负担，人民政府废除或减轻了旧社会遗留下来的封建债务。与此同时，农村借贷关系趋于呆滞，农民告贷无门，苦不堪言。根据当时的客观情况，人民政府着眼于活跃农村资金融通，发展、繁荣农村经济，提倡自由借贷、利息面议。其中体现出的制定经济政策必须从现实情况出发，从有利于生产力出发，尊重客观经济规律等思想具有长期的指导意义。

在政策转变的初期，仍注意观察政策变化可能对农民生产生活带来的负面影响，在全局政策的转变是渐进式的，在不同地区根据不同情况采取区别对待的政策，十分强调用发展现代金融组织来取代私人借贷，这种在处理经济问题上稳进求实的工作方法，也有长期的借鉴意义。

在对待农村私人借贷问题上，人民政府密切关注高息借贷可能给农村社会经济生活带来的影响，始终关心农村弱势群体的生存状况并努力解决他们的困难，避免他们陷入"困难—借债—更困难"的恶性循环，尽管当时解决问题的方式、方法可以进一步探讨，但这却是在新的历史条件下也必须坚持的执政理念。

过渡时期总路线提出之后，当时认为，公有制和计划经济最具有优越性，有利于农村经济的发展，可以从根本上克服农民生产生活困难以铲除生产利贷剥削土壤，政策转向取代农村私人借贷也就势在必行了。

20世纪50年代前期，人民政府在短短的时间里就在农村中建立起以现代金融组织为主导地位的新的金融体系，这是由于人民政府制定了扶助农民克服生产生活困难、发展农村经济的政策并认真地加以贯彻实施。同时，也是由于人民政府建立了从中央到最基层乡村（县、乡、区、村）的具有高度统一性、权威性和高度控制能力的行政组织体系，国家银行分支机构向农村的延伸与农村信用合作社的建立、业务的展开，严重依赖于行政组织体系，它们开展业务要执行政府的政策，同时，各级行政组织的权威性也成为农村现代金融组织的重要信用保障。因此，虽然现代金融组织在短时间里就在农村金融体系中占据了主导地位，但它们并没有真正建立起与把众多小农户作为放贷对象相适应的商业化的融资借贷运作机制。广大农民群众也需要适应新的形势，形成突破血缘、亲缘、地缘关系范围进行融资的新的信用价值理念。只有在上述机制和新的价值理念建立起来后，现代金融组织对农民的信贷活动才能持续正常地开展。

在近代中国农村，现代金融组织活动的基础薄弱，缺乏相应的技术层面与文化层面的积累。因此，解放后，只有运用行政的力量，才能在短时间里，在广大农村广泛建立起国家银行的分支机构和农村信用合作社组织，并迅速地开展信贷业务。上述机制和理念有待于在现代金融组织与广大农民进行融资借贷过程中逐步形成。在完成农业集体化后，农村融资的主体从个体农民转变成农村集体经济组织，广大农民群众与现代金融组织借贷融资关系基本停止（信用合作社对困难社员还有很少量放贷），相应的技术层面与文化层面的积累进程中断。这也是今天在农村建设现代化金融体系困难重重的历史原因。

二　关于20世纪50年代前期中国乡村借贷研究的几点结论

20世纪50年代前期，农村的私人借贷主要表现为农户之间带有互助性质的自由借贷，它发生频率高，金额小，用途多样，还款灵活。农村私人借贷是一种非正规的金融形式，具有以关系型信用为基础的特点，关系型信用较好地利用了农户之间的社会信息资源，使非正规金融具有一套内在的、"天然"的保护机制，农户一般能自觉地履行还款义务。另外，借债的农户会在未来通过为对方提供劳动帮工，或者在可能的条件下向对方提供无偿贷款的形式以及其他形式来返还无偿使用对方资金所欠下的"人情债"，即非正规金融存在隐性利息。在农户普遍缺乏社会保障的情况下,农户间的这种潜在交换规则可以使贷出资金的农户获得未来经济与社会安全。

从理论上说,农户对借贷资金的需求主要基于交易性需求、预防性需求和投资性需求,同时,作为理性的经济人,农户借贷需求的基本目标可以概括为收益和效用的极大化。农户生产性融资的需求强度在很大程度上取决于所借资金的预期收益率,只有借入资金收益较高,才能激励农户增加融资的力度。然而,资金的收益率又主要取决于农户对所借资金的使用途径,因为生产性投资通常意味着资金的回流和利润的获取,从而预期收益率较高。而非生产性投资基本上是应对农户面临的生活风险,虽然预期收益率较低甚至为零,但农户获得的效用却很大。20世纪50年代前期,农村私人借贷资金的用途主要是解决生活方面的困难,很少一部分用于发展生产。这种情况意味着农户预期收益率较低,从而抑制了农户借贷投资生产的动力。

国家银行业务在农村的延伸和农村信用合作社等现代金融组织的发展,形成了非正规金融、准正规金融及正规金融构成的农村金融体系,为农户提供了多层次的金融供给,发挥了不可或缺的作用,在一定程度上弥补了农村资金的不足,促进了农村经济的恢复和发展。现代金融组织在农村的发展和延伸,在一定程度上替代了私人借贷,使私人借贷利率呈下降的趋势。但国家银行和农村信用合作社作为正规或准正规的金融组织,管理严格,贷款手续烦琐,并强调专款专用,而民间借贷较为灵活,且对贷款的用途没有限制,便于农民及时得到资金,用于生产生活的各个方面。因此,任何一个金融机构和一项金融工具均不能完全满足农村金融服务需求,组织多样性和工具多样化发挥其各自不同的功能十分必要,因而民间借贷既是当时农村金融体系中不可替代的组成部分,也会在今后的农村金融活动中继续存在。许多经济发达国家,现代金融组织已经十分发展,但形式多样的民间借贷甚至是私人借贷依然存在就说明了这一点。

### 三 几点启示

回顾历史,实践证明,私人借贷作为农村传统的融资形式,其中的非友情性借贷的确存在高利贷倾向,但它又有信用评价成本、实施成本、监督成本低的优点，加之金额不大、灵活方便的特点，与较低农业生产力水平下农民生产、生活的分散性相适应，在一定的历史时期不可能也无必要完全取代，应容许其有生存、发展的空间，成为农村金融体系的必要组成部分。当然，要对私人借贷进行必要的引导、规范、管理，具体办法应根据发展社会主义市场经济的需要和农村资金供求情况、私人借贷的规律、特点而决定，着眼于建立健全规范农村经济生活的民商法体系，以经济手段为主，行政干涉只能限制在必要的范围之内而不宜过多。

纵观20世纪50年代前期农村私人借贷的发展过程，其总体状态是不活跃，其中一个重要原因是农户的私有财产权缺乏有效的产权保护，民间借贷经常受到政府的干预或强制利用，导致出借农户存在很大的思想顾虑。与20世纪50年代前期的局限于本乡本土、数额较小的农村私人借贷活动相比，当前我国农村民间金融活动在很大程度上已逐渐突破了地缘范围，借贷金额也更大，随着民间信用的范围变广，规模变大，借贷双方信息不对称的程度逐渐放大，借贷纠纷渐趋增多。在此情况之下，更应该在法律上完善和建立对个人财产权保护的法律条文。一旦社会公众的财产权得到法律的明确承认或尊重及有效的保护，则社会公众之间所进行的民间信用也就自然得到法律的认可和承认，这样，民间信用的法律地位也就自然得以确立，民间信用也就得到法律的明确保护，其发展将更加有序和规范。

资金不足是中国经济建设中长期面临的问题，而工业化优先发展战略，又使农业部门处于更为不利的地位。在20世纪50年代前期，中国农业贷款一般只占银行贷款总额的5%—10%，这显然与农业发展的实际需要相去甚远。国家农贷资金的不足，而农户的需求又是刚性的，因此，农户把没有满足的部分转向民间资金市场寻求支持。民间借贷的资金利率与国家农贷资金的利率决定机制不同，在民间借贷市场上，利率主要由供求关系决定，资金供给的短缺、需求的膨胀必然引起利率上升。由市场因素决定的利率能更好地起到调节资金使用的杠杆作用，理性的农民会把资金运用到效用最大化或收益最大的项目中，因此，民间借贷的资金使用效率也高。

当前，随着我国农村经济体制深入推进，迫切要求增加农村正规金融供给。改革开放后，由于种种原因，资金向城市的倾斜加剧，多种调查显示，目前农村金融供给不足已成为制约农村经济发展、农民增收的重要因素。农村资金缺乏，这既是私人借贷重新较大规模出现的原因和存在的必要，又会导致农村高息借贷的蔓延。特别是在新的历史条件下，农村中出现了具有一定规模的产业组织，需要较大规模地融通资金，私人借贷这种传统融资形式已难以与之相适应，其运作缺乏正式制度规范的弱点可能造成农村金融秩序的混乱，对这些产业组织的金融服务应主要由正式金融制度（组织）提供。所以，改变资金过分向城市倾斜的状况，加强和改善现代银行、信用合作社对农村的金融服务，是规范农村民间借贷，建立健全农村金融体系的重要条件。

# 参考文献

## 一 档案资料

[1] 大冶地委办公室：《十三项调查材料报告》（1950年4月20日），湖北省档案馆，SZ42—2—14。

[2] 中共湖北省委农村工作委员会调查研究科：《湖北农村调查（20个典型乡综合材料之一）》（1952年10月），湖北省档案馆，SZ18—1—3。

[3] 宜城县委调研组：《宜城县龙兴乡农村经济调查几个材料的整理》（1953年），湖北省档案馆，SZ18—1—5。

[4] 荆门县委调研组：《荆门县第八区曾集乡农村经济调查资料》（1952年12月），湖北省档案馆，SZ18—1—6。

[5] 公安县委调查组：《公安县中和乡农村经济调查》（1952年12月），湖北省档案馆，SZ18—1—6。

[6] 松滋县委调研组：《松滋官渡乡调查材料》（1952年12月），湖北省档案馆，SZ18—1—7。

[7] 中共钟祥县委调研工作组：《荆州钟祥县第十一区延年乡"土改"复查后农村经济基本情况调查》（1952年12月），湖北省档案馆，SZ18—1—7。

[8] 湖北省农委：《农村借贷情况与活跃农村借贷问题（草案）》（1953年），湖北省档案馆，SZ18—1—40。

[9] 湖北省农委：《宜昌专区私人借贷情况及今后意见》（1953年3月），湖北省档案馆，SZ18—1—41。

[10] 湖北省农委：《孝感专区五个乡农村经济调查》（1953年），湖北省档案馆，SZ18—1—41。

［11］湖北省农委：《襄阳专区四个乡借贷租佃典当买卖关系的调查》（1953年3月10日），湖北省档案馆，SZ18—1—41。

［12］荆州地委政策研究室调研组：《荆州专区农村私人借贷情况》（1953年3月），湖北省档案馆，SZ18—1—42。

［13］中共沔阳县委会调研组：《沔阳县杨步乡"土改"后农村经济基本情况调查》（1953年4月2日），湖北省档案馆，SZ18—1—42。

［14］应山县委调研组：《应山县墩子唐乡农村经济基本情况调查报告》（1953年1月），湖北省档案馆，SZ18—1—44。

［15］云梦县委调查组：《云梦县第五区龙洋乡典型农业生产调查报告》（1953年1月11日），湖北省档案馆，SZ18—1—44。

［16］汉阳县委调研组：《汉阳梅福乡农村经济调查》（1953年），湖北省档案馆，SZ18—1—45。

［17］应城县委调研组：《应城县义和乡农村经济调查》（1953年），湖北省档案馆，SZ18—1—45。

［18］南漳县委调研组：《南漳县第二区消溪乡农业生产典型调查总结》（1953年3月），湖北省档案馆，SZ18—1—47。

［19］光化县委调研组：《光化县白莲寺乡"土改"后农村经济调查报告》（1953年1月），湖北省档案馆，SZ18—1—47。

［20］咸宁县委调研组：《咸宁县第一区周严乡农村经济调查》（1953年3月），湖北省档案馆，SZ18—1—47。

［21］恩施县委调研组：《恩施高桥乡农村经济调查》（1953年3月），湖北省档案馆，SZ18—1—47。

［22］当阳县委调研组：《当阳县关陵乡经济调查》（1953年3月），湖北省档案馆，SZ18—1—48。

［23］湖北宜都县委调查组：《宜都县姚家店区枫相乡农村经济情况的调查》（1953年3月），湖北省档案馆，SZ18—1—48。

［24］湖北省委农村工作部：《孝感县赵湾乡调查统计分析表》（1954年），湖北省档案馆，SZ18—1—129。

［25］湖北省委农村工作部：《咸宁县马桥乡调查统计分析表》（1954

年),湖北省档案馆,SZ18—1—129。

[26] 湖北省委农村工作部:《松滋县民主乡调查统计分析表》(1954年),湖北省档案馆,SZ18—1—130。

[27] 湖北省委农村工作部:《襄阳县谭庄乡调查统计分析表》(1954年),湖北省档案馆,SZ18—1—131。

[28] 湖北省委农村工作部:《随县庙湾乡调查统计分析表》(1954年),湖北省档案馆,SZ18—1—131。

[29] 湖北省农村经济调查工作组:《江陵县三合乡农村经济调查报告》(1954年9月25日),湖北省档案馆,SZ18—1—133。

[30] 湖北省农村经济调研组:《建始县七矿乡经济调查情况综合报告》(1954年9月22日),湖北省档案馆,SZ18—1—133。

[31] 湖北省农村经济调查工作组:《浠水县白石乡农村经济调查报告》(1954年9月20日),湖北省档案馆,SZ18—1—133。

[32] 湖北省农村经济调查组:《关于松滋县民主乡农村经济调查报告》(1954年9月14日),湖北省档案馆,SZ18—1—133。

[33] 黄冈农村经济调查组:《黄冈县竹皮寺乡农村经济调查总结》(1954年9月),湖北省档案馆,SZ18—1—133。

[34] 湖北省委农村工作部:《湖北省12个典型乡调查统计表》(1955年),湖北省档案馆,SZ18—1—154。

[35] 湖北省农村工作部:《孝感、浠水、江陵、当阳和谷城等县信用合作社情况调查表》(1955年7月),湖北省档案馆,SZ18—1—161。

[36] 中共湖北省委农村工作部:《湖北农村经济调查(五个典型乡综合材料)》(1954年6月),湖北省档案馆,SZ18—1—285。

[37] 中南军政委员会土地改革委员会:《中南区一百个乡调查统计表》(1953年2月),湖北省档案馆,SZ18—1—351。

[38] 中国人民银行湖北省分行:《湖北省分行1950年农贷工作总结》(1950年),湖北省档案馆,SZ73—2—73。

[39] 《农村信用合作社业务规则范本(草案)》(1951年8月),湖北省档案馆,SZ73—3—88。

[40] 中国人民银行湖北省分行：《湖北省1952年发放春耕农贷总结》（1952年），湖北省档案馆，SZ73—2—98。

[41] 中国人民银行湖北省分行：《湖北省1952年上半年短期周转性放款总结》（1952年），湖北省档案馆，SZ73—2—98。

[42] 中央财经委员会：《关于调整人民银行利率的规定》（1953年10月13日），湖北省档案馆，SZ73—2—109。

[43] 中国人民银行湖北省分行：《中国人民银行湖北省分行三年工作总结》（1953年2月27日），湖北省档案馆，SZ73—2—112。

[44] 中国人民银行中南区行：《七、八月份工作综合报告》（1954年10月5日），湖北省档案馆，SZ73—3—246。

[45] 中国人民银行总行：《对于现行利率的补充和修订由》（1952年12月19日），湖北省档案馆，SZ73—3—96。

[46] 中国人民银行湖北省分行：《湖北省四年来信用合作工作总结（初稿）》（1955年2月2日），湖北省档案馆，SZ73—2—223。

[47] 中国人民银行湖北省分行：《湖北省金融统计资料汇编（1950—1952）》（1954年12月），湖北省档案馆，SZ—J—752。

[48] 中国人民银行湖北省分行：《湖北省第一个五年计划金融统计资料汇编（1953—1957）》（1958年12月），湖北省档案馆，SZ—J—755。

[49] 湖北省民政厅：《关于1953年上半年本省农村救济款发放工作的通报》（1953年8月14日），湖北省档案馆，SZ67—1—178。

[50] 湖北省民政厅：《关于本年本省夏秋之间农村救济工作总结报告》（1953年），湖北省档案馆，SZ67—1—180。

[51] 湖北省民政厅：《湖北省历年来的救灾工作和今后意见》（1953年），湖北省档案馆，SZ67—1—180。

[52] 湖北省民政厅：《第三次全国民政会议文件》（1954年），湖北省档案馆，SZ67—1—334。

[53] 湖北省统计局编：《1954年农村经济调查报告》（1955年12月5日），湖北省档案馆，SZ44—2—118。

［54］中共中央中南局农村工作部：《中南区5省35个乡1953年农村经济调查总结》（1954年7月），湖北省档案馆，SZ—J—514。

［55］中共中央中南局农村工作部：《中南区1953年农村经济调查统计资料》（1954年7月），湖北省档案馆，SZ—J—517。

［56］中共中央中南局农村工作部：《中南区农村统计资料》（1954年8月），湖北省档案馆，SZ—J—519。

［57］湖北省委农村工作部：《湖北省12个典型乡调查报告》（1956年），湖北省档案馆，SZ—J—526。

［58］河南省农村工作部经济调查办公室：《河南省农村经济调查报告（初稿）》（1954年5月），河南省档案馆，J11—1—55。

［59］河南省农村工作部：《1954年农村经济调查总结（初稿）》（1954年），河南省档案馆，J11—1—55。

［60］河南省委农村工作部：《南阳县李河乡农村经济调查总结（初稿）》（1953年12月），河南省档案馆，J11—1—61。

［61］河南省委农村工作部：《许昌县第六区李门乡经济调查总结（初稿）》（1954年1月），河南省档案馆，J11—1—61。

［62］河南省经济调查组：《商城县白龙岗乡经济调查初步总结（初稿）》（1953年11月），河南省档案馆，J11—1—61。

［63］开封县双庙乡经济调查组：《开封县双庙乡经济调查总结（草稿）》（1954年1月），河南省档案馆，J11—1—62。

［64］河南省委农村工作部温县经济调查组：《河南省温县马庄乡经济调查报告（草稿）》（1953年11月），河南省档案馆，J11—1—62。

［65］中国人民银行河南省分行：《农业各项放款统计表》（1952年），河南省档案馆，J138—8—587。

［66］中国人民银行总行工作组：《关于许昌县罗庄乡农贷减免缓收工作的典型调查报告》（1953年7月13日），河南省档案馆，J137—4—825。

［67］中南区行农村金融工作组河南组：《河南叶县四区沈湾乡沈湾村经济情况初步调查》（1953年），河南省档案馆，J137—

7—749。

[68] 中国人民银行河南省分行：《三个行政村的高利贷活动情况调查简结》（1954年10月），河南省档案馆，J137—14—1078。

[69] 商丘专区分行工作组：《调查私人借贷情况报告》（1954年11月11日），河南省档案馆，J137—14—1078。

[70] 河南省调查组：《正阳新丰集乡业围子行政村高利贷活动调查简结》（1954年11月8日），河南省档案馆，J137—14—1078。

[71] 中国人民银行安阳支行：《安阳专区巩县盐土村高利贷调查报告》（1954年11月10日），河南省档案馆，J137—14—1081。

[72] 中国人民银行河南省分行：《信用合作社座谈会议总结报告》（1954年5月），河南省档案馆，J137—14—1071。

[73] 中国人民银行河南省分行：《关于农村资本主义高利贷向灾民猖狂进攻的情况报告》（1954年），河南省档案馆，J137—14—1081。

[74] 中国人民银行河南省分行：《关于影响农村经济情况紧张及对资本主义工商业进行社会主义改造工作配合上对银行工作的检查》（1955年1月7日），河南省档案馆，J137—14—1083。

[75] 中国人民银行河南省分行：《荥阳县曹李信用社调查报告》（1952年10月5日），河南省档案馆，J137—7—467。

[76] 中国人民银行河南省分行：《农业各项放款统计表》（1952年），河南省档案馆，J138—8—587。

[77] 河南省统计局：《河南省农民家计调查资料汇编》（1956年1月），河南省档案馆，J107—1—132。

[78] 中共湖南省委农村工作部办公室调统科：《湖南省四个乡农村调查报告》（1954年3月24日），湖南省档案馆，146—1—27。

[79] 湖南省委农村工作部：《长沙县云泉乡农村经济情况调查报告初稿》（1953年），湖南省档案馆，146—1—27。

[80] 湖南省委农村工作部：《衡阳县永寿乡农村经济情况调查》（1955年5月），湖南省档案馆，146—1—37。

[81] 中共衡山县委办公室调研组：《衡山县横岳乡农村经济调查报

告》（1954年2月16日），湖南省档案馆，146—1—44。

[82] 湖南省委农村工作部：《安乡县蹇家渡乡农村经济情况调查报告》（1954年1月），湖南省档案馆，146—1—53。

[83] 中共常德县委会办公室调研组：《常德县檀树坪乡农村经济调查报告（初稿）》（1954年），湖南省档案馆，146—1—62。

[84] 湖南省委农村工作部：《关于长沙县草塘乡经济情况调查材料》（1955年），湖南省档案馆，146—1—166。

[85] 湖南省委农村工作部：《关于湘潭县清溪乡经济情况调查材料》（1955年），湖南省档案馆，146—1—175。

[86] 湖南省委农村工作部：《关于安乡县蹇家渡乡农村经济情况调查材料》（1955年），湖南省档案馆，146—1—206。

[87] 长沙县委调查组：《长沙县云泉乡农村经济调查报告》（1954年），湖南省档案馆，164—1—520。

[88] 湖南省委农村工作部：《关于长沙县卷塘乡1952年至1954年经济情况调查分析表》（1955年），湖南省档案馆，146—1—153。

[89] 湖南省委农村工作部：《关于长沙县草塘乡1952年至1954年经济情况调查分析表》（1955年），湖南省档案馆，146—1—165。

[90] 湖南省委农村工作部：《关于湘潭县清溪乡1952年至1954年经济情况调查分析表》（1955年），湖南省档案馆，146—1—176。

[91] 湖南省委农村工作部：《关于湘潭县长乐乡1952年至1954年经济情况调查分析表》（1955年），湖南省档案馆，146—1—197。

[92] 湖南省委农村工作部：《关于安乡县蹇家渡乡1952年至1954年经济情况调查分析表》（1955年），湖南省档案馆，146—1—204。

[93] 湖南省委农村工作部：《关于安乡县竹林垸乡1952年至1954年经济情况调查分析表》（1955年），湖南省档案馆，146—1—205。

[94] 湖南省委农村工作部：《关于沅陵县肖家桥乡1952年至1954年经济情况调查分析表》（1955年），湖南省档案馆，146—1—246。

[95] 湖南省委农村工作部：《关于沅陵县蒙福乡1952年至1954年经济情况调查分析表》（1955年），湖南省档案馆，146—1—272。

[96] 江西省委农村工作部：《吉安淇塘乡农村经济调查总结》（1954年8月5日），江西省档案馆，X006—2—3。

[97] 江西省委农村工作部：《江西省信丰县胜利乡经济调查报告》（1954年8月10日），江西省档案馆，X006—2—4。

[98] 江西省委农村工作部：《崇义县黄沙乡经济调查材料》（1954年9月），江西省档案馆，X006—2—5。

[99] 中共九江地委调查组：《九江县石门乡农村经济调查总结》（1954年7月31日），江西省档案馆，X006—2—6。

[100] 江西省委调查组：《吉安淇塘乡典型乡社的调查报告》（1955年），江西省档案馆，X006—2—11。

[101] 江西省委调查组：《浮梁县益田乡调查报告》（1955年10月），江西省档案馆，X006—2—11。

[102] 江西省委调查组：《关于全省（9个典型乡）经济调查综合表》（1956年），江西省档案馆，X006—2—13。

[103] 中华人民共和国统计局：《1954年全国农家收支调查资料》（1956年5月），广东省档案馆，MA07—61—222。

[104] 中共临高县委办公室：《南茶乡生产调查报告》（1953年），广东省档案馆，204—5—10。

[105] 华南分局农村工作部共和乡调查组：《广东省曲江县共和乡农村经济调查报告（初稿）》（1954年1月），广东省档案馆，204—5—11。

[106] 华南分局农村工作部榄边乡调查组：《广东省中山县榄边乡（大车、西江里两村）农村经济调查报告》（1953年12月25日），广东省档案馆，204—5—12。

[107] 华南分局农村工作部外沙乡调查组：《广东省中山县第二区外沙乡农村经济调查报告（初稿）》（1954年1月31日），广东省档案馆，204—5—12。

[108] 中共粤东区党委农村经济调研组：《广东省海丰县月池乡1953

年农村经济调查报告》（1954年2月23日），广东省档案馆，204—5—14。

[109] 中共粤东区党委农村经济调研组：《广东省潮安县莲云乡农村经济调查报告》（1954年1月），广东省档案馆，204—5—14。

[110] 中共中央华南分局农村工作部：《华南农村》（1953年），广东省档案馆，204—5—30。

[111] 华南分局农村工作部第三处、广东省人民银行农金科调查组：《台山、龙川、中山、南海4县12个信用合作社情况的调查综合报告》（1954年），广东省档案馆，204—5—39。

[112] 中共中央华南分局农村工作部：《南海县信用合作社调查报告》（1954年1月20日），广东省档案馆，204—5—39。

[113] 中共中央华南分局农村工作部编：《广东省农村经济调查》（1954年4月），广东省档案馆，204—5—68。

[114] 中共中央华南分局农村工作部：《曲江县大村乡调查报告》（1955年12月），广东省档案馆，204—5—98。

[115] 中共中央华南分局农村工作部：《1955年典型乡、社调查统计表（之一）》（1956年），广东省档案馆，204—5—99。

[116] 中共中央华南分局农村工作部：《1955年典型乡、社调查统计表（之二）》（1956年），广东省档案馆，204—5—00。

[117] 中共中央华南分局农村工作部：《1955年典型乡、社调查统计表（之三）》（1956年），广东省档案馆，204—5—101。

[118] 中共中央华南分局农村工作部：《1955年典型乡、社调查统计表（之四）》（1956年），广东省档案馆，204—5—02。

[119] 华南财委：《龙川县第八区富围乡农村信用调查》（1952年12月28日），广东省档案馆，206—2—108。

[120] 中国人民银行总行：《三年来农贷发放情况》（1953年9月29日），中国人民银行总行档案，Y农村金融管理局1953—永久—1。

[121] 中国人民银行农村金融管理局：《农村信用合作历年发展情况》（1955年），中国人民银行总行档案，Y农金局1955—长

期—5。

[122] 中国人民银行总行农村金融管理局:《总行关于私人借贷及高利贷情况的综合材料及各地典型调查》,中国人民银行总行档案,Y 农金局 1955—长期—5。

[123] 中国人民银行总行:《全国农村金融会议总结报告》(1955 年 3 月),中国人民银行总行档案,Y 农金局 1955—永久—6。

[124] 中共山西省委农村工作部编:《"土改"结束时期、1952 年、1954 年山西省 20 个典型乡调查资料》(1956 年 5 月印),山西省档案馆,第 6805 号。

[125] 中共中央农村工作部办公室编:《八个省土地改革结束后至 1954 年的农村典型调查》(1958 年 2 月),山西省档案馆,21—8—1—2。

[126] 江苏省农村工作部:《江苏农村经济概况》(1953 年 3 月 18 日),江苏省档案馆,3062—永—3。

[127] 苏南区委员会农村工作委员会:《农村借贷问题调查》,(1951 年),江苏省档案馆,3006—永—267。

[128] 中共溧阳县委会:《竹箐区王渚乡打通借贷关系的情况介绍》(1951 年 4 月 25 日),江苏省档案馆,3006—永—267。

[129] 金坛县农民协会:《金坛县拓荡乡 1951 年借贷情况调查报告》(1951 年 9 月 18 日),江苏省档案馆,3006—永—267。

[130] 苏南农工团三队二部:《宜兴县云溪乡关于农村借贷关系的调查材料》(1951 年 9 月 23 日),江苏省档案馆,3006—永—267。

[131] 苏南区委员会农村工作委员会:《吴江县城厢区浦西乡关于农村借贷关系调查报告》(1951 年 9 月),江苏省档案馆,3006—永—267。

[132] 苏南农工团 1 队:《无锡县洛社区张镇乡第七行政村借贷关系调查总结》(1951 年 10 月 3 日),江苏省档案馆,3006—短—331。

[133] 苏南农村工作团 13 队调研组:《常熟县南丰区扶渔乡"土改"

后农村阶层经济情况变化调查》(1951年10月20日),江苏省档案馆,3006—短—331。

[134] 苏南农村工作团13队调研组:《丹徒县里墅乡里墅村情况调查报告》(1951年12月),江苏省档案馆,3006—短—331。

[135] 苏南区委员会农村工作委员会:《12个典型村"土改"后农村经济调查》(1951年12月30日),江苏省档案馆,3006—永—148。

[136] 江苏省农村工作团:《江宁县麒麟乡农村经济情况调查报告》(1953年2月20日),江苏省档案馆,3062—短—17。

[137] 江苏省农村工作团:《江苏省溧水县乌山乡农村经济情况调查报告》(1953年2月7日),江苏省档案馆,3062—短—17。

[138] 江苏省农村工作团:《江苏省太仓县新建乡农村经济情况调查报告》(1953年2月7日),江苏省档案馆,3062—短—17。

[139] 安徽省委农村工作部:《无为县百官乡关于债务问题的调查报告》(1953年),安徽省档案馆,J9—1—19。

[140] 安徽省委农村工作部:《无为县河坝区藕塘乡三星行政村调查报告》,安徽省档案馆,J9—2—43。

## 二 文献资料汇编、地方志

[1]《中南区100个乡调查资料选集(解放前部分)》,中南军政委员会土地改革委员会调查研究处编印,1953年。

[2]《新湖南日报》编:《湖南农村情况调查》,新华书店中南总分店,1950年。

[3] 中央档案馆编:《中共中央文件选集(1946—1947)》,中共中央党校出版社1992年版。

[4] 中国社会科学院经济研究所现代经济史组编:《中国土地改革史料选编》,国防大学出版社1988年版。

[5] 中华人民共和国农业委员会办公厅编:《农业集体化重要文件汇编》,中共中央党校出版社1981年版。

[6] 中共中央文献研究室编:《建国以来重要文献选编》(第4册),中央文献出版社1993年版。

［7］ 中国社会科学院、中央档案馆编：《1949—1952年中华人民共和国经济档案资料选编》（综合卷），中国城市经济出版社1990年版。

［8］ 中国社会科学院、中央档案馆编：《1949—1952年中华人民共和国经济档案资料选编》（农村经济体制卷），社会科学文献出版社1992年版。

［9］ 中国社会科学院、中央档案馆编：《1949—1952年中华人民共和国经济档案资料选编》（金融卷），中国物价出版社1996年版。

［10］ 中国社会科学院、中央档案馆编：《1953—1957年中华人民共和国经济档案资料选编》（金融卷），中国物价出版社2000年版。

［11］ 中华人民共和国国家统计局编：《1954年我国农家收支调查报告》，中国统计出版社1957年版。

［12］ 湖北省商业厅政策研究室编：《1949—1957年湖北省商业厅历史资料》（内部资料），1959年12月。

［13］ 卢汉川主编：《中国农村金融历史资料（1949—1985）》，湖南省出版事业管理局，1986年。

［14］ 《当代中国的农业合作制》编辑室编：《当代中国典型农业合作社史选编》（下册），中国农业出版社2002年版。

［15］ 中华人民共和国内务部编：《民政法令汇编（1949—1954）》（内部资料），1956年。

［16］ 《湖北农村经济（1949—1985）》，中国统计出版社1990年版。

［17］ 中共中央东北局农村工作部编：《1950—1952年东北农村调查选集》，东北人民出版社1954年版。

［18］ 中共安徽省委农村工作部：《安徽农村典型调查（"土改"结束后至1954年)》（内部资料），1956年。

［19］ 吉林省地方志编纂委员会编：《吉林省志》卷十一《政事志·民政》，吉林人民出版社1991年版。

［20］ 湖南省地方志编纂委员会编：《湖南省志》第四卷《政务志·民政》，中国文史出版社1994年版。

### 三　经典文献

[1] 马克思:《资本论》(第三卷),人民出版社1975年版。

[2] 毛泽东:《毛泽东农村调查文集》,人民出版社1982年版。

[3] 毛泽东:《毛泽东选集》(第五卷),人民出版社1977年版。

[4] 毛泽东:《毛泽东文集》(第六卷),人民出版社1999年版。

[5] 中共中央文献研究室编:《刘少奇论新中国经济建设》,中央文献出版社1993年版。

### 四　专著

[1] A. V. 恰亚诺夫:《农民经济组织》,中央编译出版社1996年版。

[2] 薄一波:《若干重大决策与事件的回顾》(修订本)(上卷),人民出版社1997年版。

[3] 道格拉斯·C. 诺思:《经济史上的结构和变迁》,商务印书馆1992年版。

[4] 董志凯主编:《1949—1952年中国经济分析》,中国社会科学出版社1996年版。

[5] 费孝通:《江村经济》,江苏人民出版社1986年版。

[6] 胡鞍钢:《中国自然灾害与经济发展》,湖北科学技术出版社1997年版。

[7] 胡继连主编:《中国农户经济行为研究》,中国农业出版社1992年版。

[8] 黄宗智:《华北的小农经济与社会变迁》,中华书局2000年版。

[9] 黄宗智:《长江三角洲小农家庭与乡村发展》,中华书局2000年版。

[10] 江曙霞等:《中国民间信用——社会·文化背景探析》,中国财政经济出版社2003年版。

[11] 姜旭朝:《中国民间金融研究》,山东人民出版社1996年版。

[12] 李本公、姜立主编:《救灾救济》,中国社会出版社1996年版。

[13] 李金铮:《民国乡村借贷关系研究》,人民出版社2003年版。

[14] 李金铮:《近代中国乡村社会经济探微》,人民出版社2004年版。

[15] 刘秋根：《明清高利贷资本》，社会科学文献出版社 2000 年版。

[16] 卢现祥：《西方新制度经济学》（修订版），中国发展出版社 2003 年版。

[17] R. 科斯、A. 阿尔钦等：《财产权利与制度变迁》，上海三联书店 1994 年版。

[18] 苏少之：《中国经济通史》（第十卷上册），湖南人民出版社 2002 年版。

[19] 西奥多·W. 舒尔茨：《改造传统农业》，商务印书馆 2003 年版。

[20] [英] 亚当·斯密：《国民财富的性质和原因的研究》，陕西人民出版社 2001 年版。

[21] 约翰·希克斯：《经济史理论》，商务印书馆 2002 年版。

[22] 郑风田：《制度变迁与中国农民经济行为》，中国农业科技出版社 2000 年版。

[23] 朱玲、蒋中一：《以工代赈与缓解贫困》，上海三联书店 1994 年版。

[24] 赵学军：《中国金融业发展研究（1949—1957 年）》，福建人民出版社 2008 年版。

## 五　报纸、期刊

[1]《在党和人民政府领导下各省农民积极开展生产救灾》，《长江日报》1949 年 11 月 29 日第 3 版。

[2] 浠水县委办公室：《湖北浠水县河东村农民互助互济解决困难组织起来加紧春耕》，《长江日报》1950 年 5 月 3 日第 3 版。

[3]《中南区各地农民自由借贷互助互济解决部分农民生产渡荒困难》，《长江日报》1950 年 5 月 16 日第 3 版。

[4] 李秉炬：《农民了解自由借贷政策后纷纷借出多余粮食帮助贫苦农民生产》，《长江日报》1950 年 5 月 23 日第 3 版。

[5] 徐斌等：《湖北大冶等地农村借贷逐渐开展》，《长江日报》1950 年 6 月 25 日第 3 版。

[6] 杨国庆：《湖南东安农村自由借贷开展》，《长江日报》1950 年 7

月 5 日第 3 版。

[7] 黄剑萍：《长沙专区各地农村开展借贷渡夏荒》，《长江日报》1950 年 7 月 14 日第 3 版。

[8] 丁二：《注意充分发动群众上高县展开减租废债》，《长江日报》1951 年 1 月 10 日第 3 版。

[9] 赵定远：《郏县薛店乡宋狗嗉农业生产合作社初步考察报告》，《河南日报》1952 年 10 月 15 日第 3 版。

[10] 王学晋：《浠水县南岳乡农村私人借贷关系调查》，《人民日报》1953 年 8 月 8 日第 3 版。

[11] 中共达县地委：《达县北外乡七村自由借贷开展情况调查》，《四川日报》1953 年 6 月 27 日第 3 版。

[12] 《正确贯彻农村中的保证借贷自由的政策》，《南方日报》1953 年 5 月 26 日第 3 版。

[13] 杜世铮、廖品群、许健如：《温江县苏坡村开展自由借贷的情况和问题》，《四川日报》1953 年 4 月 23 日第 3 版。

[14] 中共河南省委宣传部宣传处：《关于开展农村自由借贷的几点意见》，《河南日报》1953 年 6 月 17 日第 3 版。

[15] 武光汤：《加强领导，大力发展农村信用合作社》，《山西日报》1952 年 7 月 10 日第 2 版。

[16] 山西省人民政府：《农村借贷及调整借贷关系的暂行办法》，《山西日报》1952 年 6 月 4 日第 2 版。

[17] 《我省农村信用合作社事业大发展 已有近千个信用合作机构》，《山西日报》1952 年 6 月 4 日第 2 版。

[18] 《广东不少地区在开展自由借贷中发生强迫或变相强迫借贷现象》，《南方日报》1953 年 5 月 26 日第 2 版。

[19] 中共什邡县委会：《什邡禾丰乡村干部负债情况及处理意见》，《四川日报》1953 年 7 月 7 日第 3 版。

[20] 《正确地开展自由借贷》，《江西日报》1953 年 6 月 12 日第 3 版。

[21] 木佳：《农村金融体制改革应立足为农》，《中华工商时报》

2004年3月11日第7版。

[22] 高帆：《我国农村中的需求型金融抑制及其解除》，《中国农村经济》2002年第12期。

[23] 董健、杜玉林：《从调查广济五里乡92户材料看高利贷活动情况及我们应有的认识》，《湖北农村金融》1955年第2期。

[24] 官兵：《公共选择视角下的中国农村金融：理论与变革》，《中央财经大学学报》2005年第3期。

[25] 郭沛：《农村非正规金融：内涵、利率效率与规模》，香港中文大学中国研究服务中心网，2004年10月24日。

[26] 傅建成：《二三十年代农家负债问题研究》，《中国经济史研究》1997年第3期。

[27] 黄孝武：《论我国农村民间金融的治理》，《中南财经政法大学学报》2004年第6期。

[28] 胡大展：《台湾民间合会的法律初探》，《福建学刊》1995年第1期。

[29] 湖北省人民法院编印：《湖北司法工作通讯》1951年第2期。

[30] 江春：《我国民间信用中的产权问题》，《经济科学》1998年第1期。

[31] 江曙霞、秦国楼：《信贷配给理论与民间金融中的利率》，《农村金融研究》2000年第7期。

[32] 景永平：《农村低息贷款：来自发展中国家的深刻教训》，《农村经济与社会》1988年第2期。

[33] 楼远：《非制度信任与非制度金融：对民间金融的一个分析》，《财经论丛》2003年第6期。

[34] 李炳炎：《当前农村高利贷现象的理论分析》，《南京财经大学学报》2004年第4期。

[35] 李根蟠：《从经济史研究谈到"究天人之际，通古今之变"》，《中国经济史研究》1999年第1期。

[36] 李晓佳：《发展经济体中的民间合会金融：台湾的经验》，《中国农村观察》2005年第2期。

[37] 卢汉川:《农村民间自由借贷的性质及对策》,《农业经济丛刊》1984年第5期。

[38] 彭南生:《也论近代农民离村原因》,《历史研究》1999年第6期。

[39] 史清华等:《农户家庭储蓄借贷行为的实证分析——以湖北监利县178户调查为例》,《四川大学学报》(哲学社会科学版)2005年第2期。

[40] 史清华:《农户家庭储蓄与借贷行为及演变趋势研究》,《中国经济问题》2002年第6期。

[41] 苏少之:《论我国农村"土改"后的"两极分化"问题》,《中国经济史研究》1989年第3期。

[42] 苏少之、常明明:《1952—1954年湖北省农村私人借贷的历史考察》,《当代中国史研究》2005年第3期。

[43] 苏少之、常明明:《建国前后人民政府对农村私人借贷政策演变的考察》,《中国经济史研究》2005年第3期。

[44] 苏少之、常明明:《20世纪50年代前期中国乡村个体农民融资途径与结构研究》,《当代中国史研究》2009年第4期。

[45] 孙孝汉:《民间借贷的经济性质与社会性质》,《金融研究》1985年第8期。

[46] 姜旭朝、丁昌锋:《民间金融理论分析:范畴、比较与制度变迁》,《金融研究》2004年第8期。

[47] 王沛霖:《加强对政治经济学法则的研究,做好农村金融工作——〈苏联社会主义经济问题〉学习心得》,《中国金融》1953年第20期。

[48] 吴承明:《经济学理论与经济史研究》,《中国经济史研究》1995年第1期。

[49] 武力:《略论土地改革对国家与农民关系的重塑》,国学网—中国经济史论坛,2004年10月24日。

[50] 武力:《农业合作化过程中合作社经济效益剖析》,《中国经济史研究》1992年第4期。

[51] 徐滇庆:《农村金融改革与民营银行》,《当代财经》2004 年第 9 期。

[52] 叶敬忠等:《社会学视角的农户金融需求与农村金融供给》,《中国农村观察》2004 年第 8 期。

[53] 张友俊等:《交易、契约机制与自律:合水县民间借贷个案研究》,《金融研究》2002 年第 4 期。

[54] 张杰:《解读中国农贷制度》,《金融研究》2004 年第 2 期。

[55] 张继焦:《民间借贷、民间信用与金融制度变迁》,《云南社会科学》1998 年第 5 期。

[56] 张胜林等:《交易成本与自发激励:对传统农业区民间借贷的调查》,《金融研究》2002 年第 2 期。

[57] 周小斌等:《影响中国农户借贷需求的因素分析》,《中国农村经济》2004 年第 8 期。

[58] 中共襄阳地委农工部、人民银行襄樊中心支行:《襄阳专区关于 15 个乡信用合作社的调查报告》,《湖北农村金融》1956 年第 1 期。

[59] 常明明:《"土改"后农村私人借贷形式及利率的历史考察》,《中国经济史研究》2007 年第 1 期。

[60] 常明明:《20 世纪 50 年代前期中国农家收支研究》,《中国经济史研究》2008 年第 1 期。

[61] 常明明:《建国初期国家农贷的历史考察》,《当代中国史研究》2007 年第 3 期。

[62] 常明明:《绩效与不足:建国初期农村信用社的借贷活动的历史考察》,《中国农史》2006 年第 3 期。

[63] 常明明:《私人借贷与农村经济和农民生活研究》,《中国农史》2007 年第 2 期。

[64] 常明明:《20 世纪 50 年代前期中国乡村借贷方式比较研究》,《中国农史》2007 年第 3 期。

[65] 常明明:《20 世纪 50 年代前期农村私人借贷利率探析》,《中国农史》2009 年第 2 期。

［66］常明明：《20世纪50年代前期中国农民消费结构分析》，《中南财经政法大学学报》2008年第2期。

［67］常明明：《建国初期农村私人借贷的停滞及缓解措施的历史考察》，《中国农史》2010年第1期。

［68］常明明：《20世纪50年代贫农合作基金贷款的历史考察》，《中共党史研究》2010年第12期。

［69］常明明：《农村私人借贷与农民收入增长研究——以20世纪50年代前期鄂、湘、赣、粤4省为中心》，《中国经济史研究》2012年第4期。

# 后　记

本书是在笔者主持完成的国家社会科学基金项目"20世纪50年代前期中国乡村借贷关系研究"（07XJL005）结题报告的基础上修改而成，虽不断补充完善，但在付梓出版之际，遗憾仍远远多于满意。

此题的缘由始于笔者师从我国经济史学界著名学者、中南财经政法大学苏少之教授研习中华人民共和国经济史期间，在博士学位论文选题时，苏教授鼓励我选择了一个前人没有系统地研究过的"解放初期的农村私人借贷关系问题"。在撰写博士学位论文阶段，囿于各种因素影响，当时的研究区域主要集中在中南区（湖北、湖南、江西、广东、河南等省），研究重点也集中在乡村私人借贷，至于国家农村信贷、农村信用合作社这类正规金融和准正规金融在当时的发展仅仅提及。

毕业工作后，笔者以"20世纪50年代前期中国乡村借贷关系研究"为题申报了国家社会科学基金项目并幸运地获得立项资助，在博士学位论文基础上，又系统地收集整理了其他省份的相关档案资料，最终顺利地完成了研究报告，并一次性通过结题验收，获"良好"等次。由于时间仓促，对完成的结题报告并不十分满意，没有公开出版，一直放在案头进行补充完善。时至今日，拟出版以求教大家，敬请批评指正。

此书玉成，感谢中国社会科学出版社为本书出版付出的心血，感谢贵州财经大学理论经济学重点学科资助出版经费。

特别感谢我的家人为我默默付出的一切！他们是我前进的动力。没有他们，我不可能走到现在。祝他们永远健康！平安！快乐！

最后，将本书献给我的儿子雅凯，他每天的欢笑为我扫除了一切阴霾，祝他天天开心，快乐成长！

常明明

2017年4月20日于贵阳花溪